Nordisches Geistesleben in Heidnischer Und Frühchristlicher Zeit

Axel Olrik

GERMANISCHE BIBLIOTHEK

ERSTE ABTEILUNG

SAMMLUNG GERMANISCHER ELEMENTAR- UND HANDBÜCHER

HERAUSGEGEBEN VON

WILHELM STREITBERG

V. REIHE: ALTERTUMSKUNDE

ERSTER BAND

NORDISCHES GEISTESLEBEN

IN

HEIDNISCHER UND FRÜHCHRISTLICHER ZEIT

VON

AXEL OLRIK

HEIDELBERG 1908

CARL WINTER'S UNIVERSITÄTSBUCHHANDLUNG

NORDISCHES GEISTESLEBEN

IN

HEIDNISCHER UND FRÜHCHRISTLICHER ZEIT

VON

AXEL OLRIK

ÜBERTRAGEN VON WILHELM RANISCH

HEIDELBERG 1908
CARL WINTER'S UNIVERSITÄTSBUCHHANDLUNG

Verlags-Archiv Nr. 254.

Steven des bei Oseberg am Christianiafjord in einem Grabhügel aufgedeckten Schiffs aus dem 9. Jahrh. G. Gustafson, Norges Oldtid.

Widmung an Professor Moltke Moe.

Als ich diese kleine Schrift in die Welt hinaussenden sollte, überkam mich ein Gefühl der Beschämung, weil sich darin — neben dem, was unbedingt mein Eigentum war — Gesichtspunkte, Gedanken, ja Ausdrücke fanden, die sich vor dem Leser als die meinigen ausgaben, aber mit größerem Recht andern zugehörten, — Gedanken und Ausdrücke, die Büchern, verstreuten Abhandlungen oder mündlicher Besprechung entlehnt waren. Ich fühlte mich wie ein Dieb gegenüber demjenigen, was andre, und nicht ich, dem Stoffe abgewonnen hatten und was den Stempel ihrer Einsicht und Ausdauer trug.

Ihre Namen findet man zum größten Teil in dem Literaturverzeichnis [den Anmerkungen] am Schlusse des Buchs; aber wie viele von meinen Lesern wissen, was ein jeder Name an liebevoller Beschäftigung mit der alten Zeit, an eigenartigem Können und historischem Sinne in sich birgt? Ganz untunlich ist es, die Herkunft eines jeden aufgenommenen Gedankens anzugeben; deshalb muß ich wenigstens den Anfang damit machen, meine Schuld gegenüber diesen Gewährsmännern anzuerkennen.

Ich könnte das passend in der Weise tun, daß ich diese Schrift dem ganzen Kreise der Mitforscher zueignete; aber der Dank würde da etwas klein für jeden einzelnen. Deshalb will ich mich lieber an *einen* allein wenden, an Sie, Herr Professor *Moltke Moe*. Keiner unter den Mitlebenden hat mir mehr als Sie von alledem gegeben, was man nicht durch eine Note oder einen Hinweis auszeichnen kann. Sie lehrten mich durch Ihre Worte und Ihre Werke, wie der Forscher das innere Leben des Stoffs anschwellen und in mehrseitiger Schönheit hervorleuchten lassen soll. Sie lehrten mich, aus wie vielen Wurzeln, heimischen und fremden, das scheinbar aus einem einheitlichen Guß geschaffene geistige Erzeugnis emporwächst; und Sie lehrten mich, in den miteinander streitenden wissenschaftlichen Standpunkten einen Ausdruck für die vielseitige innere Kraft des Gegenstandes zu sehen. Darf ich hoffen, daß Sie die Anschauungsweise anerkennen werden, auch wenn darin Ihre Meinungen „in die Familie der meinen eingeführt sind", und daß Sie in den Hauptpunkten die Wahrheit des Bildes anerkennen werden, das hier entworfen ist?

Ich muß eingestehen, daß es ein sehr kleines Buch ist über einen großen Gegenstand. Und es wäre wohl nicht geschrieben worden, wenn nicht der Herausgeber von „Verdenskulturen" [d. i. der Weltkultur], Dr. A. Friis, mich dazu aufgefordert hätte. Aber ich glaube, daß eine solche skizzenartige Darstellung eben das ist, was unsere Zeit geben kann und geben soll. Sie erscheint als Antwort an ein weiteres Publikum, das danach fragt, welcher Art die alte nordische Kultur ist und welchen Anteil die verschiedenen nordischen Völker daran haben. Und auf den Gelehrten selbst wirkt eine solche Darstellung klärend: er faßt die Resultate seiner eigenen Arbeiten — der geschriebenen und ungeschriebenen — zusammen, und erst indem er sie in den weiteren Zusammenhang hineinstellt, bekommt er den rechten Maßstab für ihren Wert und ihre Tragweite; und sodann prüft er zugleich die andern neueren Fachuntersuchungen und sieht, wie das Gesamtbild des Zeitalters sich gestaltet, wenn sie darin aufgenommen werden.

Die Darstellung der innern Eigentümlichkeit der nordischen Völker ist mehr im Entstehen als in der Vollendung begriffen; aber ich mußte versuchen, was bereits vorlag, zur Schilderung des Untergrundes zu benutzen, aus dem die Kultur emporwuchs. Ich wußte, daß, wenn ich das unterließ, das Bild weit unrichtiger ausfallen mußte, als wenn ich mit unsichern Strichen zeichnete. Auch die geschichtliche Entwicklung war, trotz des Fortschritts durch neuere Werke, oft nur in flüchtigen Lichtblitzen aufzufangen. So vermißte ich schmerzlich ein Werk, das von Grund aus die Lage der Frau in den nordischen Ländern schilderte, oder eines, das mit hinreichendem Verständnis für die Zeugnisse eines jeden Zeitalters das Anwachsen der Empfindungen verfolgte, die man unter dem Namen der ritterlichen Anschauung zusammenfassen kann, u. a. Es ist meine Hoffnung, daß ein kleiner Versuch wie der vorliegende, das Ganze darzustellen, nicht nur dem großen Publikum eine Schilderung geben wird, in der etwas von dem Leben der wissenschaftlichen Forschung enthalten ist, sondern, daß er auch dazu beitragen muß, — in Ihnen, in allen Mitforschern und in mir selbst — Arbeiten hervorzurufen, die unsere Einsicht weiter führen werden.

Ihr sehr ergebener

Axel Olrik.

Die Frage nach dem Wesen der alten nordischen Kultur und dem Anteil, den die verschiedenen nordischen Völker an ihr haben, tritt auch den Gelehrten und Gebildeten anderer als der nordischen Nationen entgegen. Eine Übersetzung der Antwort, die Axel Olrik auf diese Frage durch sein Buch erteilt, wird daher auch in Deutschland auf entgegenkommende Leser rechnen dürfen. Seit etwa einem Vierteljahrhundert hat A. Olrik die verschiedenen Gebiete des nordischen Geisteslebens angebaut und unser Wissen und Verstehen in reichem Maße erweitert. Er hat die große Sammlung der dänischen Volkslieder, Grundtvig's Danmarks gamle Folkeviser, fortgesetzt; für die Saxoforschung und die Wissenschaft von der nordischen Heldensage hat er durch seine „Kilderne til Sakses Oldhistorie“ und den ersten Band von „Danmarks Heltedigtning“ eine feste Grundlage hergestellt und einen neuen Bau begonnen; er hat durch seine Abhandlung über Ragnarok die Nutzbarmachung der Volkskunde für die Mythologie gelehrt und damit der mythologischen Forschung neue Wege gewiesen; er hat seine größeren Arbeiten durch Einzelaufsätze ergänzt und fortgeführt. Aber mehr noch als Olrik der Wissenschaft bereits gegeben hat, dürfen wir in Zukunft von ihm erwarten. Er, der nunmehr die volkskundlichen Sammlungen in Dänemark leitet, besitzt eine tief eindringende Kenntnis der volkstümlichen Überlieferung seines Vaterlandes, aber auch der verwandten und der fernerstehenden Nationen; er bewahrt die Entwürfe für die späteren Bände von „Danmarks Heltedigtning"; er ist in einer noch nicht veröffentlichten Abhandlung über die Egilssaga in die Entstehungsgeschichte der isländischen Saga eingedrungen; er hat die irische Literatur in Rücksicht auf ihren Einfluß auf die nordische Dichtung durchforscht. Er dürfte, wie kaum ein anderer heute, die Gesamtheit des nordischen Geisteslebens in der alten Zeit überschauen.

Wenn Olrik in seiner Widmung dankbaren Sinnes der Förderung durch andere Forscher gedenkt, so werden wir desto stärker die Selbständigkeit und Eigenart des Buches empfinden. Der Verfasser hat seine Eigenart in den Dankesworten an Moltke Moe bereits andeutend gezeichnet. Ich wiederhole und ergänze nur, wenn ich als die Hauptmerkmale seiner Forschung und Darstellung nenne: die liebevolle Beschäftigung mit dem Gegenstande, das intime Einfühlen in die dichterischen Erzeugnisse der alten Zeit, die freie Stellung gegenüber den wissenschaftlichen Parteien, die Fähigkeit, fremde Arbeit zu schätzen und ihre Ergebnisse sich ganz anzueignen und mit den eignen Resultaten zu verknüpfen, die Schönheit der Darstellung, in der das innere Leben des Stoffs voll zum Ausdruck gelangt. Dem vorliegenden Buche insbesondere ist es eigentümlich, daß der Verfasser nie an dem einzelnen Kunstwerk, der einzelnen Dichtung haften bleibt; jede Einzelerscheinung wird dargestellt als eine Welle einer jener großen Kulturströmungen, die das nordische Geistesleben ausmachen. So dürfte diese Gesamtdarstellung wohl geeignet sein, in die ältere nordische Welt einzuführen; sie scheint mir auch wohl geeignet, auf Darstellungen verwandter Gebiete anregend und vorbildlich zu wirken.

Da die Arbeit zunächst für das in dänischer und schwedischer Sprache erscheinende enzyklopädische Werk „Verdenskulturen" bestimmt war, ist die Behandlung ein wenig knapp ausgefallen. Der Verfasser erweiterte für die deutsche Übersetzung das letzte Kapitel und gestattete die Beigabe von drei altdänischen Heldenliedern aus Saxos Dänengeschichte und von fünf dänischen Folkewisern. Die Literaturhinweise der dänischen Ausgabe wurden zu kurzen Anmerkungen umgestaltet. Durch diese Änderungen und Zusätze ist hoffentlich das Buch deutschen Lesern näher gerückt.

Der dänische Titel lautet: „Nordisk Aandsliv i Vikingetid og tidlig Middelalder"; er mußte geändert werden, da der Ausdruck „Mittelalter" bei uns meist in anderem Sinne gebraucht wird wie im Dänischen. Im Buche selbst sind die nordischen Bezeichnungen der Geschichtsepochen beibehalten worden: das nordische Altertum reicht bis ca. 800 n. Chr. G., die Wikingerzeit von 800—1050, das Mittelalter beginnt etwa um 1050. — Von den Abbildungen der dänischen Ausgabe wurden einige, die in weniger enger Beziehung zu der Darstellung stehen, weggelassen. Dagegen wurde auf S. V der prächtige geschnitzte Steven des Osebergschiffes eingefügt; es ist eine verkleinerte Nachbildung des farbigen Titelbildes in G. Gustafson, Norges Oldtid, die die Verlagsbuchhandlung von Cammermayer in Kristiania gütig gestattete.

W. Ranisch.

Inhaltsverzeichnis.

NORDISCHES GEISTESLEBEN

IN

HEIDNISCHER UND FRÜHCHRISTLICHER ZEIT

Erstes Kapitel.

Die Bevölkerung.

Die ältesten Zeugnisse nordischer Sprache sind die Namen von Einzelstämmen, die römische Schriftsteller bewahrt haben. Sie zeigen uns die nordischen Länder in eine Menge kleiner Stammreiche zerlegt, deren Namen jetzt längst ausgestorben oder höchstens in nicht mehr unmittelbar verständlichen Landschaftsnamen erhalten sind. Es gab da Siglen, Himbren, Harden und andere in Jütland; Rygen, Horden und Thrönder die Westküste Norwegens entlang und andere weiterhin im ganzen Norden. Aus diesen kleinen Häuptlings- und Bauernstaaten bildeten sich in kriegerischem Ringen die größeren Verbände — hier wie überall in der germanischen Welt, nachdem Arminius zuerst die westlichsten Germanen zum Kampf gegen die Römer gesammelt hatte: die Bildung von Reichen und die starke kriegerische Königsmacht gehen Hand in Hand.

Die Völkerschaft, die im Norden zuerst den Vorrang erlangte, waren die Schweden. Dort an den großen Seen, an der äußersten Grenze fester menschlicher Wohnsitze, hatten sie Platz genug gehabt, Land zu roden und allmählich zu erstarken. Auf dem flachen, schwedischen Upland konnten sie nicht in Staaten und Stämme sich spalten, sie mußten sich als ein Ganzes fühlen. An der Küste der Ostsee, an den Ufern der Binnenseen und in den unzähligen Buchten, wo jetzt der Pflug des Bauern die Erde furcht, gab es Platz für Schiffe. Hier wuchs ein einheitlicher, starker, schlanker Volksstamm heran, der sich Könige wählte und auf schnellen Schiffen Wikingszüge quer über die Ostsee unternahm. Hier sehen wir zuerst das Königs- und Kriegerleben blühen, das der ganze Norden als sein Ideal zu verwirklichen strebt. Hier ist im Haine zu Upsala der heiligste Kultplatz der Asen. Um das Königtum, die Thingstätte und das Heiligtum der Schweden sammelt sich später der ganze östliche Teil der skandinavischen Halbinsel und schmilzt allmählich durch die Arbeit von Jahrhunderten unter heftigen Kämpfen bis tief ins Mittelalter hinein zu einem einzigen Volk, dem schwedischen, zusammen.

Demnächst entwickelt sich Dänemark zu einem Nationalstaat. Wie unter den Deutschen die Namen „Franken" und „Sachsen" auftauchen für größere Volksgruppen, werden — indem die kleinen Stämme verschwinden — die Namen „Jüten" und „Dänen" die einzigen Bezeichnungen für die Nationalität; der erste auf der Halbinsel Jütland, der andere auf Seeland und in Schonen. Sagenhafte Berichte erzählen, daß die Dänen, ein südskandinavischer Volksstamm, sich zuerst dadurch einen Namen machten, daß sie einen andern Stamm, die Heruler, aus seinen Wohnsitzen vertrieben. Spätere Heldenlieder gewähren uns einen Einblick in die nun folgende unruhige Kampfzeit — die Völkerwanderungszeit —, wo jeder Volksstamm versucht, sich auf Kosten seines Nachbars auszudehnen. Auf dem Gehöft Lejre kann König Hroar und sein kriegerischer Bruderssohn Hrodulf (Hrolf) nicht eher in Frieden sitzen, als bis sie die angreifenden Hadbarden vernichtet haben, die über die Ostsee her gegen sie ziehen. Die Königsgeschlechter der Schweden und der Jüten zerhacken einander die Brust wie blutdürstige Adler. Bald danach haben die Jüten, wir wissen nicht wie, sich der starken Hand des Dänenkönigs unterworfen; die Sage erzählt, daß Harald Kampfzahn es war, der alle kleinen Reiche in Dänemark vernichtete und später im Lande der Göten, in der Schlacht an der Brawik, seinen Tod fand. Wenn die Wikingerzeit uns Dänemark wieder in vollem Tageslichte zeigt, ist die Reichseinheit eine unumstößliche Tatsache. Ja, es gibt nun nicht nur ein ganzes Dänenland, eine „Dänenmark", sondern auch eine „Dänenherrschaft" (an. Danaveldi), welche die naheliegenden Gegenden, die Gegenden um den Kristianiafjord im Norden, bald auch Teile des wendischen Landes im Süden, unter ihr Joch zwingt und gewillt ist, noch weitere Länder sich zu unterwerfen.

Norwegen kommt zuletzt zu einer Reichsbildung. Jedes kleine Landschaftskönigtum lag hier von Bergen eingeschlossen; enge Täler hielten fest an Jahrtausende alten Bräuchen. Nur von den breiteren südöstlichen Bezirken um den Kristianiafjord und den Mjösen konnte ein Einigungswerk ausgehen, wie es in Dänemark und in Schweden geleistet war. Erst in historischer Zeit, tief im 9. Jahrhundert, kam es in Gang; aber da wurde es auch mit der starken und schnellen Kraft ausgeführt, die der Geschichte Norwegens das dramatisch Festliche verleiht. Da sehen wir alle diese farbigen Bilder nahe beieinander, alle an die Person desselben Großkönigs geknüpft: die Kriegerschar, die dem freigebigen Eroberer zuströmt; den Kleinkönig, der sein Volk versammelt, sich von seinem Königssitze erhebt und auf einem Jarlssitz Platz nimmt, um danach hinzugehen und dem neuen Herrscher Treue zu geloben; oder eine andere Gegend, wo alle Kleinkönige sich verbünden, aber in einer blutigen Seeschlacht niedergeworfen werden, während einige Eigenbrödler zu Hause auf ihren Gehöften sitzen, weil es doch nichts nütze, gegen den neuen König von Norwegen und sein Glück anzukämpfen.

So werden die drei Reiche geschaffen, deren Schicksal das Schicksal des Nordens in den folgenden Zeiten ist: die Reiche der Dänen und Schweden, die benannt sind nach dem Volksstamm, der bei der Staatsbildung den Kern abgibt, und Norwegen (d. i. der nördliche Weg, der nördliche Teil), das benannt ist nach seiner Lage im Verhältnis zu dem südlicheren und älteren dänischen Reich, weil nämlich kein Volksstamm, sondern der Wille eines einzelnen es zu gleicher Höhe wie die andern emporgehoben hatte.

Noch merkwürdiger als diese politische Entwicklung der drei nordischen Länder ist ihre nationale und sprachliche Entwicklung.

Zur Zeit, wo die kleinen nordischen Stämme in der Geschichte auftauchen, bestand kein ernstlicher Unterschied zwischen ihnen und den andern germanischen Stämmen, den Sachsen und Angeln am Fuße der jütischen Halbinsel, den Sueben an der Ostseeküste, den Goten an der Weichsel. Eine eigentliche Sprachgrenze hat es kaum gegeben. Die Guten auf Gotland standen nicht nur dem Namen, sondern auch sprachlichen Eigentümlichkeiten nach dem großen

Gotenvolk an der Weichsel nahe. Die Jüten haben jedenfalls in einem einzelnen Punkte sich der angelsächsisch-friesischen Sprachgruppe genähert. Unter diesen Umständen war das nationale Bewußtsein schwankend, es änderte sich je nach den Berührungen, die zu verschiedenen Zeiten stattfanden. Die Nordseevölker (in Hannover und auf der jütischen Halbinsel) sahen sich als Ingwäonen an, als die Nachkommen eines gemeinsamen Stammvaters Ing; später wurde der Name Ingwäonen an die Dänen geknüpft; und weiterhin in der Wikingerzeit waren die schwedischen Könige aus „Ingwis Geschlecht". Dagegen fehlt eine alte Gesamtbezeichnung für den Norden; in der Wikingerzeit wagt man sich mit Namen wie „die Nordlande", „die dänische Zunge" hervor; Sagen über eine gemeinsame Abstammung werden erst im Mittelalter geschaffen.[1]

Erst die Völkerwanderung brachte die Vorbedingungen für eine gesonderte nordische Entwicklung; sie durchschnitt die Fäden, mit denen die nordischen Stämme an die südlichen Nachbarn geknüpft waren. Sachsen und Angeln wanderten nach England; Sueben und Goten zogen nach dem Süden; die Ostseeländer lagen eine Zeitlang größtenteils verlassen da, und nur langsam füllten sie sich mit neuer Bevölkerung. Slawische Stämme sickerten von Osten herein und ließen sich an der Ostseeküste, bis oben nach Holstein, nieder. Die Bevölkerung von Hannover und dem westlichen Holstein blieb nur dem Namen nach „sächsisch" (d. i. angelsächsisch, englisch); in Wirklichkeit sickerte deutsche Sprache von den Hessen und andern südlicher wohnenden Stämmen her ein, so daß, wenn man im Mittelalter hier „Sachsen" antrifft, das nicht ein englisches, sondern ein niederdeutsches Volk ist.

So hatte der Norden scharfe Sprachgrenzen erhalten; und zugleich waren seine alten Verbindungen mit dem Süden durch die Unruhe in Mitteleuropa abgeschnitten worden. Er war verbunden gewesen mit der ganzen römisch-germanischen Kultur; jetzt wurde die Brücke abgebrochen, und er mußte von seinen eignen Hilfsmitteln zehren.

[1] Skadin-avja (Berg-insel?) ist ein altertümlicher Name für die skandinavische Halbinsel, aber er heftet sich an deren südlichste Landschaft (Scadinavia — an. Skáney — dän. Skaane — deutsch Schonen).

Auf sprachlichem Gebiet bewirkte das einen Zusammenschluß zwischen den vielen Volksstämmen von der Ostseeküste bis zum Eismeer. Bereits die ältesten Runeninschriften ums Jahr 400 zeigen ein beginnendes nordisches Sondergepräge; es entsteht die „urnordische" Sprache. Mit merkwürdiger Hast geht die Entwicklung weiter, und noch merkwürdiger ist, daß alle Völker des Nordens in den wesentlichen sprachlichen Umbildungen Schritt halten. So wird die sehr eigenartige „altnordische" Sprache mit ihrem Formenreichtum und ihren schweren Konsonantengruppen geschaffen.

Aber auch auf vielen anderen Gebieten sind das bedeutsame Zeiten, diese Jahrhunderte, in denen der Nordmann, da er in seinem Verkehr mit der Außenwelt gehemmt ist, sich nach innen wendet. Vorher hatte er als ein Zuschauer dagesessen bei dem Eindringen der römischen Kultur auf germanischen Boden; jetzt ist der Vorhang gefallen, und er bleibt vorläufig außerhalb des bedeutsamen Dramas der Annahme des Christentums und der Anpassung an neue Kulturformen von seiten der verwandten Völker. In gewissen Beziehungen wird er wieder ein Barbar. Der stattliche Häuptling in romanisierter Tracht wird zu einem langbärtigen Wiking, seine Damascenerklinge wird vertauscht mit einem schweren Eisenschwert oder einer mächtigen Streitaxt; er will nicht nach südlicher Art in einer Grabkiste ruhen, er wirft wieder, wie die Vorväter in der Urzeit, einen Erdhügel über dem Toten auf. Er ist wie der junge Sagenheld Sinfjotli, der im Alter von zehn Jahren in den Wald hinaus gesandt wird, um als Wolf zu leben, denn nur so kann er abgehärtet werden zu der Großtat, die man von ihm erwartet. So wird der Nordmann zurückgewiesen auf seine eigne rauhe Natur; er erprobt seine Stärke gegenüber dem Meere, macht Jagd auf den Seehund und den Wal, den Hering und den Dorsch, zieht ins Gebirge auf Renntierfang und Finnenraub oder rodet seinen Wald — und träumt seinen schweren langen Wintertraum.

Doch auch der Waldgänger sieht, was im bewohnten Bezirk sich ereignet. Der Nordmann ist in seinem Jünglingsalter nicht ganz abgeschnitten von dem, was in andern Ländern geschieht. Ziehen auch nicht gern Kaufleute auf den öden Verkehrswegen, so wandert dort der einsame

Recke, der einen mächtigen Herrn sucht; oder eine ganze Volksschar, Krieger mit Frauen, Kindern und Knechten, bahnt sich einen Weg zu Gebieten, wo sie bessere Lebensbedingungen erhofft, wie die Heruler, die um 512 durch Dänemark kamen und im Lande der Göten sich ansiedelten. Diese Leute bringen das Fremde in der am meisten kriegerischen und barbarischen Form mit sich: das Verlangen nach Größe und die Heldenlieder, Dinge, die recht wohl zu dem Gepräge passen, welches das Leben jetzt annimmt. Aber gerade wie die Völkerwanderung schließt, wird der Verkehr noch mehr gesperrt. Die Kräfte suchen sich neue Ziele, in Zügen nach Osten und Westen gegen barbarische Völker, bis — mit Beginn des 9. Jahrhunderts — die Kraft voll ausgewachsen ist und sich mit den großen Kulturvölkern zu messen wagt.

Aber bevor wir verfolgen, wie der Nordmann sein Wesen in der großen nach außen gerichteten Zeit, der Wikingerzeit, entfaltet und wie die Berührung mit den Fremden auf ihn einwirkt, müssen wir noch ein wenig näher zusehen, wie die Masse des Volks damals beschaffen war.

Der Sprache nach tritt das Volk im wesentlichen als eine Einheit auf, von der Eider und Ostsee bis nach Helgeland und dem finnischen Meerbusen, — als ein Zweig der germanischen Völkerfamilie, mit ausgesprochen nordischer Eigenart, wenn auch die scharfe Grenze gegen südlichere Stammesverwandte erst nachher entsteht und obwohl der Dialektunterschied innerhalb des Nordens selbst sicher größer gewesen ist, als die Runeninschriften uns jetzt ahnen lassen.

Gemeinsam sind allen Nordleuten die wesentlichen Züge im Bau der Gesellschaft: es gibt einen Bauernstand, der zunächst und hauptsächlich aus Ackerbauern besteht und seine Macht auf dem heimatlichen Herreds- oder Bezirksthing ausübt oder auf dem größern Landschafts- oder Fylkething; ferner einen Häuptlingsstand, der vom König bis zum Großbauern reicht und mehr kriegerische Neigungen hat. Endlich gibt es eine mehr oder minder zahlreiche Klasse von Knechten, die als Gesinde oder Hausmannschaft zum Unterhalt des Häuptlings, bisweilen auch des Bauern, beitragen. Gemeinsam sind die äußeren Kulturformen; und gemeinsam ist vor allem die ganze Lebensanschauung, die kriegerische Gesinnung und die Energie der Seele. Mut in der Gefahr, Unbeugsamkeit im Mißgeschick, selbst mit dem gewissen Tod vor Augen, Gelassenheit in der Bedrängnis, das sind die Tugenden, die das Volk am höchsten schätzt. Die Achtung vor dem Urteil der Gefährten, das Verlangen nach dem Ruhm, der den Helden überleben soll, sind ganz offenbar aus kriegerischen Verhältnissen herausgewachsen, vorzüglich bei der geschlossenen Schar, die das Gefolge des Häuptlings bildet; andererseits scheint die Bewunderung für die zähe Ausdauer bei Stämmen großgezogen zu sein, die in rauhen nördlichen Gebieten mit den Feindseligkeiten der Natur zu kämpfen haben. Ein hartes, abgeschlossenes, einsilbiges, willensstarkes Wesen eignet dem Volke. Die Vergötterung der Willensstärke und die Hochschätzung des Verstandes, die starke Beherrschung der Gefühlsäußerungen sind hervortretende Züge. „Die Dänen können weder über ihre Sünden noch über ihre Toten weinen", sagt der älteste christliche Schilderer des Nordens.

Wenn wir so von den Nordleuten jener Zeit sprechen, als trügen sie ein gemeinsames Gepräge und wären auf einen Ton abgestimmt, so müssen wir doch hinzufügen, daß der Norden sicher zahlreichere und tiefere Gegensätze umfaßte, als die Quellen klar aussprechen. Der Volkstypus beweist noch heute, daß die Nordleute nicht gemeinsamen Ursprung haben, sondern von ungleicher Herkunft sind, und vor ein- oder zweitausend Jahren müssen diese Gegensätze noch viel schärfer gewesen sein als jetzt. Diejenigen Forscher haben wohl recht, welche meinen, daß die Bevölkerung im wesentlichen aus zwei voneinander stark abweichenden Völkerfamilien entsprungen sei. Der eine Typus ist hochgewachsen, rotwangig, blauäugig, hat oft blondes Haar, längliches Antlitz und länglichen Schädel; der andere, von minder hohem Wuchs, hat meist schwarzes oder braunes Haar, braune Augen, dunklere Hautfarbe, ein breites Gesicht und die kurze, runde Hirnschale. Die Langschädel findet man am reinsten in den binnenländischen Bauernbezirken — wir pflegen sie als den „nordischen Typus" zu bezeichnen —; die Kurzschädel findet man besonders in den Küstengegenden, so fast an der ganzen Westküste Norwegens und in Dänemark am häufigsten auf den Inseln.

Schon die alte Zeit hatte einen Blick für die zwei Typen. Das Gedicht von Rig, die Rigsthula, schreibt dem Jarlssohn und dem Bauernsohn blondes Haar, glänzende Wangen, scharfe Augen zu; der Knecht ist dagegen „schwarz“ und hat ein „garstiges“, d. i. breites Gesicht. Der Gegensatz zwischen Herrn und Knecht deckt sich jedoch nicht völlig mit dem Unterschied zwischen dem blonden und dem

Abb. 1. Norwegischer Bauer: Langschädel.
Andr. Hansen, Menneskeslægtens Ælde.

dunkeln Volksschlag. Die isländische Sagaliteratur zeigt, daß sich in den Häuptlingsgeschlechtern viele der eigentümlichsten Züge der Kurzschädel finden konnten. Eher stehen wir hier vor alten Rassegegensätzen. Die Langschädel sind das Bauernvolk von arischer Abstammung, das sich einen Weg bahnt zu den offenen Waldstrecken, wo es das Feld roden und das Vieh weiden kann; die Kurzschädel entsprechen mehr oder minder den noch älteren Jäger- und Fischerstämmen, die in gewissen abgelegenen Bezirken sich ziemlich rein haben halten können, aber sonst als Knechte oder Gesinde in der Masse der Arier aufgegangen sind.

Es scheint, als ob gewisse seelische Eigenschaften schon früh an die Volkstypen geknüpft sind. Der Langschädel ist verständig und willensstark. Er läßt sich nicht leicht aus der Fassung bringen; er ist weitblickend in seinen Plänen und schnellentschlossen bei der Ausführung; er ist nüchtern

Abb. 2. Norwegischer Bauer: Kurzschädel.
Andr. Hansen, Menneskeslægtens Ælde.

gegenüber religiösen und künstlerischen Strömungen. Er liebt einfache und sinnliche Genüsse; kann er zu Zeiten seine Kräfte anspannen, so liebt er auch die lange Winterruhe und den reichlichen Genuß von Speise und Trank. Der Kurzschädel ist mehr ein zäher Arbeiter, ausdauernd bei der Arbeit, aber kleinlicher in seinem Denken, er gibt sein Spiel leicht verloren gegenüber einer unerwarteten Situation; er hängt immer fest an den altererbten Gewohnheiten seines Bezirks, deshalb wird es ihm schwer, sich um größere Interessen der Gesamtheit zu scharen oder weitreichende Pläne zu entwerfen, selbst wenn er oft leicht auffaßt und beobachtet; er hat Hang zur Mißgunst, zur Schwermut und zum Grübeln, Empfänglichkeit für religiöse Eindrücke und Anlage für Dichtkunst und Musik — kurz, er ist ein Stimmungsmensch, doch mit dunklerer oder hellerer Grundfarbe in den verschiedenen Gegenden des Nordens.

Dem Langschädeltypus, so wie er von den Kennern des Volkes unserer Zeit geschildert wird, entsprechen in hohem Grade die Bilder, die fremde Schriftsteller in der Wikingerzeit von jenen Nordleuten entwerfen, die zu Tausenden als Wikinger oder Kaufleute in den fernen Ländern erschienen und deren Reichtum sich aneigneten. Es entspricht ihm auch das Ideal der alten Zeit selbst in überwiegendem Maße. Und gerade weil ein einzelner Stamm — vermutlich der alte arisch-germanische Kern des Volkes — dem ganzen Leben sein Gepräge aufgedrückt oder doch jedenfalls sein Wesen zum Ideal erhoben hat, tritt dieses Ideal mit einer gewissen Autorität auf. Den Kurzschädel dagegen schätzte die alte Zeit nicht sonderlich hoch ein; sie betrachtete ihn als den Typus der Knechte. Einen politischen oder nationalen Gegensatz scheinen diese Rasseunterschiede am Ende der alten Zeit doch nicht mehr enthalten zu haben; aber es bestand in aller Stille eine Spannung, es ging eine Vereinigung von ungleichen seelischen Elementen vor sich, deren Mischung und Ineinandergreifen verschiedene Möglichkeiten für die zukünftige Entwicklung boten.

Auch sonst barg der alte Norden trotz der sprachlichen Übereinstimmung starke Gegensätze in sich. Bewohner der Ebene, wie die Dänen, standen gegenüber den im Gebirge sitzenden Norwegern; Binnenlandsbewohner, wie die Göten und die Norweger ostwärts vom Gebirge, standen gegenüber den westlichen Norwegern oder den Dänen. Da gab es einen alten Kulturbezirk wie die Heimat des dänischen Bauern, wo Steinkammern und Grabhügel sich über das Ackerland erhoben; und da gab es in Norwegen eine übergewaltige Natur, die von der vorwärtsschreitenden Kultur noch unberührt war; an vielen Stellen — fern im Norden oder höher hinauf in den Gebirgstälern — wurde die Baustelle erst im Eisenalter, ja, sogar erst in der Wikingerzeit gerodet. Es gab eine dörfliche Ansiedelung mit einer Art gemeinsamen Betriebs besonders in großen Teilen von Dänemark und Schweden, wo sich die Ansiedler an Zusammenleben und Zusammenarbeiten gewöhnten; und es gab eine zerstreute Besiedelung oben in den norwegischen Tälern, die Selbständigkeit, ja ein übertriebenes Selbstgefühl, hervorrief. Es gab einen Standesgegensatz zwischen dem westnorwegischen Häuptling, der seine dunkelhaarigen Untergebenen auf den Heringsfang und die Seehundsjagd aussandte und der einen Wikingszug oder eine Raubfahrt zu den Finnen unternahm, und andererseits den schlichteren Ackerbauern wie den Thröndern und Gudbrandsdölern; und dann in Dänemark zwischen den Grundbesitzern der Inseln und dem einfachern Bauernvolk Westjütlands. Es gab eine Menge Gegensätze, eine Menge Möglichkeiten für Kampf und Mischung; jede Gegend konnte etwas Neues hervorbringen und es den andern mitteilen, und zugleich hatten diese örtlichen Sonderheiten eine derartige Ausdehnung, daß breitere nationale Eigentümlichkeiten sich entfalten konnten.

Wenn trotz alledem die Nordleute in der Wikingerzeit so einheitlich in Sprache und Kultur erscheinen, so ist das besonders eine Folge der zahlreichen Häuptlingssitze, die über die Länder ausgebreitet waren. Die Häuptlinge vereinigen vornehme Geburt mit großem Grundbesitz und der politischen Leitung eines gewissen Landbezirks. Es gab Könige, große und kleine, Jarle — diese wurden als *heiðverðir menn, tignarmenn,* d. i. hochgeehrte Leute, Leute von Rang, bezeichnet —; sodann Hersen, d. s. Bauernhäuptlinge über einen kleineren Bezirk. Sie machten ihren Einfluß geltend als Wortführer auf dem Thinge und als Leiter der Verhandlungen, als Goden, d. i. Opferpriester, ihres Bezirks — denn einen besonderen Priesterstand kannte man wohl nur beim Heiligtum zu Upsala —, als Führer im Kriege, aber zumeist durch das kriegerische Gefolge, das sie beständig um sich hatten. Diese Schar tritt unter verschiedenen Namen auf; sie wird bezeichnet als „Freunde", „Gefolgsmannen", „Heimnehmer", „Schwertnehmer", „Hauskerle", „Hausschar", „Wache", usw. Gegen Schluß der Wikingerzeit wird die aus dem Angelsächsischen entlehnte Bezeichnung „Hird" die übliche. Diese geschworenen Gefolgsmannen, die das Leben für ihren Herrn einsetzen mußten, bestanden schon viele Jahrhunderte; aber mit dem Steigen der Königsmacht, der größeren Entfaltung des Kriegerlebens und der Ausbreitung des Goldes erhielt das Gefolgswesen einen größeren Glanz als zuvor. Mancher junge Mann aus guter Familie setzte eine Ehre darein, bei einem mächtigeren Häuptling zu dienen, bevor er selbst daheim auf dem Hochsitz seiner Väter Platz nehmen konnte. Nicht am wenigsten trug zum Glanze des Gefolgswesens bei, daß der Dichter häufig bald die eine, bald die andere von den Hallen der gleichzeitigen Häuptlinge aufsuchte, zuweilen als Gast, zumeist als Gefolgsmann; ob er nun zur Ehre eines gleichzeitigen Herrschers dichtet oder das ferne Heldenleben besingt, so färben Bilder und Anschauungen aus der Häuptlingshalle das Gedicht und verbreiten sich von da aus in weitere Kreise. Als Thormod Kolbrunarskald vor der Schlacht bei Stiklestad vor dem ganzen Heer König Olafs ein Gedicht vortragen soll, singt er das Lied von König Hrolf und seinen Gefolgsmannen.

Werfen wir einmal einen Blick in eine solche große aus Holz gezimmerte Häuptlingshalle, die dazu eingerichtet ist, mehrere Hunderte in sich aufzunehmen. Wir schlüpfen durch die Eingangstür hinein an Knechten vorbei, die Speisereste hinaus oder Holz zu den Herdfeuern hineintragen; ein Schwarm von Bettlern hält sich in der Nähe des Eingangs auf, um etwas von den Gerichten abzubekommen. Vielleicht hält es schwer, weiter hinein in die Halle zu gelangen, und die langen Herdfeuer mitten auf dem Estrich hindern den Durchblick bis hinüber nach der Frauenbank an der gegenüberliegenden Querseite; an den berußten Dachbalken hängt dicht der Rauch, bis er durch eine Öffnung oben einen Ausweg findet. Aber es ist leicht, über die langen Bänke hinwegzusehen, wo Mann an Mann sitzt, während die Waffen über ihnen an der Wand hängen; in der Mitte bei den geschnitzten Hochsitzsäulen, die als Heiligtümer betrachtet werden, sieht man den erhöhten Platz des Häuptlings. Vorne am Feuer geht seine Tochter auf und ab, schenkt Bier aus einem Gefäß und reicht den Kämpen das Trinkhorn; da gibt es Trunk und Gespräch, Lärm und Freude, die nur unterbrochen werden, wenn der Dichter seine Stimme erhebt zu einem Liede über alte Sagen oder den Herrn der Halle: „Hört mich, ihr Krieger im Goldschmuck, wenn ich von Harald

Abb. 3. Nordische Halle. Nach Valtyr Gudmundsson, Den islandske Bolig i Fristatstiden.

melde, von den Speertaten des mächtigen Herrschers". Wenn der Dichter schweigt, zieht der König froh einen Goldring von seinem Arm und reicht ihn dem Dichter dar; der König ist in heiterer Stimmung, er läßt Waffen aus der Kammer holen, fremdländische Schätze und den Besitz der Vorväter; dem einen gibt er ein Schwert; Brünne und Helm einem andern; er schlägt die Goldringe entzwei und teilt an alle aus. Da erheben sie sich, froh durch das Bier und die Gaben, danken ihm mit lauter Stimme und schwören mit erhobener Hand, ihm in den Tod zu folgen und das Leben daran zu setzen, um ihn zu rächen. Warme und starke Worte sind in der Halle zu Hause, aber auch die verständige Beratung eines zukünftigen Unternehmens und das kluge Ausfragen über Neues und Unbekanntes. Neue Gedanken und Dinge, die von auswärts beigebracht werden, sind hier zuerst geprüft worden; aber auch die Überlieferungen aus der Vorzeit, wie wir sie jetzt kennen, zeigen in manchen Stücken, daß sie ihren Durchgang genommen haben durch die Halle des Häuptlings und der Gefolgschaft.

Die andere Großmacht der Zeit ist der Bauer, der freie Grundbesitzer. Er ist, anders wie der Gefolgsmann, nicht an einen einzelnen geknüpft, sondern an eine größere Gesamtheit. Das Volk oder der Stamm ist von fernen Zeiten her die Masse der ansässigen Männer, die sich in geschlossener Schar verteidigen und sich auf den Thingen bewaffnet zu gemeinsamen Beschlüssen versammeln. Hier wird Recht gesprochen von dem ganzen Bauernvolk, der schwere Verbrecher wird für friedlos, d. h. außerhalb des Schutzes durch das Gesetz stehend, erklärt. Die Bauernthinge bestehen, selbst wo größere Staatenbildungen die kleineren Stämme in sich aufgenommen haben, unter Namen wie Bezirksthing, Viertelsthing, Fylkething (Fylke = Volk, kleiner Stamm) weiter fort; und dies bleibt im wesentlichen die Form, in welcher der Bauer mit weiteren Gesellschaftsinteressen in Berührung kommt. Während der Verkehr zunimmt, bilden sich größere Thingvereinigungen, die keineswegs mit den kriegerisch-politischen Reichen zusammenzufallen brauchen.

Es scheint ein allgemeines Gesetz zu sein, daß, wo ein Stamm sich auf einer Opferstätte versammelt, daraus von selbst eine Thingstätte hervorgeht: man untersucht Rechtssachen und schlichtet Streitigkeiten, bis aus einer zufälligen Zusammenkunft eine feste Rechtsordnung entsteht. Man kann das noch bei der Besiedelung Islands beobachten. Die staatslosen Ansiedler bekommen ein Thing da, wo ein Privatmann ein Heiligtum, ein „Hof“, erbaut hat, und der „Gode“ ist der gegebene Leiter des Things; nur Islands gemeinsames Althing ist so spät gebildet, daß es außerhalb dieser einfachen Entwicklung steht. Dagegen erzählen z. B. die Namen der Landschaftsthinge in Dänemark von einem religiösen Ursprung: Lund (d. i. Hain) in Schonen, Ringstedlund oder Tislund (Hain des Ziu) auf Seeland, Viborg aus ursprünglichem Vibjærg (d. i. Berg des Heiligtums) in Jütland. Keines dieser Thinge können wir als politischen Mittelpunkt eines Stammes nachweisen; so liegt Viborg in einer Gegend, wo vier Kreise — frühere Kleinstämme — zusammenstoßen. Bei allen germanischen Stämmen geht Opfer- und Thingverkehr voraus und bahnt den Weg für einen politischen Zusammenschluß; und umgekehrt werden diese „Landschaften“ und „Landschaftsthinge“ ein Hemmschuh für die Entwicklung der größeren Reichseinheit. Die Bauern schreiten bedachtsam vorwärts, aber deshalb ist auch das Gemeinschaftsgefühl desto stärker.

Doch nicht die Bauerngemeinschaft wurde für den einzelnen die größte Stütze in den schwierigen Verhältnissen des Lebens, sondern ein viel engerer Kreis, das Geschlecht. Wenn es galt, Rache zu nehmen für erlittene Verluste, so machte sich das ganze Geschlecht auf, und es mußte — unter Umständen mit dem Leben — verantworten, was jeder seiner Angehörigen getan hatte; Bußen für Tötung oder Wunden wurden auf die Mitglieder des Geschlechts verteilt, und umgekehrt nahm es auch die Genugtuung für den Schaden, der dem einzelnen zugefügt war, entgegen. Wichtigere Anordnungen waren die gemeinsame Sache aller. Wollte jemand einen unehelichen Sohn zum rechtmäßigen Erben machen, so mußte nicht nur er, sondern auch die ganze Verwandtschaft ihn „ins Geschlecht einführen“; „da soll er einen Schmaus ausrichten mit drei Fässern Bier und einen dreijährigen Ochsen schlachten und die Haut von dem rechten Vorderbein abziehen und einen Schuh daraus machen und ihn neben das Bierfaß stellen; da soll der zuerst in den Schuh treten, welcher den Mann in das Geschlecht einführt, dann der, welcher in das Geschlecht eingeführt wird, dann der, welcher ihm das Erbrecht zubilligte, dann der, welcher ihm das Bodenerbrecht zubilligte, dann die andern Verwandten." Neuere nordische Bauernsitten zeugen dafür, mit welchem Eifer man an dem Geschlechtszusammenhange festhielt; wenn die Leute zu einem Schmause zusammenkommen, „wird genau darauf gehalten, daß die Angehörigen desselben Geschlechts durch die Anrede geehrt werden, die die Verwandtschaft erfordert"; sie reden am liebsten von „der Mannhaftigkeit und den Taten der Vorväter; man erzählte davon mit derselben unglaublichen Kenntnis von den Verzweigungen der Geschlechter, wie sie in den alten Sagas sich findet"; eine Bauersfrau aus dem Drontheimer Bezirk konnte Rechenschaft geben von ihrem Verhältnis zu 124 lebenden Verwandten. Einzelne Geschlechter hielten eine jährliche Zusammenkunft ab — ein Thing unter freiem Himmel —, wo die jungen erwachsenen Leute den Mitgliedern des Geschlechts vorgeführt wurden.

Die Wohnstätte war nicht die Wohnstätte von Eheleuten wie heutzutage. In einem abgelegenen Bezirk von Drontheim wie dem Tydal umfaßte bis vor kurzem das einzelne Gehöft einen Hausstand von 20—30 Personen, die „aus demselben Sack aßen und aus demselben Bach tranken": eine Schar von erwachsenen, verheirateten Geschwistern mit ihren Kindern und einem Großvater in der Ofenecke, der die Oberleitung bei der Bewirtschaftung des Gehöfts hatte und über den gemeinsamen Geldbeutel verfügte. In Bergthorshval auf Island lebte nach der Nialssaga der alte Nial und seine Gattin mit drei verheirateten Söhnen und einem Schwiegersohn, nebst dem Gesinde, den Kindern und den gebrechlichen Leuten, im ganzen ein halbes Hundert Menschen. Unter diesen Verhältnissen wurde die Wohnstätte als die Wohnstätte des Geschlechts empfunden; man wohnte auf Grundstücken, auf denen die Voreltern vielleicht Jahrhunderte hindurch gewohnt hatten, und man wußte Bescheid, wer jeden Bau errichtet und jeden Gegenstand nach den Gebäuden gebracht hatte. Der Übergang in das Jenseits erschien oft als ein Umzug in die Halle, in der die dahingegangenen Väter ihren Sitz hatten; diese dachte man sich bisweilen recht nahe der irdischen

Wohnung. Auf Thorsnes in Island glaubte man, daß die Toten in den Berg Helgafell eingingen; an einem Herbstabend ging der Hirt hinaus und sah, daß die Bergwand offen stand: da waren große Feuer und das Geräusch von vielen Menschen, er hörte, daß sie Thorstein willkommen hießen und ihm den Ehrenplatz gegenüber seinem Vater anwiesen; am nächsten Morgen kam die Nachricht nach dem Gehöft, daß Thorstein auf dem Fischfang ertrunken sei.

Ein eigenartiger Ausdruck des Geschlechtszusammenhanges liegt darin, daß man glaubte, der kürzlich Verstorbene werde in den Nachkommen wiedergeboren, und daß man ihnen deshalb den Namen des Betreffenden gab. Die Sitte taucht erst in der Völkerwanderung, zunächst bei den Ostgoten, auf und breitete sich stark aus; im Norden drang sie im 7. und 8. Jahrhundert durch, einer Zeit, wo der alte allgemeine Geschlechtszusammenhang sich bereits gelockert hatte, — und hielt sich als beliebter Volksbrauch viele Jahrhunderte hindurch. „Wir kommen wieder", sagten im Sätersdal die Alten, wenn der Tod sie aus dem Gehöft des Geschlechtes abrief.

In fernen Zeiten war der Zusammenhang zwischen dem Geschlecht und dem Gehöft noch weit enger gewesen. Da hatte man keinen Privatanspruch auf den Boden außer auf denjenigen, den man selbst gerodet hatte; sobald dieser aber auf die Nachkommen übergeht, wird er Eigentum des Geschlechts. Wenn die ersten Häuser nicht mehr Menschen fassen können, baut man neue Wohnstätten daneben, und die wachsende Schar verschafft sich Unterhalt durch gemeinsame Bewirtschaftung oder teilweise gemeinsame Bewirtschaftung des Bodens. Eine besondere Gruppe von Ortsnamen erinnert daran, die auf -inge oder -unge; sie sind meist von einem Personennamen abgeleitet. Nehmen wir als Beispiel das Dorf Ravning in der Nähe von Jällinge. Der erste Ansiedler hat Ravn geheißen, und solange er lebte, hieß der Ort nach ihm „bei Ravn"; nach ihm wohnt sein Geschlecht, die Ravninge, dort, und der Ort heißt da „bei den Ravningen" (at Hrafnungum). Daher kommt es, daß solche Ortsnamen in der alten Sprache in der Mehrzahl stehen, sie bezeichnen von vornherein eine Gemeinschaft von mehreren, das Geschlecht, das dort wohnt. Das einzelne Mitglied dieser Gemeinschaft heißt da z. B. Hrafnunga-

Tóki, — der Name kommt auf mehreren Runensteinen der Gegend vor. In Dänemark und Schweden wie auch bei südlicheren verwandten Stämmen finden sich diese Namen zu Hunderten, und zwar sind die ältesten mit Personennamen gebildet. Zur Zeit der Völkerwanderung — doch in der Hauptsache nur in Dänemark — entsteht eine entsprechende Gruppe auf „lev", d. h. Erbe. Ein Name wie Utterslev bedeutet also den Besitz, der einem Ottar gehört hat und nun von seinen Erbnehmern bewirtschaftet wird. Aber schon vor der Wikingerzeit hört man auf, solche Gemeinschaftsnamen neu zu bilden. Damals zeigen sich Namen auf „sted" oder „stad", was das einzelne größere Gehöft bedeutet, und später folgen solche auf „torp" und „röd", d. i. Ansiedlung und Rodung; aber auch diese Einzelhöfe wachsen im Laufe der Zeit oft zu Dörfern an. Andere Arten von Niederlassungen, wie die ostnordischen auf „by", scheinen doch wohl ihren Ursprung einer kleinen, in Gemeinschaft arbeitenden Schar zu verdanken.

In der frühesten Zeit ist der Boden der Besitz des Geschlechts (oder einer Gemeinschaft), und man kann seinen Anteil nur ausnutzen, wenn man auf dem Boden bleibt und an seiner Bewirtschaftung teilnimmt. Wenn wir zur Wikingerzeit kommen, ist der Besitz des einzelnen das Allgemeine geworden; aber der Boden wird nur an Söhne, nicht an Töchter vererbt, und man muß sich daran machen, ihn zu teilen. Das Anrecht des Geschlechts ist in die zweite Reihe zurückgetreten: wenn der Besitzer verkaufen will, haben die Verwandten das Vorkaufsrecht; sie haben das „Odelsrecht", wie man in Norwegen sagt. Aber grobe Vernachlässigung kann noch zur Folge haben, daß der Besitzer seines Eigentums enthoben wird und die nächsten Verwandten an seine Stelle treten.

Bei Beginn der Wikingerzeit ist nun der selbständige Bauer auf dem väterlichen Boden der Haupttypus der Zeit. Wieweit kriegerische Umwälzungen und die steigende Königsmacht mit ihrem Anrecht auf verwirktes und herrenloses Gut schon damals angefangen haben, die Verhältnisse zu ändern, wissen wir ebensowenig wie jenes andre, ob der Goldstrom, den die Völkerwanderung mit sich brachte, alten Erbboden in Kaufboden verwandelte. In der Wikingerzeit geschah das in großem Maßstabe; aber erst das Mittelalter mit seinem weiblichen Erbrecht und mit dem Testamentsrecht räumte ganz auf mit der alten Art des freien Grundbesitzes.

Der Bauer der Wikingerzeit ist Freisasse, und seine Denkart wird dadurch geprägt. Eine trotzige Selbständigkeit und ein strenges Ehrgefühl, welche die alte Eigenart des Volkes darstellen, werden noch sehr gesteigert, wenn der Bauer als Herr auf seinem eignen Boden sitzt, am stärksten natürlich in den zerstreuten Ansiedlungen, etwas weniger, wo der Besitz in einem gewissen Bruchteil des gemeinsamen Ertrags des Dorfes bestand. Außen um die einzelnen Individuen schließt sich eine deckende und dämpfende Schicht von Nachbarn, Freunden, Verschwägerten und Geschlechtsgenossen, — ein Kreis von Menschen, der sich langsam aus der alten Geschlechtsgemeinschaft entwickelt hat und in hohem Maße von deren Grundgedanken durchdrungen ist, daß man die Nächststehenden schützen müsse. Die Weisheitsregeln in den Hawamal werden nicht müde, die Lehre einzuschärfen, daß der Baum verdorrt, der dem Winde ausgesetzt ist; sie geben mancherlei Ratschläge, wie man Freunde gewinnen und sie festhalten soll.

In das geistige Leben greift diese zahlreiche Bauerngemeinschaft verhältnismäßig wenig ein, weil sie eben nicht der rechte Platz für Neuschöpfungen ist. Gesetzesvorschriften, die auf dem Thinge vorgetragen wurden, und Lebensregeln in der Form des Stabreims und mit scharfen Bildern sind noch die wichtigsten geistigen Erzeugnisse; eine Art Hausindustrie in nordischer Skaldendichtung steht auch in Zusammenhang mit dem Bauernleben; und als eine späte, aber glänzende Ausnahme — die durch eigenartige Verhältnisse hervorgerufen ist — steht bis zu einem gewissen Grade die isländische Sagaerzählung da. Aber das Bauernleben ist gleichsam der Untergrund in dem ganzen Geistesleben: seine Selbständigkeit, sein Trotz, sein Bewußtsein des Familienzusammenhangs und das treue Festhalten an den nächsten Verwandten. Ist auch der Beitrag der Häuptlingshalle das erste und am meisten in die Augen fallende, so blickt doch, sobald man näher zusieht, der Kopf des Bauern dazwischen hervor.

Zweites Kapitel.

Mythendichtung.

Abb. 4 Der Göttertrank (?). P. E. Müller, De ved Gallehus fundne Guldhorn.

Das älteste unter den Denkmälern der Vorzeit ist der Mythus. Ferne kindliche Zeiten faßten alle Dinge und Vorgänge in der Natur als lebende Wesen auf, und jeder Gegenstand lockte dazu, das Rätsel zu raten, welche Person oder welche Begebenheit ihn hervorgerufen habe; und solche Geschichten wurden weiter erzählt von Geschlecht zu Geschlecht, zur Unterhaltung und zur Belehrung. Unwillkürlich wirkte man neue Fäden in das bunte Gewebe, überspann das alte Bild mit neuen und frischen Farben, so daß das älteste Gewebe nur hier und da durchschimmerte oder vielleicht ganz versteckt war. So wandelte sich der Stoff unmerklich von den frühesten Zeiten, wo sozusagen die ganze Welt ein Mythus war, durch Zeitalter, wo die großen Himmelsphänomene als die wesentlichen Gottheiten hervortraten, und bis zu der Zeit, wo die Mythen niedergeschrieben wurden, wo ihre Naturgebundenheit abgestreift wurde und mehr persönliche Göttergestalten an die Stelle traten. In der letzten Form kennen wir sie aus der Sammlung von Dichtungen der Wikingerzeit, die wir die Ältere Edda nennen, aus den Mythenerzählungen, die wir die

Jüngere Edda nennen, und aus Skaldengedichten und Sagas. Und doch bewahrt der Mythus gar mancherlei als Erbteil aus seiner ersten Kindheitszeit: die seltsame Mischung von Großem und Kleinem; er erzählt nebeneinander, wie die ganze Welt erbebt, wenn der gebundene Loki sich windet und — weshalb der Lachs nach dem Schwanze zu schmal ist. Ferner ist der ganze Vorstellungskreis des Mythus gleichsam das Spiegelbild eines ganz primitiven Gesellschaftsbaus. Die Götter sind ein Einzelstamm, der mit Kampf und noch häufiger mit List danach ringen muß, über einen andern Stamm, die Riesen, die Oberhand zu gewinnen; sie rauben einander Besitz oder Frauen oder erobern sie zurück, sie schlagen sich an der Furt des Flusses, oder sie unternehmen Streifzüge in das Land des Gegners, ungefähr wie zwei Stämme der Wilden es heutzutage tun.

Die einzelnen Mythen selbst sind ein Erbteil von ganz entfernten Vorvätern, z. B. der Mythus vom gestohlenen Trank. Viele primitive Völker haben Erzählungen von einem großen Frosch oder einer großen Schlange, die alles Wasser verschluckt hatte und es den andern Wesen vorenthielt, bis irgendein Held es ihr ablistete. Das Tier wird später zu einem Unhold, der die Wassergefäße in seiner Höhle verborgen hält; aber es kommt eine Zeit, wo das allzu kindlich klingt, da wird das Wassergefäß durch einen göttlichen Met ersetzt, den der Gott im Falkenkleid aus der Tiefe von dem Riesen heraufholt. In dieser Form ist der Mythus bekannt in den indischen Vedaliedern und im nordischen Mythus vom Skaldenmet.

Ein anderes altes Mythenmotiv ist das von den zusammenschlagenden Klippen. Mehrfach denken sich wilde Völker am Ende der Welt ein Tor, das aus zwei Klippen besteht, die sich immerfort öffnen und schließen. Jeden Abend, wenn die Sonne im Westen verschwindet, glauben sie, daß sie durch das Tor hinausschlüpfe; und ebenso glaubt man, daß der Weg zur Totenwelt durch jenes Tor führe. Doch es kommen Zeiten, wo der Glaube an ein sichtbares und wirkliches Tor auf offener Landstraße schwindet; und da wird das Ganze in die ferne Welt der Mythenerzählung versetzt. Da gibt es — bei den Griechen — die zusammenstoßenden Klippen, zwischen denen Jason sein

Schiff hindurchsteuert auf dem Wege zum Reichtumslande, oder — in der Erzählung der Nordleute — das sich öffnende und schließende Gebirge Hnitbjorg, wo Suttungs Tochter die Metfässer bewacht, aber von dem in Adler- oder Schlangengestalt herbeikommenden Odin verlockt wird und ihm den Trank darreicht. So verdichten und kreuzen sich die alten Mythenmotive. Man muß immer im Gedächtnis behalten, daß den Sagen, wie wir sie haben, eine tausendjährige Kette von Erzählern voraufgeht, die sie von Mund zu Mund weitergegeben haben. Keine einzelne Deutung öffnet uns alle Zugänge zum Mythus, ein jedes Zeitalter hat ihn weiter gedichtet und von seinem Eigenen hineingelegt.

Wie weit diese Umbildung ging, ersehen wir am besten daraus, daß, was einst ein naturmythischer Zug an der Gottheit war, nunmehr ganz in dichterische Charakteristik des körperlichen und geistigen Wesens der einzelnen Göttergestalten umgesetzt ist. Thor fährt nicht mehr zum Streit mit den Riesen, sondern er kämpft stehend; auch sein Hammer wird selten als Donnerkeil geschleudert, meist dient er ihm als Hiebwaffe. Odin, der ursprünglich an eine Naturerscheinung, die nächtlich dahinbrausende Jagd durch öde Landstriche geknüpft war, hat allerdings den Spieß, das Gefolge von Wölfen und den schnellen achtfüßigen Renner behalten, aber all das ist umgebildet in die Ausstattung für sein königliches Auftreten in Walhall; der Mantel und der tief herabhängende Hut wird umgedeutet in die Vermummung, die er bei seinen Fahrten unter die Menschen anlegt. Draußen im breiten Volksglauben kann man einen Zusammenhang wahrnehmen zwischen dem Flimmern der Luft und Loki, aber wenn er sein blondes Haupt hineinsteckt beim Gastmahl der Asen, da ist er eine Persönlichkeit und nichts weiter.

Aber diese Mythendichtung, die uns in der Wikingerzeit mit ihrem Reichtum an scharf umrissenen einzelnen Gestalten und ihrer langen Reihe prachtvoller Szenen entgegentritt, ist zugleich zu einer Gesamtauffassung der Weltordnung, zu einer eignen Philosophie vorgedrungen. Nichts besteht in der Welt, so lehrt der Mythus, das nicht durch Kampf erhalten würde. Es ist das nicht ein Streit zwischen allen untereinander, sondern ein Kampf zwischen den

Kräften, die das Menschenleben und alles, was von Wert dafür ist, aufrecht erhalten, und denen, die es vernichten wollen, zwischen Asen und Riesen.

Für die Mythendichter der Wikingerzeit ist der Kampf mit den Riesen sozusagen der einzige, allesbeherrschende Gegenstand geworden. Die Welt wird nur erhalten durch einen Kampf, in dem die Stärke und der Scharfsinn der Asen unaufhörlich angespannt werden. Thor ist immer auf der Wanderung, um Abhilfe zu schaffen gegen die Übermacht der Riesen; Odin zieht vermummt aus, um den verschmitzten Riesen mit seinem Scharfsinn zu fangen oder im geheimen die geistigen Machtmittel zu gewinnen, die ihm Stärke verleihen: er lernt Weisheit von dem einen, er entlockt den Suttungsmet der bewachenden Jungfrau, er erlistet sich die Liebe, aus der ein Rächer der Götter entsprießen soll, er vergleicht sein Wissen mit dem des Riesen in einer Wette auf Leben und Tod, oder er ruft die tote Seherin aus Riesengeschlecht aus dem Grabe hervor und zwingt sie, ihm zu weissagen.

Die merkwürdigste Form erhielt jedoch jener Gedanke im Weltbaume Yggdrasil: die Welt ist ein Zusammenhang, ein Organismus; dessen Lebenskraft erscheint gesammelt in der Esche Yggdrasil. Die Spitze der Esche ist im Himmel; ihre drei Wurzeln sind bei den Menschen, bei den Riesen und bei der Hel. Durch ihren Tau wird die ganze belebte Natur erquickt; aber zugleich liegt an ihr der Platz für die Ratsversammlung der Götter; und von der Quelle der Urd unter der Baumkrone schreiten die Schicksalsmädchen, die Nornen, hervor. Das Bild eines Baumes erscheint auch in den Mythen oder der Dichtung anderer Völker; Homer singt von dem Menschengeschlecht als einem Baume, dessen Blätter beständig fallen und der sich doch immer wieder von neuem belaubt. In der nordischen Vorstellung von einem Weltbaum liegt zugleich der Gedanke des Leidens und des Strebens. „Yggdrasils Esche leidet mehr Not, als die Menschen wissen; der Hirsch frißt von ihrer Krone, an der Seite fault sie, Nidhogg benagt ihre Wurzel"; aber die Nornen begießen sie aus der Quelle, „immerdar steht sie grün über dem Bronnen der Urd".

Die überwältigende Kraft, mit der der ewige Streit sich

geltend macht, entspricht einem Zuge im Wesen des Nordmanns — ja bis zu einem gewissen Grade des ganzen germanischen Stammes: einem Hange zur Zweiteilung, oft mit starker ethischer Betonung: in der Götterwelt stehen Asen gegen Riesen, im Heldenleben steht Edeling gegen Neiding. Der Sinn des Nordmanns ist zu kindlich, um die Zwischentöne des Daseins aufzufassen, zu tief, um den großen Gegensätzen aus dem Wege zu gehen und über das ungeheure Leiden des Lebens hinwegzusehen.

Wie tief der Gegensatz gefühlt wird, zeigen die Mythen von der letzten Zeit der Welt, von Ragnarok (d. i. den letzten Schicksalen der Götter): der Glaube an einen Fimbulwinter oder an das Sinken der Lande ins Meer, der Glaube, daß die Sonne von einem der sie stetig verfolgenden Wölfe verschluckt werden soll, daß Götter und Riesen einmal ihren Zwist in einer ungeheuren Schlacht zum Austrag bringen sollen und daß die Götter — die großen, dem Volke heiligen Götter — da ihren Tod finden werden. Doch sterben sie nicht ungerächt, denn das würde kein Nordmann sich denken können; Odins junger Sohn reißt den Rachen des Fenriswolfs auseinander, und es kommt ein neues Geschlecht von Göttern und Menschen empor, die das Leben weiterführen können. Die Lebenskraft ist vom Untergange gerettet, wenn auch mit genauer Not und durch den härtesten Kampf.

Der Weltstreit zwischen Göttern und Riesen ist nicht ausschließlich nordisch. Vielmehr ist den arischen Völkern u. a. die Vorstellung gemeinsam, daß der Herrscher des Donners zusammen mit den übrigen Göttern alltäglich mit den Unholden im Streite liegt. Die Kelten kennen außerdem einen ungeheuren Götterkampf, der etwa auf den gleichen tragischen Ton gestimmt ist wie derjenige der Nordleute. Aber während die Hellenen oder Inder von diesem Gedanken abgewichen sind — aus Lebensfreude oder Lebensverneinung —, haben die Nordleute den Gedanken bis zum äußersten festgehalten. Am nächsten liegt die Auffassung bei dem persischen Volksstamm, der einen beständigen Streit zwischen guten Geistern und Unholden lehrt und einen Abschluß des Kampfes hat, der in mehreren Punkten dem bei den Nordleuten nahe steht. Aber gerade die Gleichheit läßt auch die Ungleichheit hervortreten.

Diese persische Religion, die von Grund aus auf dem Gegensatz zwischen Fruchtbarkeit und Dürre aufgebaut ist und fortwährend die Menschheit als aktiven Arbeiter mit hineinzieht, ist entstanden beim Hüten der Herde oder beim Umpflügen des Ackers. Der Weltkampf der Nordleute ist zur Hälfte aus dem Kriege erwachsen, zur Hälfte aus einem schwermütigen Grübeln über die Verhältnisse des Lebens; er weiß viel weniger von Menschen als den Helfern der Götter zu berichten; nicht die lebenden Menschen, sondern Walhalls Einherjer reiten hinaus zum Ragnarokskampfe. Es liegt in der Lehre der Perser etwas von dem lichten Glauben des Arbeiters, daß die Anstrengung nützen werde; in den Liedern des Nordmanns treffen wir den Traum des Grüblers, daß alles zugrunde gehen wird.

Die Dichtung der Wikingerzeit, wie sie uns in norwegischen Gedichten des 9. und besonders des 10. Jahrhunderts vorliegt, hat dies Gepräge der Schwermut. Mitten in farbenreichen Szenen, oft wo man es durchaus nicht erwartet, erklingen Töne von einem Ragnarok, tauchen Andeutungen auf von der Stunde, wo Odin dem Wolf entgegentreten soll und wo Muspells Söhne durch den Dunkelwald reiten. Hier zeigt sich recht deutlich eine dichterische Neigung, die bunten Szenen des Mythus sich abheben zu lassen von einem dunkeln Hintergrund, eine Neigung, die wir in den Dichtungen über das Heldenleben wiederfinden werden. Aber daneben gedeihen doch alle die einzelnen Mythen, die nicht in das große Weltdrama aufgehen, sondern nur den Zuhörer den Gegensatz und den Kampf in immer neuen Situationen erleben lassen — und zwar mit glücklichem Ausgang: Thor zerschmettert das Steinhaupt des Riesen Hrungnir mit seinem Mjolnir oder holt als Braut verkleidet die verlorene Waffe vom Thursenkönig wieder heim. Einen Mythus aber stellten die Dichter über alle andern; sie wurden nicht müde zu erzählen, wie Thor an seinem Angelhaken die Midgardsschlange selbst aus der Meerestiefe emporzog, wie der gefleckte Giftwurm haßerfüllt seinem Todfeinde ins Auge blickt, während es auf sein Haupt Schläge hagelt. Dieser Mythus blieb der große, der treffende Ausdruck für den andauernden Streit zwischen den zerstörenden und erhaltenden Mächten. Das Lied der Vorzeit vom Götterhelden enthält keinen Jubel, wie das der Christen am Pfingstmorgen; es enthält nur düstern, verbissenen Ernst.

Die reichen Dichtergeister der Wikingerzeit haben den Kampf mit den Riesen zu höchster Entfaltung gebracht; aber wesentliche Züge davon kann man zurückverfolgen in den Glauben des gemeinen Mannes, der sich im Laufe der Zeit in der Erinnerung des Volkes gehalten hat wie unveränderliches Unterholz, während der Hochwald wechselt und gefällt wird. Der Donner kommt fahrend durch die Luft wie ein gewaltiger Kämpe oder Alter. Kurze Windstöße gehen ihm voran; es sind die Unholde, die ängstlich heimwärts flüchten, um das Leben zu retten. Bisweilen sieht man sie wie leuchtende Garnknäuel (Kugelblitze, elektrische Entladungen) quer über den Weg oder am Dachrücken entlang hüpfen, um eine Freistätte zu finden. Aber der fahrende Alte behält sie im Auge und schleudert seinen Donnerkeil, der sie zerspaltet und tief in die Erde eindringt. Oder in den Herbstnächten, um die Zeit der wilden Gänse, der Reiherenten und anderer Zugvögel, hört man durch das Dunkel und die Stille des Waldes einen seltsamen Ton wie Hundegebell und Heulen; das ist „Odin", „Un", der hinter Waldfrauen, Elbinnen oder — in Küstengegenden — hinter Meerweibern herjagt. Man erzählt, wie sie vor ihm flüchten, riesengroß, mit dem wilden, flatternden Haar und den langen, über die Schultern zurückgeworfenen Brüsten, und wie er auf seinem hohen Hengste herankommt, mit dem Spieß in der Hand und der getöteten Unholdin als Jagdbeute vorn über dem Sattel. So jagt „König Odin", solange als die Welt steht oder bis die letzte Waldfrau getötet ist, und der Donner ist sein Helfer, um sie alle auszurotten.

Soviel auch von arischem Erbe und nun gar von germanischer Anschauung in diesem Kampf der Götter mit Unholden zutage tritt, so haben wir es doch mit einer starken und selbständigen nordischen Formung des Gedankens zu tun. Der Volksglaube zeigt, daß selbst bei den nahverwandten deutschen Stämmen „der wilde Jäger" nicht — wie der nordische Odin — ein die Menschen beschützender Kämpe wurde; das Mitgefühl mit den verfolgten Waldmädchen überwog dort. Innerhalb der nordischen Länder selbst zeigt Dänemark und besonders Schweden die reichste Entwicklung der Sagen von dem die Unholde fällenden „Donner“ und dem jagenden „Odin“; daß Norwegen keineswegs zurückstand in der Durchführung des Gedankens, zeigen freilich die mächtigen Gedichte der Wikingerzeit.

Wenn auch jede der vielen Sagen nur denselben großen Gegensatz wiederholt, den Kampf der Götter mit den Unholden, liegen doch Anläufe vor, um das Ganze zu einer zusammenhängenden Handlung, zu einem Götterdrama, zu formen; Ragnarok mußte da selbstverständlich der große Schwerpunkt werden. Eine solche Götterdichtung haben wir in dem ersten Liede der Ältern Edda, der Woluspa; aber die Betrachtung dieses merkwürdigen Gedichts muß einem andern Zusammenhang vorbehalten bleiben. Innerhalb der mehr allgemeinen, unpersönlichen Götterdichtung haben wir einen einzelnen Mythus, der auf den gleichen Ton gestimmt ist wie Ragnarok, den Mythus von Balders Tod.

Balders Tod ist für viele der Mittelpunkt in der Mythenwelt der Nordleute. Nicht so in der Darstellung, die ich hier gebe. Denn der Baldermythus ist durchaus nicht die Achse, um die sich die Mehrzahl der Mythen dreht, und die Baldersage ist sehr verschieden in den verschiedenen Überlieferungen, sie dreht sich gerade selbst um ganz verschiedene Achsen. Der epische Kern des Baldermythus ist ein altes heroisches Motiv — wir finden es im Rustem der Perser und sonst wieder — von einem den Göttern entstammten oder von den Göttern beschützten Helden, der nur durch ein einziges Mittel gefällt werden kann, und dies weiß sein Gegner zu ermitteln; er findet den Zweig, verfertigt daraus einen Pfeil und fällt den Göttersohn. In der einen nordischen Form ist das Problem dies, daß der Mörder zum Göttervolke gehört; die Götter können nicht Rache üben, denn sie sind alle Landsleute und Verbündete des Mörders. Da begibt sich Odin verkleidet zur Jungfrau Rind, er gewinnt schließlich durch seine Zauberkünste ihre Liebe, und sie gebiert einen Sohn, der, ohne einen Eid zu verletzen, Vergeltung schaffen kann für Balders Tod, indem er den Hod tötet. Hier haben wir in der Hauptsache einen Mythus von Odins Schlauheit, mit der er alle Umstände so wendet, daß sie seine Pläne fördern müssen. In dem andern Baldermythus ist nicht Hod und die Rache, sondern Loki und das Leiden das Wesentliche. Loki bestimmt den Mistelzweig zur Waffe und legt ihn in die Hand des nichtsahnenden Hod; und als die ganze Natur weint, um den Herrlichen wieder zu erlangen, sitzt Loki allein ungerührt „mit trocknen Tränen" in der Höhle und bewirkt so, daß Hel ihre Beute behalten darf. Eine Unschuld, die den Mord und das Böse nicht kennt, ein so tiefer Kummer, daß keine Rache ihn auslöschen kann, und eine wahrhaft teuflische Bosheit geben dieser Baldersage einen andern Grundton, als er in den gewöhnlichen Kampfmythen durchklingt. Kein Wunder, daß diese Dichtung so sehr beliebt war, sogar unter den christlichen Nordleuten der Wikingerzeit im Westen und bis ins Mittelalter hinein auf Island und an andern Orten. Die Klage und Sorge der ganzen Welt, die Macht der Bosheit und das Leiden des göttlichen Helden, das selbst das härteste Herz in Tränen auflösen muß, finden hier zum erstenmal ihren Ausdruck. Diese Baldersage stammt nicht aus dem Anfang unseres Heidentums, sondern sie ist sein letztes Wort, als es bereits in der Luft tönte von Trauergesängen um den leidenden Christus.

Loki ist die seltsamste Gestalt unserer Mythenwelt. Ihn herauszuweisen, wäre unmöglich, denn er ist überall zugegen. Aber wir können bis zu einem gewissen Grad die Schichten historisch trennen, in denen sein Mythenkreis sich abgelagert hat. Loki als Begleiter des Thor ist alten Ursprungs, denn überall in der nordeuropäischen Mythenwelt hat der Donnergott einen solchen jungen Begleiter, seinen Helfer und Boten, der sich bald listig zeigt im Kampf mit den Unholden, bald gegen die Riesen zu kurz kommt und von dem stärkeren Gotte gerettet werden muß; die Mythenstoffe sind dieselben wie die nordischen: die Jagd auf den Riesenfisch und das Heimholen des verlorenen Hammers des Gottes. Von gleichem Gusse ist der Mythenkreis, wo Loki als Odins Begleiter auftritt, immer als der Unternehmungslustige, der bald durch seine List gewinnt, bald durch seine eigne Unvorsichtigkeit in Abhängigkeit von den Unholden gerät. Dann aber haben wir andre Elemente in der Lokigestalt, die nach einer ganz andern Richtung zu weisen scheinen. Er liegt gebunden in der Höhle, und das Gift der Schlange tropft hinab auf sein Antlitz; er krümmt sich, so daß die Welt erbebt, und er wird einmal losbrechen als Feind der Götter, wenn Ragnarok herannaht. Stofflich hängt das nicht so sehr mit dem christlichen Lucifer zusammen als mit Sagen aus dem Kaukasus von dem im Elbrus eingesperrten Titanen, seinen Fesseln, seinen Qualen und seinem Losbrechen beim Ende der Welt. Aber wenn diese verschiedenen Vorstellungen sich haben treffen und eine Einheit bilden können, so beruht das wohl darauf, daß eine Verschiebung innerhalb der nordischen Mythenwelt selbst stattfindet.

Es ist leicht ersichtlich, daß in der nordischen Mythendichtung sich etwas nach vorne drängt: ein Streben, das Charakteristische in den einzelnen Göttergestalten zu unterstreichen, sodann, einen Eindruck von dem Gewaltigen der Gottheit zu erwecken, und endlich — aber dies in geringerem Maß —, die Göttergestalten ethisch zu säubern. Die mit List errungenen Siege des Donnergotts treten mehr und mehr in den Hintergrund, obwohl die epischen Motive auf die große Rolle hindeuten, die sie einmal gespielt haben; bei der Jagd auf den Riesenfisch hat man z. B. die List Thors außer acht gelassen und verwendet alle Kraft darauf, seine Stärke zu schildern; bei der Heimholung des Hammers hat man in ähnlicher Weise alle Schlauheit auf den Begleiter Loki übertragen. Unter diesen Umständen mußte Loki die Schuld an allen Unfällen und Überrumpelungen auf sich nehmen, die den Asen zustoßen, er schwindet aus der Reihe der Götter und wird als ein Sprößling der Riesenwelt bezeichnet; es wird erzählt, daß er am Morgen der Zeiten mit Odin das Blut gemischt habe.

In dem Norden der Wikingerzeit geht eine Umwertung der Werte vor sich. Zwei geistig verschiedene Richtungen laufen hier nebeneinander her. Den naiven Mythus mit seinem ganzen Märchengepräge, mit der Verwandlung der Götter in Tiergestalt u. a. finden wir in den Erzählungen der Jüngern Edda und in den künstlichen Skaldenliedern, die nur darauf ausgehen, den wohlbekannten Stoff in einer prachtvollen äußeren Form mitzuteilen. Aber in den Götterliedern der Älteren Edda treffen wir Dichterwerke, in denen geistig entwickelte Menschen der Mythenwelt ihren Stempel aufgedrückt haben. Schon dies allein, daß die Verwandlung der Götter in Tiergestalt darin nicht vorkommt — sie wird entfernt oder verschwiegen —, ist charakteristisch. Diese Dichter geben sich nicht ab mit einem Odin, der in Adlergestalt durch den Hnitbjorg-Spalt fliegt oder in Schlangengestalt zum Mete hineinkriecht; sondern er kommt als ein schlauer Politiker und Ränkeschmied: er wagt sich in Suttungs Saal als Bewerber um die Tochter, feiert seine Hochzeit unter den Riesen, entschlüpft in der Brautnacht mit dem Beistande der treu liebenden Gunnlod; und am nächsten Tag gehen die Riesen und fragen nach dem Verschwundenen, ob er mit dem Leben zu den Göttern entkommen sei oder ob vielleicht Suttung ihn erschlagen habe. Da jubelt Odin: den Suttung betrog er, und seine Tochter ließ er weinend zurück, aber der Dichtermet ist aus der Tiefe heraufgeholt zum Besten der Götter und der Menschen.

Drittes Kapitel.

Götterglauben.

Wenn ein Christ im 9., 10. oder auch noch in einem guten Teile des 11. Jahrhunderts das größte Heiligtum des Nordens in Upsala besucht hätte, würde er Zeuge von manchen Dingen gewesen sein, die ihm seltsam und abstoßend vorkommen mußten. Wenn er in den Tempelhain eintrat, sah er in den Bäumen die ganze Masse der Opfer hängen, die den Göttern dargebracht waren, bald Pferde, bald Hunde oder andre Tiere, bald auch Menschen. Er sah dort auch den großen heiligen Baum, von dem erzählt wurde, daß er im Winter und Sommer grüne; und wenn er hinaufkam auf die Hügel, die sich wie Zuschauerplätze ausbreiteten, lag der Tempel der Götter mitten vor ihm, ein mächtiger Holzbau, dessen goldener Schmuck von Dach und Zinne weit hinaus über die Ebene glänzte und dessen düsteres Innere die Holzbilder der Götter barg: Odin mit Spieß und Rüstung, Thor mit Hammer oder Herrscherstab und die plumpe Darstellung des Zeugungsgottes Frey. Aber kam man zu einem der großen Feste, in jedem neunten Jahr etwa um die Zeit der Tag- und Nachtgleiche, da war der ganze Platz gefüllt von einem unendlichen Menschengewimmel; an jedem der neun Opfertage wurde mindestens ein Mensch geschlachtet und zahlreiche Tiere,

Über dem Text: Abb. 5. „Thor weihe diese Runen.“ Glavendrup auf Fünen. Runenstein des Alli Solva-Godi, um 900 n. Chr. Wimmer, Runemindesmærker, II.

die an den Bäumen aufgehängt, mit dem Spieße durchbohrt oder in die heilige Quelle des Opferhains geworfen wurden; die Priester standen dabei und sahen, ob das Opfer wieder auftauchte oder ob es ganz verschwand, denn dann hatten die Gottheiten die Gabe freudig entgegengenommen. Wilde Gesänge, „mancher Art und unanständig", erschallten von den opfernden Scharen her, Anrufungen der Götter und allgemeiner Festjubel begleiteten die Opfermahlzeit. Und wenn dann die Feiertage um waren, zogen die zusammengelaufenen Tausende wieder heim, in der Erwartung, daß die Götter nunmehr Gedeihen für Menschen und Vieh schenken, die Macht der Feinde und alle Krankheit vom Lande fern halten würden. Aber in dem Haine hingen die Überreste von den Opfern; ein Augenzeuge zählte einmal 72 Leichen in seinen Bäumen.

Oder ein anderes Bild aus jener Zeit. Es ist kurz vor der Wintersonnenwende im Bezirk von Drontheim. Die Bauern versammeln sich zum Julschmaus bei dem mächtigen Jarl auf Hlade. Seine geräumige Halle, die zugleich der Tempel der Götter ist, öffnet sich für Hunderte. Sie kommen auf Schneeschuhen und in Schlitten, die mit Bierfässern und mit Schachteln aus Birkenrinde voller Lebensmittel beladen sind, und sie führen Pferde und Schafe mit sich. Drinnen flammen bereits am Boden der Halle entlang die Feuer auf, und die Bänke sind dicht besetzt. Die Tiere werden vor den Götterbildern geschlachtet, das Blut wird in großen Schalen aufgefangen und auf die Fußgestelle der Götter gestellt als erste Gabe an die Gewaltigen. Der Jarl tritt vor, ergreift den Sprengwedel und sprengt das warme Blut aus: über das Fußgestell, über das ganze Haus, über alle Anwesenden. Die Körper der Tiere werden zerstückt und in die Kessel geworfen, die über den Feuern hängen. Der Jarl tritt vor mit dem Trinkhorn in der Hand, weiht es dem Odin und bittet um Sieg im Kampfe; dann trinkt er selbst daraus und reicht es seinem vornehmsten Gaste, welcher trinkt und das Horn weitergehen läßt. Ebenso trinken sie auf Njord und Frey, auf gute Ernte und Frieden, und sodann den „Bragibecher", d. i. den Herrenbecher, den Becher des großen Gottes, des Thor. So haben sie denn die „Minne" aller großen Götter getrunken. Nunmehr wird die Speise ausgeteilt:

die Suppe und die fetten Fleischstücke; jeder im Hause soll von allem dem etwas erhalten, man ist ja bei den Göttern zu Gaste.

In ähnlichen Formen hat der heidnische Gottesdienst sich überall im Norden entwickelt, und das Blutige und Wilde der Bräuche paßt recht gut zu dem rauhen Gepräge, das dem frühesten Auftreten der Nordleute aufgedrückt ist. Aber genau genommen, kann man dies alles nicht nordisch im engeren Sinne nennen; ein gewisser früher, kriegerischer Kulturzustand tritt überall mit den gleichen religiösen Formen hervor. Überall erkauft man die Freundschaft der Götter mit Gaben, überall finden wir die blutige Zerstückelung der Opfertiere und die seltsame Heiligkeit, die man dem der Gottheit Geweihten beilegt, so daß es nicht als Blut und Leichen aufgefaßt wird, sondern als das, was den Hain, die Tempelhalle und die Menschen heilig macht, wenn sie davon berührt werden. Auch das Menschenopfer gehört allgemein mit zum Gottesdienste; die Gottheiten sind gewaltig und grimm, das Volk, das Leben und Wohlstand für die Zukunft retten will, muß andere an seiner Stelle töten, Knechte oder durch Loswurf ausgewählte Menschen. Sollte man in alledem etwas als ausschließlich nordisch hervorheben können, so möchte das am ehesten die erstaunlich geringe Rolle sein, die das Feuer spielt; kein Rauch und keine Flammen verschleiern die Häßlichkeit des Opfers, seine bleichen Überreste bleiben für alle sichtbar auf den Bäumen und in den Quellen des Heiligtums, wie wenn die Spuren einer nächtlichen Untat offenbart werden durch das Tageslicht. Eine uralte barbarische Opferform hat sich bis hinab in die nordische Wikingerzeit in voller Kraft erhalten.

Innerhalb der nordischen Formen des Gottesdienstes kann man zwei verschiedene Schichten beobachten. Die eine ist der Gottesdienst in der freien Natur, sie ist die ältere; die andere ist der Tempel- und Bilderdienst, sie ist im ganzen jünger. Die Anrufung der Götter im tiefen Schatten des Hains oder unter offenem Himmel reicht zurück in die Kultur der Bronzezeit oder vielleicht der Steinzeit; der Bilderdienst dagegen hat sich entwickelt von unserer römischen Eisenalterszeit ab. Diese Doppeltheit kann man im Upsalaheiligtum selbst beobachten: aus der Hand der Natur hat es den heiligen Hain, den mächtigen Baum und die Quelle; die Zutat der Menschen ist der Tempel mit den Bildsäulen der drei Hauptgötter. Die Opferbräuche selbst sind, weil sie alt sind, in hohem Grade mit der Natur verknüpft; die Gabe für die Götter wurde im Baume aufgehängt, weil die in der Luft dahinfahrenden Wesen in dem Augenblick, wo der Strick zugeschnürt wurde, mit der Seele fortzogen; von dem Opfer in der Quelle glaubte man, daß es vom Wassergeist in der Tiefe entgegengenommen werde. Im tiefen Schatten des Hains oder unter freiem Himmel liegen die Stellen, wo man es in der Frühzeit für möglich hält, sich an die göttlichen Mächte zu wenden. Das Bad im heiligen See, der Tanz auf den Anhöhen und die Opfergabe auf den Grabhügeln gehören mit zum Gottesdienst an den großen Naturfesttagen um die Zeit der Sommersonnenwende oder im Frühling beim Austreiben des Viehs. Eine eigne große Rolle spielt im Norden die Sitte, daß man unter freiem Himmel das Los warf, um den Willen der Götter zu erfahren. Sie hielt sich hartnäckig als festlicher Brauch, selbst zu einer Zeit, wo sonst die Anwesenheit der Götter an die Bilder im Tempel geknüpft war; sie wurzelte ja in der Voraussetzung, daß die Götter aus ihrem Himmel auf den Loswurf hinabsähen. Diese Opferbräuche unter freiem Himmel wurden vom Vater auf den Sohn weitergegeben. In vielen der engen Täler Norwegens brachte man der Sonne am ersten Tage des neuen Jahrs, wo sie wieder das Haus beschien, Butter zum Opfer dar: ein wenig Butter wurde aufs Dach gelegt, und die Sonne leckte sie rein auf. Die Anrufung wendet sich bei dieser Form des Gottesdienstes oft an alle göttlichen Mächte des Himmels gemeinsam. Wir kennen noch eine einzelne derartige Anrufung aus der Zeit der Eddalieder: die Walkyrie Sigrdrif erwacht aus ihrem tiefen Schlaf, und von Sigurd zu neuem Leben erweckt, richtet sie ihr Gebet an die göttlichen Mächte der ganzen Natur: „Heil dir, Tag, und heil euch, Söhnen des Tags, heil dir, Nacht und Kinder der Nacht! blicket mit milden Augen hierher auf uns, gebt uns, die wir hier sitzen, den Sieg! Heil euch, ihr Asen, heil euch, ihr Asinnen, heil dir, nährende Erde! Rede und Menschenklugheit gebt uns zwei Edlingen und heilende Hände, solange wir leben.“ — Diese himmlische

Schar ist nicht nur dem einzelnen hilfreich, soweit er ihre Huld gewinnen kann, sie ist auch die Trägerin von Gesellschaftsideen. Die Heiligkeit des Eides tritt beim Waffeneide in einer merkwürdigen Form hervor: der Krieger geht hinaus aufs freie Feld, er legt Schwert und Schild vor sich nieder und wünscht, daß, wenn er seinen Eid breche, seine Waffen ihm nicht hilfreich sein, sondern sein Verderben werden möchten. Obgleich diese Form auch bei andern germanischen Völkern bekannt ist, erscheint sie besonders häufig bei den Nordleuten, und zwar schon seit der Zeit, aus der unsere ältesten Nachrichten stammen; und während des ganzen Mittelalters finden wir sie als feste Eidesform: der Wanderer schwört mit der Hand am Spieß, der Reiter mit dem Fuß im Steigbügel, der Schiffer bei dem Bord seines Schiffs. Aber auch die Unverletzlichkeit der Volksversammlung, der Frieden des Grabes und bis zu einem gewissen Grade das ganze Wohl der Gesellschaft steht unter göttlichem Schutz.

Dieses Verhältnis zu der Götterschar in ihrer Gesamtheit spiegelt sich wider in der Namengebung, soweit sie den germanischen Völkern gemeinsam ist. Man bildete Männer- und Frauennamen durch Zusammensetzungen mit *As-* (eigtl. Wesen, Geist; später Götter), *Gud-* (eigtl. die Angerufenen), *Regin-* oder *Ragn-* (Gottheiten); das Kind war damit unter den Schutz der Götterschar gestellt. Aber im Norden entsteht eine Neubildung kurz vor der Wikingerzeit und in ihrem Verlauf: man weiht das Kind einem einzelnen Gotte. Jütische Häuptlinge haben eine Vorliebe für *Odin-*, schwedische Bauern für *Frey-*; aber überall im Norden werden zu Hunderten Namen mit *Thor-* gebildet.

Es wird von Männern der Wikingerzeit erzählt, daß sie einen einzelnen Gott zu ihrem *fulltrúi* annahmen, d. h. zu dem, auf den sie ihr ganzes Vertrauen setzten. Von den Schweden heißt es, daß sie im Kampfe in der Not einen ihrer vielen Götter anrufen und, nachdem sie den Sieg erhalten haben, ihn verehren und ihn über die andern Götter setzen; und daß viele auf diese Weise erfahren hätten, daß der Gott der Christen der stärkste sei, und sich deshalb ihm angeschlossen hätten. Eine solche Auswahl einzelner Götter zu vorzugsweiser Verehrung mußte auflösend auf die allgemeine Volksreligion wirken.

Die Götter, von deren Verehrung während der Wikingerzeit wir wissen, sind im wesentlichen folgende: Odin als Gott des Kampfes und der Klugheit; Thor als Schützer gegen Zauberei, Krankheit und Gefahren aller Art, zum Teil auch als Gott des Ackerbaus; Frey als Zeugungsgott; Njord als Gott der Seefahrt und des Wohlstandes, er wurde besonders in den Küstenländern verehrt. Tyr war der alte Kriegsgott, in noch entfernteren Zeiten Himmelsgott, aber er trat mehr und mehr in den Schatten; Ull war der alte Götterhäuptling, dessen Verehrung — in Schweden und besonders in Norwegen — jedoch bereits durch Odins Vortreten verblaßt war; Skadi kannte man in denselben Gegenden als Sondergöttin für die Jagd. Die Gottheit des Frauenlebens und des Heims ist Frigg oder Freyja, oder beide zusammen und in Begleitung einer Schar andrer Gottheiten, die man entweder insgesamt *dísir* nannte oder als weibliche Fachgottheiten voneinander abtrennte: eine, die das Böse fern hält von der Tür des Hauses, eine andere für die Heilkunst, eine dritte für die Aufrechterhaltung des Eides usw. Der Glaube der Frauen scheint noch mehr als der der Männer an dem Ererbten zu hängen, an der Götterschar und an dem Gewimmel der Sondergötter; zugleich wurden die Frauen die Träger der althergebrachten Opfer für die besonderen Schutzgeister des einzelnen Hauses: für „Lokki", der auf der Feuerstelle wohnte, für den Wicht in dem nahen Hügel oder für einen Geist in diesem oder jenem Wasserfall oder Felsblock, dem man seit alter Zeit Gaben darbrachte. Aber trotzdem, obwohl mancher einzelne Hof, besonders in abgelegenen Gegenden in Norwegen oder auf Island, an tausendjährigen Sitten festhielt, ging die Ausbildung der stark persönlichen Götter ihren Gang.

Thor tritt ganz außerordentlich deutlich hervor, nicht nur der starke Gott der Mythen mit dem muntern Wesen, sondern gerade sein religiöser Charakter. Er ist die Gottheit, die gegen das Böse schützt. Mythisch ist er der Vernichter der Unholde, religiös ist er derjenige, der gegen Krankheit und Hungersnot angerufen wird, derjenige, mit dessen Hammerzeichen die Menschen sich segnen von der Wiege bis zum Grabe, und der noch den Frieden des Grabes verteidigt; auch derjenige, der den Frieden der

Volksversammlung schirmt; als die Wocheneinteilung Eingang fand, wählte man den Thorstag (Donnerstag) gerne als Tag der Volksversammlung. Dazu kommt, daß er aus dem Donnergott zum Gotte des Wetters geworden ist und daß er um Stärke angerufen wird, also auch Kriegsgott geworden ist für den Streiter, der sich auf seinen starken Arm verläßt. Dazu dann noch das Muntre und Kameradschaftliche in seinem Auftreten; er ist „der Freund des Menschenvolkes", ein starker und hilfreicher älterer Bruder des Menschen.

Frey ist der Zeugungsgott, der Kühe und Schafe mit reicher Nachkommenschaft begabt; er wird angerufen bei der Hochzeit, und er beschert Frieden und Wohlstand. Sein dichterisches Bild hat eine fröhliche Anmut, die sonst den nordischen Männergestalten fehlt: „Frey ist der beste der kühnen Krieger in den Gehöften der Asen, er kränkt keine Maid und keines Mannes Frau, und jeden macht er von Fesseln frei". Aber daß man sich in den großen Krisen des Lebens an diesen Gott wenden könnte, scheint den Nordleuten nicht eingefallen zu sein, und damit ist die Grenze seiner Macht deutlich abgesteckt.

Odin ist der Gott des Kampfes und der Klugheit. Historisch angesehen ist er, obwohl Götterkönig und Vater der Asen, doch der jüngste von allen. Während des Eisenalters hatte seine Verehrung sich von Süden her ausgebreitet. Noch in der Wikingerzeit hatte seine Verehrung in Tempeln in Westnorwegen und in den Kolonien des Westens nicht recht festen Fuß gefaßt. Da er frühzeitig an das nächtliche Brausen durch den Wald und über die Heide geknüpft wurde, war er der Todesgott geworden, der die Seelen der Verstorbenen mit sich fortführte. Damit war die Möglichkeit gegeben, ihn zum Herrscher in einer himmlischen Walhall zu machen und zu dem, der die Entscheidung des Kampfs in seiner Hand hatte; und der nächste Schritt war dann, ihn zum Häuptling der Götter zu erheben. Schon bei den alten Deutschen zur Zeit des Tacitus war er dazu gelangt, diesen höchsten Platz einzunehmen und mit Menschenopfern geehrt zu werden; im Norden muß seine führende Stellung jedenfalls in den kriegerischen Jahrhunderten der Völkerwanderung anerkannt worden sein.

Andere Vorstellungen mischen sich ein. Im größten Teile des südlichen Nordens faßte man den über das Feld hinreitenden Gott als denjenigen auf, der den Saaten Wachstum verlieh; aber anderswo griff Thor hier ein. Von weit

Abb. 6. Odin auf Sleipnir reitet nach Walhall. Gotland. Sveriges Historia I.

größerer Bedeutung war es, daß Odin der Gott der Zauberei wurde. Von ihm, der zur Nachtzeit und mit unglaublicher Schnelligkeit dahineilte, nahm man schon früh an, daß er in Zauberkünsten wohl erfahren sei; aber hieraus wächst die Gestalt eines Gottes hervor, der alle heimlichen Kräfte der Natur kennt, sie mit seinem Worte lenkt und seinen Zöglingen das gleiche Wissen mitteilt. Hier bemerken wir eine religiöse Eigentümlichkeit der Odinsgestalt; man kann in ein näheres Verhältnis zu Odin treten. Man kann ihn im geheimen auf den Kreuzwegen aufsuchen, wo er bei Nacht dahinfährt, einen Bund mit ihm schließen und erhalten, was man begehrt. „Er gibt einigen Sieg, andern Schätze, Rede und Weisheit manchem Manne.“ Man glaubt von ihm, daß er die in der Erde verborgenen Schätze kenne, aber vor allem hat er alle geistigen Fähigkeiten unter seiner besonderen Obhut. Er verleiht den Mut im Streite, verleiht dem Skalden seine Dichtergabe; in einem Gedichte sagt ein Krieger Odin Dank dafür, daß er ihm den kühnen Sinn verlieh, der immer heimliche Feinde zu offenen Gegnern umwandelte. Diese Odinsverehrung scheint fast wie eine eigne Religion innerhalb des Heidentums hervorzutreten. Menschen werden dem Odin „geweiht“ und dadurch zu seinen Dienern gemacht; andere werden von bisher kinderlosen Eltern nach Anrufung Odins erzeugt und gehören deshalb ihm zu. Odins Zauberlieder, die in der „Halle des Hohen“ erklungen sind, werden von irdischen Menschen als ein ihnen anvertrautes tiefes Geheimnis wiederholt. Und man flüstert davon, daß dieselben heimlichen Runenworte überall den Gang des Daseins aufrechterhalten und auch dem Menschen seine Stärke verleihen; daß sie in der Urzeit von dem „großen Lehrer“ aufgezeichnet und später von Odin unter den Asen, wie von dem irdischen „Lehrer“ oder Sänger (*Thul*) unter dem Geschlechte der Menschen wiederholt sind; man ist nahe daran, sich den Asen Odin nur als eine Art Runenherrscher vorzustellen. In praktischer Religion will all das besagen, daß der Glaube an die Macht der andern Götter eingeschränkt wird; weshalb soll man z. B. Njord um Windstille anrufen, wenn man die von Odin gelehrten Zauberworte besitzt, die die See beruhigen? „Besser ist's, nicht zu opfern als zuviel zu opfern, Gabe schielt stets nach Vergeltung“, so lautet die Ermahnung der Odinsfreunde; sie scheinen Odin verehrt zu haben durch die Großtaten des Kampfs, die Hunderte von Kriegern nach Walhall beförderten, aber wohl zugleich durch jede Entfaltung ihrer Fähigkeiten, die bewies, daß sie Odins Gabe ausnützten.

Der Odinsglaube ist Sache des Einzelmenschen, während im Gegenteil die Verehrung Thors die Menschen zu einer Gemeinschaft zusammenschließt. Deshalb sehen wir auch, daß eine Nützlichkeits- und Klugheitsmoral in Odins Namen verkündet wird, in den Reihen von Sprichwörtern, die im Laufe der Zeit in den „Reden des Hohen“ — den Hawamal — mit mythischen Bestandteilen zusammengeschmolzen sind. Aber in ganz entgegengesetzter Weise sehen wir Odin in den Heldenmythen auftreten; da straft er den ränkesüchtigen König, der sich ohne jede Rücksicht durch Treulosigkeit gegen alle seine nächsten Verwandten emporgeschwungen hat: einen Geirröd, einen Heidrek, einen Iwar Widfadmir; das muß erwähnt werden, weil einige Religionsforscher dazu neigen, den Göttern des Heidentums überhaupt jede moralische Bedeutung abzusprechen; es muß hervorgehoben werden, daß man innerhalb eines gewissen Kreises von Sagen Odin zum Rächer der göttlichen Moral gegenüber trotzigen, eigensüchtigen Menschen macht. Aber es läßt sich nicht leugnen, daß derjenige, der seine eignen Wünsche rücksichtslos durchführen wollte, in vielen Vorstellungen von Odin eine gewisse Stütze finden konnte.

Noch eines ist bei Odin zu beachten, seine Stellung als Herrscher im Reiche der Toten. Wir dürfen sie nicht als Ausgangspunkt nehmen für sein Verhältnis zu den Menschen; wir können sie nicht, wie man es im Mittelalter tat, in Verbindung bringen mit der christlichen Unsterblichkeit und Walhall — mit den nötigen Änderungen — als ein Paradies auffassen, in dem die Menschen, die Odin lieb waren, belohnt werden. Die strahlende Walhall und die düstere Hel sind, sobald wir zu wirklich heidnischen Quellen kommen, auffallend wenig scharf geschieden. Kein wirklich heidnischer Krieger jubelt darüber, wenn er sterben muß, erst in mittelalterlicher Romantik kann man einem Ragnar Lodbrok Worte in den Mund legen, wie: „Bald werde ich bei den Asen auf dem Hochsitze Bier trinken, die Disen laden mich ein zu Odins Halle . . . . des Lebens Zeit ist dahingegangen, lachend sterbe ich.“ In den alten Gedichten ist man auffallend unsicher darüber, ob die Toten zur Hel oder nach Walhall gegangen sind. Weniger mutig als Ragnars Todesgesang klingt das wirklich heidnische Lied von König Hakon dem Guten. Der König hört die Walkyrien, die durch die Luft reiten und ihn und viele andre Krieger dem Tode weihen: „Weshalb entscheidest du so den Kampf, Skogul? wir waren es doch wert, den Sieg zu erhalten von den Göttern." Das Heer war nicht frohen Sinns, heißt es da, das sich Walhall erstreiten sollte. Man hatte ungleich mehr Lust, Odin die Seelen seiner Feinde zu schenken als selbst ihm zum Opfer zu fallen.

Der Schwerpunkt im Verhältnis des Menschen zu Odin liegt nicht in der jenseitigen Welt, sondern in der Hilfe des Gottes in der diesseitigen, in dem Bündnis, das hier für das Erdenleben zwischen ihm und seinem Freunde geschlossen wird. Die Verehrung Thors und die Odins als der besondern Beschützer in allen Verhältnissen des Lebens erscheinen als die zwei großen Ausdrucksformen für den Wunsch, einen persönlichen Gott zu haben, auf den man sein Zutrauen setzen kann. Natürlich mußte dies Hervorheben der zwei zu Uneinigkeiten draußen im Leben führen. Derjenige, der Thor zu seinem *fulltrúi* wählt, wird in der Praxis die Macht des Worts und der Klugheit leugnen; und der Odinsverehrer wird umgekehrt sich erhaben fühlen über den naiven Glauben an den Hieb des Thorshammers. Der Gegensatz findet seinen Ausdruck in der Sage von der Schlacht bei Fyriswellir (bei Upsala, etwa 980): Vor der Schlacht opferte König Eirik dem Odin und sein Gegenkönig Styrbjorn dem Thor; in der Nacht kam ein hochgewachsener Mann in blauem Mantel zu Eirik und gab ihm einen langen Zweig, den er über das Heer der Feinde werfen sollte; und als er das am Schlachttage tat, bekamen die Gegner eine ganze Sandwolke in die Augen; so hatte Odin seinen Freunden den Sieg geschenkt. Ein Dialoggedicht in der Älteren Edda ist ganz auf einem ähnlichen Problem aufgebaut; es stellt den starken, aber ungeduldigen Thor als Zielscheibe hin für den Spott des in die Gestalt eines alten Mannes verkleideten Odin. Odin ist ein Gott für Häuptlinge, für die geistig Entwickelten, aber er vermag nicht, das Zutrauen der Menge zu gewinnen. Das macht das nächtlich Unheimliche, das listige Doppelspiel in jedem der Mythen von ihm und schon darin, daß er in der Schlacht denjenigen fällt, den er lieb hat. Und als das Christentum seine Fackel in den Herzen entzündet, merkt man seine große Schwäche: ein Volk, das die Treue so hoch stellt, kann es Odin nicht vergeben, daß er voll Trugs ist.

Aber diese seine dunkle Seite kann nicht verbergen, was an der Odinsverehrung wertvoll ist. Hier hat zum ersten Male der Begriff der geistigen Kraft einen bewußten Ausdruck gefunden; Weisheit ist für Odin Macht; Hugin und Munin, d. i. Gedanke und Erinnerung, fliegen als seine Sendboten über die ganze Welt; das Zauberwort führt seinen Willen aus. Im Odinsglauben wird das Bewußtsein gestärkt, daß die Kräfte der Seele die höchsten sind und daß ihre Entfaltung in der Tat die für die Gottheit erfreuliche Handlung ist. Religiös wirkt dieser Glaube dahin, daß die Gottheit in ihrer höchsten Form als Geist und Wille aufgefaßt wird; er kennt die Weihe, das Bündnis mit dem Gotte, also die Verpflichtung des Einzelmenschen, die Forderung der Gottheit überall in seinem Leben auszuführen.

So hat denn das Heidentum zwei ungleiche Höhepunkte der Göttervorstellung. Einmal die Stärke der Gottheit und ihr Wohlwollen gegen die menschliche Gesellschaft; zweitens die göttliche Klugheit, mit der parteiischen Vorliebe für die einzelnen — die vortrefflichsten — Individuen. Man kam zuzeiten über die Schwierigkeit hinaus, indem man die drei (oder vier) größten Asen zugleich anrief oder sein Gebet an alle Mächte der Gottheit und Natur gemeinsam richtete. Aber das reichte nicht aus für alle Verhältnisse des Lebens; denn die ganze Denkweise des Volkes forderte ein persönliches Verhältnis des Zutrauens und der Verantwortung gegenüber dem Göttlichen wie gegenüber den Menschen.

Viertes Kapitel.

Heldendichtung.

Abb. 7. Krieger. Öland. Sveriges Historia.

Die Heldensage ist jünger als der Göttermythus. Jedenfalls gilt das von der Heldendichtung, die uns in reicher Entwicklung bei Nordleuten und den andern germanischen Völkern entgegentritt. Sie hat nicht das kindlich-phantastische Treiben von Helden zum Gegenstand, die ans Ende der Welt reiten an Sonne und Mond vorbei oder den Felsen mit ihrem Schwerte spalten und durch den Spalt hineinreiten in die Tiefe. Es ist im Gegenteil eine Dichtung, die eingeschränkt ist durch die Grenzen der Wirklichkeit; sie spiegelt das Leben der historischen Häuptlinge und Krieger wieder. Wie diese Heldensagen vor der Völkerwanderungszeit ausgesehen haben, davon besitzen wir nur schwache Andeutungen bei einigen der germanischen Völker; sie handelten von tapfern Kriegern, deren Taten im Kampfe gegen die Feinde von den nachfolgenden Geschlechtern besungen wurden. Aber dann kommt die Völkerwanderungszeit wie eine ungeheure Eiszeit; Volksstämme strömen hin über die alten Ansiedlungen, tilgen jede Spur des Lebens aus, das sich dort fand, und geben den Ländern neue Formen. Große Gestalten blitzen auf, stiften Reiche von ungeahnter Größe, und dann verschwinden sie wie Sternschnuppen, und ihre Herrschaft ist nur noch eine ferne Erinnerung. Eine ähnliche Macht, wie sie Napoleon der Große auf viele Dichtergeister der Mit- und Nachwelt ausübte, übten auch Ermanarich und sein Ostgotenreich, Attilas Hunnenherrschaft und Theodorichs italienisches Königtum aus.

So auch im Norden. So weit wir sehen können, liegt nur eine kurze Spanne Zeit zwischen der Glanzzeit Hroars auf Lejre und dem blutigen Zusammenstoß seines Sohnes Hrörik mit dem Vetter Hrolf und wiederum von hier ab bis zum Fall Harald Kampfzahns (Hilditǫnn) auf der Brawalla-Heide. Einen Helgi Hundingsbani und berühmte jütische und schwedische Königsnamen können wir mit einer gewissen Wahrscheinlichkeit in dieselbe Zeit versetzen, und diese Zeit entspricht dann ziemlich genau dem ersten Hervortreten einer Staatsbildung bei den Dänen und der Zeit der Herrschaft Theodorichs und der andern Völkerwanderungskönige in südlicheren Ländern. Einen Unterschied gibt es freilich. In den nordischen Ländern wurde der Faden der Erinnerungen aus den vorhergehenden Jahrhunderten nicht so plötzlich durchschnitten wie bei den südlicheren germanischen Vǫlkern, und einige unserer großen Sagenhelden scheinen in die nächstfrüheren Jahrhunderte zurückzureichen. Es kann kaum ein Zweifel sein, daß man den König Sigar, der Hagbard hängen ließ und selbst dessen Rächern unterlag, unter den Dänen vor der eigentlichen Glanzzeit um Hrolf Kraki suchen muß, und ferner, daß jener Offa oder Uffi, der durch seinen Grenzkampf berühmt wurde, unter dem Volke der Angeln geraume Zeit vor ihrer Auswanderung nach England gelebt hat. Aber der große Zusammenhang ist immer derselbe: Staatsbildung, Königsmacht und Heldenlied gehen Hand in Hand.

Aber trotz des Ursprungs aus den Taten der Mitwelt wird die Heldendichtung keine Reimchronik. Zunächst wird das Bild umgeformt; die Sänger verdichten den Stoff, lassen die Gegensätze stärker hervortreten, werfen scharfes Licht und scharfen Schatten über die Gestalten, und bevor sie es ahnen, ist das ursprüngliche Bild stark verändert. Aber von weit größerem Einfluß ist es, daß diese Dichtung nicht so sehr von Gesellschaftsinteressen in dieser oder jener Form, sondern von einem unmittelbaren und starken Empfinden für das Leben der einzelnen Gestalten bewegt wird.

Dasjenige, wovon der Dichter in der Halle sang, wenn das Feuer einen festlichen Schimmer über die langen Reihen der Krieger warf und wenn das Methorn von Hand zu Hand ging, war nicht die Freude, sondern das Leid des Lebens. Er sang von Swanhild, die von den Hufen der Rosse zertreten ward, weil ihr Gatte sie für untreu hielt, und von ihren Brüdern, die sie zu rächen suchten, aber, gegen die Übermacht kämpfend, fielen. Er sang von der Tochter des Dänenkönigs, die dem Erbfeinde, dem Hadbardenkönige, zur Gattin gegeben wurde; aber während die Hochzeit gefeiert wird, reizt ein alter Krieger seine Landsleute auf, und in der Königshalle selbst beginnt das alte Blutvergießen aufs neue. Ein Stoff kehrt oft wieder, das Hildebrandmotiv: ein alter Krieger trifft auf dem Schlachtfelde seinen eignen Sohn, der in der Heimat geboren ist nach der Vertreibung des Vaters; und ohne daß sie einander erkennen, bringt er dem Sohn die tödliche Wunde bei. Oft werden neue tragische Momente eingemischt: derjenige, der getötet wird, glaubt, es sei eine Lüge, als der andre sein Leben schonen will; oder er gerade kennt den Zusammenhang, aber er geht aus Stolz lieber in den Tod durch die Hand des Verwandten, als daß er sich dem Kampfe entzieht, den er auf sich genommen hat. Die Todesszenen sind in der nordischen Dichtung zahlreich: Bjarki, der den das Schicksal bestimmenden Göttern droht, und Hjalmar, der mit Wunden bedeckt auf dem fernen Strande liegt und sich das Lebensglück ausmalt, von dem er jetzt scheidet. Eine stille, ernste Klage über den harten Spruch der Nornen, über den Kummer, die Unsicherheit und die Pein des Lebens steigt aus diesen Gesängen empor. Aber wenn dann der Dichter sein Lied beendet hat, dann werden die Herzen der Krieger leicht, die mit stockendem Atem all der Not und dem schweren Geschick lauschten, da erhebt sich die Freude unter den Trinkenden; laut redend genießen sie die kurze Lust, um so mehr, weil das Leben mit seiner Kälte und Qual sie erwartet.

Die Helden dieser Dichtung gehören dem Kriegerstande an. Ja noch mehr, sie gehören fast immer dem Häuptlingsstande an, sind durch Geburt und Stellung über die gewöhnliche Höhe des Menschenlebens hinaufgerückt. Es sind Männer und Frauen; aber eine gewisse Grundform des Charakters ist beiden Geschlechtern gemeinsam. Es sind Menschen, deren Wille eine ungeheure Macht ist. Ihr Ich ist wie ein Granitblock: man kann ihn zerspalten oder zerschmettern, aber nicht biegen. Der Inhalt der Dichtung ist nun, wie diese harten Willen zusammenstoßen, wie sie bei dem Stoße Funken sprühen und einander zerschmettern durch ihre Schwere. Es sind Menschen, denen wenig daran liegt, das Leben zu erhalten, die sich aber gewisse Ziele gesteckt haben und alles daran wagen wollen, die Linie innezuhalten, die sie sich vorgezeichnet haben. Deshalb kommt es zu Zusammenstößen, wenn diese Lebenslinien einander schneiden; ein jeder ist unerbittlich in seinem Anspruch, die eigne Absicht durchzuführen; davon abzusehen oder zur Seite zu weichen, ist für diese Menschen undenkbar. Deshalb muß der Zusammenstoß erfolgen, und der Bruch, den der Anspruch eines jeden erleidet, ist unheilbar. Genugtuung glaubt man nur zu haben, wenn man den Gegner in die gleiche Lage bringt, ihn in gleicher Weise zerschmettert; die Macht der Rache ist eines der bedeutendsten Motive in der Heldendichtung.

Eigentümlich für diese Menschen ist es, daß sie sich so tief und ernst an andere gebunden fühlen, daß kein anderes Band etwas vermag gegenüber der Hingabe, die sie den von ihnen Erwählten widmen: für die Kriemhild der Deutschen wird die Rache für den Tod ihres Gatten zur alles beherrschenden Leidenschaft und führt sie zum Brudermord; der Bjarki der Nordleute empört sich gegen die Götter um seines gefallenen Herrn willen. Ein großzügiger Idealismus spricht aus der Bewunderung der Sänger für diese gewaltigen Charaktere, für diese Wesen, deren Handeln allen alltäglichen Anschauungen widerspricht, die aber keinen Augenblick darüber im Zweifel sind, was ihr Recht und ihre Pflicht ist.

Diese Hauptzüge sind den Sagenkreisen gemeinsam, die im Norden heimisch sind, und jener andern großen

Gruppe, deren Stoffe im wesentlichen den an der Völkerwanderung beteiligten Südgermanen zugehören und deren erste dichterische Behandlung sich bei den deutschen Stämmen entwickelt und vor — oder in — der Wikingerzeit den Weg nach den nordischen Ländern gefunden hat. Dagegen besteht ein gewisser Unterschied zwischen den nordischen und gemeingermanischen Sagenkreisen in der weiteren Formung der Stoffe. Die Helden der südlichen Stämme sind weniger an die Vorzeit, ein Volk, ein Geschlecht geknüpft, sondern sie sammeln sich in den großen Königsburgen der Sagendichtung: zuerst bei Ermanarich, dann bei Attila oder Theodorich, dem späteren Dietrich von Bern; die bunten Volksscharen der Völkerwanderung spiegeln sich hier und bewirken, daß die Sagen sich rund um die berühmten Sagenstätten sammeln. Ebenso ausgeprägt ist andrerseits bei den Nordleuten die Vorliebe für den Geschlechtszusammenhang. Nachdem er zunächst auf einer zufälligen geschichtlichen Erinnerung beruhte, wird er nach und nach zu einer künstlerischen Regel ersten Rangs erhoben. Die gleichen Charaktere und die gleichen Motive des Handelns entfalten sich in zunehmender Stärke von Glied zu Glied, bis sie ihre höchste Entfaltung erreicht haben, und auf diesem Punkte erlischt ihr Glanz. So endet das Geschlecht der Skjoldunge mit Hrolfs Fall, das Geschlecht des Sigar damit, daß Signe ihr Jungfrauenhaus in Brand steckt, die lange Geschlechtskette der Wolsungen endet mit Sigurds Mord und die der Gjukungen mit Gunnars Tod im Schlangenhof. Diese Geschlechtsdichtung entspricht dem Grübeln über den Zusammenhang des Lebens, über die Abhängigkeit der Nachkommen von den Vorfahren und über die Schuld, die ihre Frucht in dem Unglück trägt.

Dem Stoffe nach am ältesten ist wohl die Sage von Hagbards und Signes Liebe. Es ist auch diejenige, die uns zuerst als berühmt über den ganzen Norden hin begegnet. Wovon die Dichtung hier erzählt, das ist nicht die schmelzende Weichheit der Liebe; es ist ihre Fähigkeit, den Willen zu erheben, so daß er noch unbezwinglicher sich emporschwingt über die Schranken des Menschenlebens. Hagbard kann nicht um Signe freien; es liegt Blut zwischen den Geschlechtern, er hat ihre Brüder auf einer Wikingsfahrt getötet. Als Schildmädchen verkleidet, kommt er in ihr Jungfrauenhaus, wird aber von einem bösen Ratgeber entdeckt, und König Sigar läßt ihn hängen. Hagbard weiß, was er gewagt hat. Er und Signe haben eine Unterredung in der Brautnacht: er fragt, ob er Treue von ihr erwarten dürfe, wenn er von Sigar gefangen und getötet werde. Sie antwortet, daß, nachdem sie ihm einmal ihre Liebe geschenkt, sie auch gerne den bittersten Tod mit ihm teilen wolle. Auf dem Galgenhügel läßt er seinen Mantel am Galgen emporziehen, und gleich danach sieht er die Flammen aus Signes Haus emporsteigen. Da jubelt er über die Macht der Liebe, der selbst der Tod nicht den Weg versperren kann, da nun seine Geliebte ihm vorausgeschritten ist und die Pforten der Hel vor ihm geöffnet hat. Doch Hagbard auf dem Galgenhügel stellt nicht nur den Sieg der Liebe dar. Als er heraufgeführt wird, um gehängt zu werden, tritt die Königin hervor; sie will die Süßigkeit der Rache an dem Töter ihrer Söhne genießen und reicht ihm selbst ein Trinkhorn mit den spottenden Worten, er möge seinen Abschied vom Leben trinken. „Ich nehme deinen Trank", antwortet er, „mit derselben Hand, mit der ich deine Söhne erschlug; ungerächt gehe ich nicht von hinnen; aber du, der Söhne beraubte Mutter, wirst nimmer die Pfänder auslösen, die du der Hel gegeben hast!" Mit dem Tode vor den Augen, ohne jede Hoffnung auf Rettung, steht er doch da als der unbezwingliche Held, dessen hoch aufgerichtete Gestalt von keiner Macht der Welt gebeugt werden kann. Und die Sage setzt ihm ein stolzes Grabmal, indem sein Bruder Haki mit Scharen von Wikingern auftaucht, König Sigar und alle seine Leute niedermacht und Sigarstads alte Königspracht in einem mächtigen Scheiterhaufen vernichtet.

Es braucht eine viele Jahrhunderte dauernde Entwicklung, bis sich aus dieser eisenharten Heldengestalt die ganze erotische Schönheit der Sage entfaltet. Die spätere Zeit des nordischen Altertums spinnt die Sage ein in aus Liebesmotiven aufgebaute Geschlechtssagen, in die Sagen von Sigrids schamhaftem Stolz und Alfhilds schildmädchenartigem Trotz. Dann kommt das mittelalterliche Volkslied von Havbor und Jungfrau Signild, in dem die starke flammende Leidenschaft ganz durchbricht, und das Benediktslied, in dem das Mitleid mit dem Tode des

Liebenden die Oberhand gewinnt; dann auch der adlige Nachklang des Havborliedes, der idyllisch und zart mit der Verkleidungsszene spielt und zu glücklichem Ende führt; und endlich die große Reihe der am Boden haftenden Volkssagen — sie sind über den ganzen Norden hin so zahlreich wie die keines andern Sagenstoffs —, die alle festhalten an dem erotischen Grundgedanken der Heldensage: dem Zusammenhang zwischen dem Galgenhügel und dem brennenden Jungfrauenhause.

Die Hagbardsage zieht gleichsam einen Zauberkreis durch die Sagenwelt; innerhalb dieses Kreises muß alles Farbe von ihr annehmen. Das Gleiche gilt auch für die andere große Liebessage, die von Helgi Hundingsbani und Sigrun. Seinem Ursprunge nach ist Helgi ein Kriegsheld, „Hundings und Hodbrodds Töter“, aber mehr und mehr entwickelt sich die Sage von ihm zu Familientragik und Liebesdichtung, Sigruns Vereinigung mit ihm gegen den Willen der Verwandten wird ihr eigentlicher Inhalt. Da kommt eine Szene vor: Helgi ist tot, verräterisch ermordet von ihrem Bruder, aber ihre Sehnsucht lockt den Toten zurück; sie geht am Abend hinaus, um den Toten am Grabhügel zu treffen, und legt sich voll Hingebung in den kalten Arm des Gestorbenen. „Nun ist nichts unmöglich“, jubelt er, „da du im Arme des Toten schläfst, Hognis glänzende Tochter, und doch bist du am Leben, du Königen entstammte!“ Die Macht der Liebe überwindet auch den Schrecken des Todes.

Aber zu dem großen Sagenkreise des Nordens wurde der Sagenkreis vom Skjoldungengeschlecht, den Königen auf Lejre am Isefjord; der gewaltigste Gesang des Hofdichters und die feinste Kunst des Sagaerzählers hat sich vereinigt, um ihm eine Fülle zu geben, die kein anderer besitzt. Seine geschichtliche Grundlage gehört der stark bewegten Kampfzeit der Dänen während der Völkerwanderung an; der Fall des Großkönigs Hrolf Kraki ist der Mittelpunkt, um den die Dichtung sich kristallisiert. Aber wie sie uns vorliegt in ihrer schließlichen Gestalt, ist sie eine Geschlechtssage in reichster Entwicklung. Als ein Vorspiel taucht der Stammvater Skjold auf mit der überraschenden jungen Heldenkraft, der schon in den Knabenjahren den Bären bindet oder als zartes Kind von unbekannten Mächten ins Land gesendet wird. Und als das zweite Vorspiel oder als eine Vorbedeutung erscheint Frid-Frodi mit seiner goldenen Zeit und der goldmahlenden Mühle; aber er ist erfüllt von unermeßlicher Begier, er nötigt die Riesenmädchen, die Mühle zu drehen bei Tag und Nacht; da erheben sie sich in Rachelust und mahlen ihm Feindesmacht, die gegen ihn selbst heranzieht, und Zwietracht unter seinen Geschlechtsgenossen. So beginnt denn nun das Leben des Geschlechts mit Brudermord und der Ächtung und Rache der zwei jungen Königssöhne Hroar und Helgi, es entfaltet sich in dem Gegensatz zwischen dem unruhigen und dem friedlichen Bruder und bringt das tragische Motiv, daß Helgis schamlose Begier ihn zur Blutschande führt; deshalb ist sein Sohn Hrolf der herrlichste Sproß des Skjoldungengeschlechts und doch zugleich dem Untergang und der Kinderlosigkeit geweiht. Das Schicksal ereilt ihn in dem verräterischen Überfall seiner Schwester Skuld und seines Schwagers Hjorvard auf Lejre. Hier fällt Hrolf und alle seine Mannen; ein einziger junger Kämpe bleibt übrig, um seinen Tod an dem Verräter zu rächen. So ist das ganze Skjoldungengeschlecht vernichtet.

Hrolf stand für spätere Zeiten da als „der herrlichste König des nordischen Altertums", als derjenige, dem selbst christliche Könige am liebsten ähnlich sein wollten. Was ihm einen solchen Ruhm verleiht, ist doch nicht so sehr irgendeine Tat in seinem Leben; es ist die Treue seiner Krieger im Tode, die helles Licht auf ihren Herrn wirft. Ein Dichter in einer Hofmannschaft hat die Gedanken festgehalten, die ihn und seine Genossen erfüllten, und hat ihnen Leben verliehen in einer Darstellung des letzten blutigen Kampfes auf Lejre. Er hat in seinen „Bjarkamal" eine Gestalt geschaffen wie den jungen Hjalti, der unverdrossen zu dem verzweifelten Kampfe gegen die Übermacht aufreizt und ein Erinnerungsgedicht über seinen gefallenen Herrn den wenigen vorträgt, die übrig geblieben sind, ihn zu rächen. Er schlägt noch tiefere Töne an, als er Bjarkis Gestalt auf den Schauplatz führt: mit einer Stirn, die den Hieben standhält, und einem Arm, der alles zerspaltet, und der glühenden Ergebenheit für den Herrn, dem sein Leben gehört; wir sehen ihn in der Todesstunde, wie er gleichgültig ist gegen die Liebe der treuen Gattin und voll trotzigen Hasses gegen Odin, der den Tod seines Herrn bestimmt hat, sich aber dann zu Häupten des gefallenen Hrolf niederlegt und Hjalti den Platz zu seinen Füßen anweist, damit die Nachwelt nicht in Ungewißheit darüber bleibe, daß sie den Eid, den sie einst schwuren, gehalten haben. Der Gedanke, der Hunderten von Kriegerscharen vorschwebte, hat hier seinen dichterischen Ausdruck gefunden; und es ist dem Dichter gelungen, in der Gestalt Bjarkis zwei Lieblingstypen des Zeitalters zu vereinen: den eigenwilligen und wilden Kämpen und den Helden mit der hohen Lebensaufgabe.

Als Gegenstück zu dem ältern Sagenkreis von den Skjoldungen entstand späterhin in der Wikingerzeit ein zweiter, jüngerer Skjoldungenkreis, der Starkad als höchsten Kämpen hinstellte und von den zeitlich weit zurückliegenden Stammvätern Dan und Friedens-Frodi bis zu Ingjalds erwachender Tatkraft hinaufführte. Aber es kommen so stark persönliche und geschichtliche Elemente in dieser Dichtung vor, daß wir sie in ihrem Zusammenhang mit dem Wikingerleben betrachten müssen.

Von alter Herkunft sind dagegen die Königssagen, die enger an Jütland geknüpft sind — sie sind merkwürdig dadurch, daß der Held sein Äußeres zum Teil dem naiven Aschenpuster Esben des Märchens entlehnt, doch so, daß ihm der feste Wille des Heldenideals aufgeprägt ist. Da ist Amled (Hamlet), der unter der Maske des Wahnsinnigen allerlei tiefsinnige Dinge sagt und sich endlich den Weg zur Vaterrache bahnt. Und da ist Uffi. Als geschichtliche Gestalt gehört er den alten Angeln an; aber die dänische Dichtung machte etwas ganz anderes aus diesem Grenzverteidiger: eine männliche Gestalt, die unter ihrem schwerfälligen Wesen des Helden Stärke und den Blick des Helden für die große Aufgabe verbirgt; einen Königssprößling, der im entscheidenden Augenblick das Dasein des Volks und des Reiches rettet; einen Dänen, der sich in doppelte Gefahr begibt, weil er nicht nur für seines Volkes Dasein, sondern auch für seines Volkes Ehre einstehen soll.

Es ist in nicht geringem Grade Dänemark, das den übrigen Norden mit Stoff für Heldensagen versorgt. Andrerseits haben schwedische Wikinger, aber noch mehr norwegische Dichter und Sagaerzähler an dem Skjoldungenkreise weiter gedichtet; sie haben u. a. für die Helden eine Jugendgeschichte geschaffen, die sie zu Norwegern machte. Für die heimischen norwegischen Kleinkönige konnte man weitere Kreise nicht interessieren; im besten Falle konnte eine Dichtung entstehen, die ein Nachklang von derjenigen der Skjoldungen war. Merkwürdiger ist es, daß Schweden auch nicht einen Sagenkreis hervorbrachte, der Bedeutung für den ganzen Norden erhielt; die Sagen von den Königen des Ynglingengeschlechts blieben, trotz der Bedeutung Upsalas, von mehr lokalem Interesse. Gleichwohl können wir aus chronikenartigen Überlieferungen eine ältere Gruppe ausscheiden, in der das Schicksal des Geschlechts — der Verwandtenmord — den ganzen Inhalt ausmacht, und eine jüngere Gruppe aus der Völkerwanderungszeit, in die Erinnerungen an Heereszüge gegen Jüten und Esthen hineinspielen. Eine ursprünglich schwedische Sage, die größere Bedeutung für den übrigen Norden erhielt, war der Kampf um die Königstochter zu Upsala zwischen Hjalmar und den wilden smaaländischen Berserkern, eine wehmütige Liebesgeschichte, die der Ausgangspunkt wurde für den Sagenkreis von dem verwünschten Schwerte Tyrfing, in den auch südgermanische Überlieferungen von der großen Hunnenschlacht aufgenommen wurden.

Wenn weder Schweden noch Norwegen eine reiche Heldendichtung heimischen Ursprungs erhielt, schafften diese Länder sich Ersatz, indem sie Sagenstoffe entlehnten, zum Teil bei den Dänen, aber vor allem von noch weiter südlich wohnenden verwandten Völkern.

Zunächst treffen wir unter den Sagenstoffen, die wir mit andern germanischen Völkern gemeinsam haben und die aus dem Süden nach dem Norden gebracht sind, den Schmied Wieland und seine Rache an. Der eigentliche Schwerpunkt der Sage, der im Wechsel der Zeiten feststeht, ist, daß König Nidud den Schmied fängt, ihn wohl auch lähmen läßt und ihn zur Fronarbeit zwingt; aber auch hier als Knecht hat Wieland Stärke und Geschicklichkeit genug, um sich zu rächen: er schlägt den jungen Söhnen des Königs die Köpfe ab, verbirgt ihre Leiber unter dem Boden der Schmiede, vergewaltigt seine Tochter, und auf Flügeln, die er sich mit seiner Kunst hergestellt hat, schwingt er sich in die Luft empor und entkommt aus der Gewalt des bösen Nidud. Eine spätere Zeit, vielleicht erst jene, wo die Sage nach dem Norden gelangte, fügte mildere, phantastische Züge hinzu: das alte Sagenmotiv

Abb. 8. Darstellungen aus dem Heldenleben. Stein aus Ardre auf Gotland. Schück, Studier, I. Ganz rechts Gunnar im Schlangenhof; oben Wielands Schmiede mit den Leichen der Königssöhne unter dem Fußboden; darunter Sigmund und Sinfjotli, im Hügel eingeschlossen(?); die andern Darstellungen unsicher.

von den Mädchen, die im Schwanenhemde über den dunkeln Wald geflogen kommen, sich am Ufer des Sees niedersetzen und die Schwanenhemden ablegen; da nehmen die jungen Männer ihre Hemden fort, und die Mädchen werden dadurch gezwungen, bei ihnen zu bleiben als ihre Gattinnen. Aber im Lauf der Jahre wird das häusliche Leben den Schwanenfrauen leid, „sie sehnten sich nach dem dunkeln Walde“, und eines Tages haben sie alle drei ihre Ehegenossen verlassen. „Allein saß da Wieland in den Wolfstälern und faßte den funkelnden Stein in rotes Gold; so wartete er auf seine strahlende Gattin, ob sie wieder zu ihm kommen würde.“ Aber während er dasitzt und Goldringe schmiedet, hat König Nidud von seinen Schätzen gehört; er und seine Leute kommen zur Nachtzeit, „beim Scheine des abnehmenden Mondes“, und übermannen den einsamen Kämpen, als er in Schlaf gesunken ist. Für die alte Dichtung wird die Liebe des Schwanenmädchens nicht — wie für Öhlenschläger und Drachmann — das Haupterlebnis; es ist nur die hellere Einleitung zu den düstern, kummerschweren Szenen, und das Endziel der Dichtung wird nicht die Vereinigung mit der Jugendgeliebten, sondern die Durchführung der Rache: „Lachend erhob sich Wieland in die Luft, weinend ging Bodwild von der Insel.“ Aber die Zusammenstellung der strengen und milden Züge in unserm Wielandsliede zeugt von der künstlerischen Kraft, die unsern Dichtern eigen war. Hier erreicht sie am ehesten des Malers bunte Farbenpracht und noch häufiger den festen Schnitt des Holzbildners.

Die große Sagengruppe von den Wolsungen besteht aus einer Reihe aufeinanderfolgender Hauptszenen. Da ist zuerst Sigmund und Sinfjotli, dann Sigurds Jugend mit Fafnirs Tötung, dann Sigurd und Brynhild, endlich Atlis Treulosigkeit gegen die Söhne Gjukis, und zuletzt, als die jüngste Erweiterung der Sage, der Tod der Swanhild — die von Pferdehufen zertreten wird — und der Versuch ihrer Brüder, sie zu rächen.

Die Sage von Sigmund und Sinfjotli trägt das Gepräge einer eigenartigen Größe und Wildheit. Odin tritt auf als der heimliche Helfer des jungen Helden; er kommt in König Wolsungs Halle bei der Hochzeit seiner Tochter Signy, stößt ein Schwert in den Stamm des Baumes, um den herum das Haus erbaut ist, und verschwindet wieder; Wolsungs junger Sohn Sigmund erweist sich als derjenige, der das Schwert herausziehen kann. Aber Signys Gatte hegt Mißgunst gegen die Schwäger, er ladet sie zu einem

Gastmahl ein und läßt sie gebunden zum Fraß für die wilden Tiere des Waldes aussetzen. Sigmund rettet sein Leben und haust als Räuber im Walde; Signy kommt selbst zu ihm, gewinnt seine Liebe und gebiert dann ihren Sohn Sinfjotli, der ein Wolsung von Vater- und Mutterseite ist und daher kühn genug, die Rache auszuführen. Sie setzt seine Seelenstärke auf die Probe und sendet ihn dann hinaus in den Wald zu Sigmund; Vater und Sohn leben zusammen draußen — in Wolfsbälgen, erzählt die Sage —, und als der Knabe erwachsen ist, gehen sie zu Sigars Halle. Sie werden zwar gefangen, aber sie bekommen doch das Schwert wieder zurück und verbrennen den König in seinem Gehöft; Signy, die selbst mitgeholfen hat, ihrem Gatten den Untergang zu bereiten, will doch mit ihm sterben und geht freiwillig hinein in das Feuer. Sinfjotli findet später seinen Tod, auch durch Verwandtentrug; seine Stiefmutter gibt ihm Gift, und er trinkt es, um nicht ihrem Spotte ausgesetzt zu sein. Sigmund trägt den toten Sohn mit sich fort, bis ein alter Fährmann die Leiche entgegennimmt und verspricht, sie über den Fjord zu setzen; aber als sie an Bord ist, ist der Mann samt seinem Boot verschwunden: es war Odin gewesen, der auf diese Weise den jungen Krieger zu sich holte. Schließlich findet auch Sigmund seinen Tod, als Odin ihm in der Schlacht entgegentritt und das Schwert Gram am Spieße des Gottes zerspringt.

Die Sage von Sinfjotli ist in einer Hinsicht der Höhepunkt der nordischen Heldendichtung: sie ist wild und phantastisch, die Götter greifen ein, die Menschen nehmen Tiergestalt an, es besteht ein schroffer Gegensatz zwischen den Feinden des Helden, die nichts als schlecht sind, und den Heldengestalten, deren empfindliche Ehre fast das Leben wegwirft, damit es nicht scheine, als schreckten sie vor einer Pflicht zurück. Es ist diese Sage eine würdige Einleitung für die Geschichte des Wolsungengeschlechts, und doch hat sie wohl von vornherein ihren Abschluß in sich selbst gehabt; der Tod Sinfjotlis muß ursprünglich — wie der Hrolf Krakis — das Erlöschen des Geschlechts bedeutet haben; aber die starke Neigung, Geschlechtsreihen zu konstruieren, macht später das ganze zu einem Vorspiel für Sigurd, den Fafnirstöter.

Sigurds Kampf mit dem schätzehütenden Drachen

draußen auf der Heide wird wiederum in eine lange Vorgeschichte eingesponnen von den wechselnden Besitzern des Goldes und der Verwünschung, die an ihm haftet, und diese Vorgeschichte schlingt sich durch Regins Ränke noch weiter um Sigurds Leben. Aber seine Tat wird unzweifelhaft als Hauptsache empfunden. Der Kampf des Helden mit dem ungeheuren Wurm ist ein uraltes phantastisches Motiv der Heldensage; aber es ist stark genug gewesen, um sich zu halten, obwohl die Heldendichtung ganz allgemein mehr und mehr ein historisches Kolorit annahm. Diese Tat — freilich nicht sie allein, obwohl sie der volkstümlichste Ausdruck für seine Größe ist — macht Sigurd zu der meistbewunderten Gestalt der alten Zeit. Mancherlei Bilder auf Runensteinen in Schweden und den westlichen Kolonien des Nordens wie an norwegischen Holzkirchen zeigen uns den Augenblick, wo er das Schwert dem Drachen ins Herz stößt.[1] Auch in der Dichtung ist Sigurd, wie er über dem sterbenden Ungeheuer steht, der junge Held jener Zeit in seiner ausdrucksvollsten Gestalt. Er ist unternehmend und seiner selbst sicher: „Dazu reizte mich mein kühner Sinn; meine starken Hände halfen mir, daß es ausgeführt ward.“ Er will nichts wissen von Vater oder Verwandten, „immer ging ich allein“. Das Ziel seines Handelns ist es, seine Stärke zu erproben und Gold zu besitzen; das „rotfunkelnde Erz“ lockt ihn durch seinen Glanz, durch die Macht und den Ruhm, den es verleiht, und selbst durch die Gefahr, die seinem Besitzer droht. Er ist eine rechte Wikingernatur! — Als Abschluß für diesen ganzen ersten Teil der Wolsungengeschichte haben wir dann Sigurds Ritt auf den Berg und seine Erweckung der in Schlaf versenkten

[1] Auf dem nebenstehenden Bilde (Abb. 9) kann man die ganze Reihe der Sagenszenen sehen (die Bilderreihe beginnt unten rechts): 1. Regin schmiedet Sigurd ein Schwert; 2. Sigurd erprobt es durch einen Hieb auf den Amboß, und es zerbricht [Sigurd holt danach die Bruchstücke des Schwertes Gram, und Regin stellt aus ihnen ein Schwert her]; 3. Sigurd sitzt in der Grube und stößt das Schwert in Fafnirs Brust; 4. [unten links] Sigurd soll Fafnirs Herz für Regin braten, aber er steckt den Finger mit Fafnirs Blut in den Mund; da kann er die Stimme der Vögel verstehen, die ihm mitteilen, daß Regin auf Gelegenheit wartet, ihn zu töten; 5. Sigurd tötet Regin; darunter sieht man den Hengst Grani mit Fafnirs Gold auf dem Rücken; 6. Gunnar im Schlangenhof spielt mit den Füßen die Harfe, da seine Hände gebunden sind.

Abb. 9. Darstellungen aus dem Leben des Sigurd Fafnisbani. Geschnitzte Türpfosten aus der Kirche von Hyllestad im Sätersdal um 1200. Dietrichson, Stavkirker.

Jungfrau: ein Liebesmotiv, das sich nicht recht entfalten kann, weil eine andere stärkere und herbere Form des gleichen Stoffs die Oberhand gewinnt.

Wir haben sodann die andere Seite von Sigurds Leben, die nicht jugendlich und keck ist, sondern tragisch ernsthaft, nicht so phantastisch wie jene erste, aber in ihrer Szenerie der Wirklichkeit ein gut Stück näher stehend, und die — wie wir sehen werden — große geschichtliche Sagenstoffe an sich zu ziehen vermochte. Es ist Sigurds Zusammentreffen mit Brynhild.

Um die Geschichte Sigurds und der Brynhild recht zu verstehen, müssen wir uns die ganze Auffassung der Heldendichtung von dem Verhältnis zwischen Mann und Frau vor Augen halten. Die unbewußte Macht der Liebe, das Anziehende und Nachstrebende, das auf den Sinnen Beruhende, besteht von Anfang an nicht für die Heldendichtung, wie es für die Dichter unserer Zeit besteht. Mann und Frau sind Individuen, ein jedes mit seinem Willen und seinen Ansprüchen; ihr Handeln und ihre Rache ist nicht erotisch bestimmt, sondern das Ergebnis jener eigenartigen Ethik des Heldenlebens, über die wir immer wieder staunen müssen.

Derart ist das verkettete Schicksal Sigurds und Brynhilds im wesentlichen noch in dem ältesten der Lieder, die wir kennen. Brynhild sitzt als Mädchen in trotzigem Stolz in ihrem einsamen Jungfrauenhause, ganz von der Waberlohe eingeschlossen; sie will nur den Helden heiraten, der durch ihren Flammenwall brechen kann. König Gunnar, der Sohn des Gjuki, will um sie werben, aber er vermag nicht einzudringen. Da bewegt er seinen Schwager Sigurd, den Töter des Fafnir, dazu, durch das Feuer zu reiten und — unter dem Vorgeben, er sei Gunnar, oder auch in dessen Gestalt — sich das Mädchen zu verloben. So kommt sie denn nach dem Gehöft der Söhne Gjukis als Gunnars Gattin. Alles geht gut, bis Frauenzank das schlummernde Unglück weckt. Gudrun und Brynhild sind zum Flusse gegangen, um zu baden; Brynhild watet weiter hinaus als die andre, und als Gudrun nach dem Grunde fragt, antwortet sie, sie wolle ihr nicht gleichstehen, da sie doch den weit herrlicheren Gatten habe, der durch den Flammenwall reiten konnte. Da zeigt Gudrun ihr, daß der Verlobungsring jener an ihrer, nämlich Gudruns, Hand stecke:

es war Sigurd, der durch das Feuer ritt und Brynhild sich verlobte. Brynhild erbleicht und weicht zurück; sie ist um die höchste Forderung, die sie an das Leben gestellt hat, betrogen und daher ganz von Haß erfüllt gegen diejenigen, die ihr dies angetan haben, am meisten gegen Sigurd, dann auch gegen Gunnar. Sie reizt ihren Gatten Gunnar auf, Sigurd zu töten, und behauptet, daß er seine Verkleidung in Gunnars Gestalt mißbraucht habe in jener Nacht, in der er als ihr Freier erschien. Gunnar ratschlagt mit seinen Brüdern; nur notgedrungen nehmen jene teil an dem Morde. Dann sehen wir sie heimkehren nach dem Königsgehöft. Gudrun steht vergebens draußen, um ihren Herrn zu empfangen; Hogni meldet ihr spottend, daß das Grauroß draußen stehe und den Kopf über Sigurds verstümmelte Leiche neige. Aber Brynhild lacht, daß das Gehöft widertönt, und heißt sie als Sieger willkommen. Doch später sagt sie Gunnar, daß nicht Sigurd, sondern er selbst dem Freunde den Eid gebrochen habe und daß das rächende Unglück ihn ereilen werde.

Diese älteste nordische Form der Sage liegt in fast allen Teilen der deutschen Dichtung und damit der Grundform der Sage recht nahe. Doch im Verlaufe der Zeit der eddischen Dichtung werden sowohl Handlung als Charaktere umgeformt. Vor allem werden die Nordleute ergriffen von der Gestalt der Brynhild. Sie haben Freude an ihrer harten Rachgier und fühlen sich angezogen von dieser seltsamen Natur, die ihrer ganzen Umgebung wie ein zum Verderben der Menschen geborener Unhold erscheint („Als eine Mißgeburt kam sie aus der Mutter Schoß . . . Sie wandre dahin, woher sie niemals möge wiedergeboren werden!“) und doch zugleich als die Zusammenfassung von allem, was das Heldenlied am meisten bewundert.

Es taucht der Gedanke auf, daß sie als das Mädchen in der Flammenburg einen Anspruch hatte auf die Liebe des herrlichsten Helden, auf Sigurd, weil er ihre Bedingung erfüllte. Schon in dem ältesten der Lieder erscheint dieser Gedanke. Es ist in der Nacht nach dem Morde. Gunnar hat sich die ganze Zeit unruhig hin und her geworfen, ohne schlafen zu können, der Warnungsruf der Raubvögel nach dem Morde tönte ihm immer noch in den Ohren. Gegen Anbruch des Tages erwacht Brynhild: „Ihr könnt mir zureden oder abraten, nun da die Untat vollbracht ist, meinen Kummer zu sagen oder es zu unterlassen." Es schwiegen da alle nach ihren Worten; keiner verstand das Frauengebaren, daß sie weinend zu erwähnen begann, wozu sie lachend die Krieger aufgereizt hatte. „Es grauste mir im Traume, es war kühl hier im Saale, mein Bett war kalt, aber du, o Fürst, rittest, der Freude beraubt, mit Fesseln gebunden, in der Feinde Schar. Euer ganzes Niflungengeschlecht hat seine Kraft verloren, da ihr eidbrüchig seid! Du erinnerst dich nicht mehr genau daran, Gunnar, wie ihr zusammen das Blut in die Fußspur rinnen ließet; nun hast du dem mit Bösem gelohnt, der dich am höchsten erheben wollte. Damals zeigte es sich, als er kühn herbeiritt, dir die Gattin zu werben, wie der Kampfesfürst dem jungen Herrscher sein Gelübde hielt: seine Klinge, die goldgeschmückte, ließ der herrliche König zwischen uns liegen; wie Feuer glänzte es draußen an der Schneide, aber Gifttropfen waren darin geborgen."

Mit der Fähigkeit, in die Tiefe des Seelenlebens hinabzusteigen, die in der Sagazeit in so wunderbarer Weise hervortritt, sucht man Brynhilds Tun zu verstehen. Man kommt zu dem Ergebnis, daß sie, noch bevor sie es selbst recht weiß, den Sigurd liebt und von dem verzweifelten Wunsche getrieben wird, seine Liebe zu besitzen. Ein jüngeres Lied malt das mit kräftigen Farben aus. Es ist Abend, Brynhild sitzt allein draußen und beginnt, mit sich selbst zu reden: „Ich will Sigurd halten — oder sonst sterben —, den jungen Helden, in meinem Arm. Da sprach ich Worte, die mich jetzt wieder reuen. Gudrun ist seine Gattin, und ich bin die Gunnars; grimme Nornen schufen mir langes Sehnen." Und so fährt sie fort zu reden, bei Nachtzeit allein draußen wandernd, über Eis und Gletscher, voll Mißgunst gegen Gudrun und von wahnsinniger Sehnsucht getrieben, bis ihr Vorsatz reif ist und sie Gunnar zum Morde aufreizt.

In dem Sagenstoffe entwickelt sich hieraus ein Anfang und ein Abschluß des ganzen Verhältnisses. Der Anfang ist ein Verlöbnis zwischen den beiden, das Brynhild ein Anrecht auf Sigurd geben soll, welches älter ist als seine Ehe mit Gudrun. Die Verlobung findet entweder so statt, daß sie das Mädchen auf dem Berge ist, das er erweckt, oder — was das Häufigere ist — durch einen Jugendbesuch bei Brynhild, während sie in Hlymdalir bei ihrem Pflegevater Heimir wohnt. Diese Verlobung, dieses formelle Anrecht auf Sigurd als Gatten, ist ein wenig spießbürgerlich; aber es kommt auch in der Heldensage eine Zeit, wo sozusagen die Papiere in Ordnung sein müssen, so daß niemand in Zweifel ist, wo das moralische Recht liegt. Daran schließt sich ein weiterer neuer Vorgang, wenn Sigurd entlobt werden soll: Gudruns Mutter Grimhild reicht ihm den Vergessenheitstrank. Und es wird ein Schluß von mehr unmittelbarer poetischer Kraft zugedichtet: nachdem Sigurd ermordet ist, offenbart Brynhild ihr ganzes Verhalten, und sie stößt sich das Schwert in die eigene Brust; sterbend verlangt sie, neben Sigurds Leiche auf den Scheiterhaufen gelegt zu werden.

Neben diesem großen naiven Umriß der Sage treffen wir auch die Behandlung des einzelnen Dichters, der den Gedanken weiterführt und ihn seelisch vertieft. Nicht nur Brynhild liebt Sigurd, sondern auch er liebt sie mit ganzer Seele, seit er durch das Feuer zu ihr ritt und in ihrem Gemache ruhte mit dem gezogenen Schwert zwischen ihnen; aber da er an Gudrun gebunden ist, hat er seine Liebe niedergezwungen. Nun kommt es zu der großen Abrechnung zwischen ihnen, als er ihren Kummer zu besänftigen sucht, und da wird es ihr klar, daß auch er sie liebt. Da sieht sie keinen andern Ausweg, als ihn zu verderben und sich selbst; Gunnar zu töten, würde nichts helfen, sie will nicht zwei Männer haben in einer Halle, wie sie sagt. Sorgenschwer geht Sigurd hinaus von dieser letzten Begegnung; vor großem Kummer schwellen seine Seiten an, daß ihm der Ringpanzer zerspringt, und er ist gefaßt auf das Unheil, das nun über ihn und über sie alle hereinbricht.

Es gibt noch jüngere Gedichte unter unsern Eddaliedern, Gedichte, die nicht darauf ausgehen, den gegebenen Stoff darzustellen, sondern darauf, über die handelnden Personen und ihr Leben ein Werturteil abzugeben. Brynhild ist unterwegs nach dem Totenreiche, sie fährt den Weg zur Hel, da will ein im Berge wohnendes Riesenweib ihre Fahrt hindern und wirft ihr ihr unglückbringendes Leben vor; aber sie erzählt jener ihren Lebenslauf, wie sie sich von Eidbruch freigehalten, aber die andern sie betrogen haben: „Versinke du, Riesin! ich werde mit Sigurd mein Leben verbringen.“

Ein anderer Dichter hat sich dieselbe Aufgabe bei Sigurd gestellt. Der junge Held kommt zu seinem Mutterbruder Gripir, befragt ihn über seine Zukunft, hört von zukünftigen Großtaten und fragt ungeduldig weiter; er wird noch dringlicher, als er von dem tragischen Geschick seines Lebens erfährt, daß er einer Frau sein Wort geben und doch eine andre heiraten soll. „Gibt es eine Schande in meinem Leben? lebt Wankelmut in meinem Sinn?“ Das will er wissen. Gedrängt, unsicher, schaut der Greis in die Zukunft, er sieht, daß Grimhilds Trug die Bahn des Helden kreuzt, und tröstet ihn zum Schluß damit, daß sein Lebenslauf an seinem Ideale festgehalten hat: „Kein herrlicherer Held wird auf die Erde kommen, als du es bist, Sigurd!“

Auf einen Vorgang seines Lebens kommt die Dichtung immer und immer wieder zurück als auf denjenigen, der den Ausgangspunkt für seinen Lebenslauf bildet: auf den Ritt in Gunnars Gestalt durch die Flammen hinein zu Brynhild, wo er an ihrer Seite ruht, aber das Schwert zwischen sich und das Mädchen gelegt hat, als Bürgen dafür, daß er König Gunnar sein Wort hält. Dieses scharfe Schwert, das zwischen ihnen liegt, ist die Ethik der Heldendichtung in gedrängtester Kürze, der Sieg des Vorsatzes über die lockende Kraft des Augenblicks; die Treue gegenüber dem gegebenen Wort ist die höchste Treue gegen sich selbst. Ein neuerer Dichter — Karl Gjellerup in seiner „Brynhild“ — hat mit ergreifenden Worten die Stärke der Versuchung gemalt; die alte Zeit hatte keine Worte, um offen auszusprechen, was sie dumpf fühlte, sie mußte den ganzen Ernst des Augenblickes in die Klinge legen, wie sie zwischen ihnen beiden lag, kostbar mit Gold verziert, aber scharf wie das Feuer und das Gift, die in ihrer Schneide brannten.

Zwei Szenen hat das nordische Altertum herausgearbeitet, um sein Wesen in ihnen zu erschöpfen. Die eine ist Sigurds Sieg über Fafnir, der Augenblick, wo er dem Drachen das Schwert ins Herz stößt. Sie steht sozusagen am Eingang des Heldenlebens. Da zeigt sich der Mut gegen den äußern Feind, mit Tatenlust und Wagespiel im

Gefolge. Die zweite ist das Beilager mit dem Schwerte zwischen dem Helden und der Schildmaid, der Sieg über sich selbst. Das Menschenleben in seiner höchsten Entfaltung ist nicht die äußere Fülle des Lebens, sondern dies, daß die Seele sich zu einer Höhe emporschwingt. Der Dichter scheut sich auch nicht, die Askese ins Heldenleben hineinzuziehen, wenn es gilt, die Stärke der Seele zu offenbaren.

Die letzte Gruppe des Sagenkreises der Wolsungen zeigt den eigentümlichen Grundtypus der Heldensage in nur wenig von einander abweichenden Schattierungen; verhältnismäßig edel in Gunnar, dessen Harfenspiel in Atlis

Abb. 10. König Atli läßt Hogni das Herz ausschneiden. Kirche zu Austad in Telemarken. Schück, Studier.

Schlangenhof dem Biß der Schlangen Einhalt gebietet, und wilder in seinem Bruder Hogni, der trotzig lacht, als man ihm das Herz ausschneidet; ebenso in ihrer Schwester Gudrun, die, um Rache zu üben, dem Atli das Fleisch ihrer Söhne zu essen gibt und dann ihren Gatten tötet: „Sie gab dem Lager Blut zu trinken, mit mordlustiger Hand, machte die Hunde los, warf vor die Tür der Halle das brennende

Holzscheit und weckte die Knechte; das war ihre Bruderbuße. Dem Feuer gab sie alle, die drinnen waren, die von Gunnars Morde aus dem Dunkelwalde kamen; alte Balken stürzten, die Leichen rauchten, das Gehöft der Budlungen brannte, die Schildmädchen sanken entseelt in die heiße Lohe." — Neben dieser gewaltigen Gudrun erhebt sich ein anderes Bild: Gudrun in ihrer Jugend, die Tochter Gjukis, die dem Sigurd vermählt ist und ihn zärtlich liebt. Gudrun sitzt über Sigurds Leiche, sie klagt nicht, ringt nicht die Hände und jammert nicht wie andere Frauen; aber der Kummer bringt sie dem Tode nahe. Weise Häuptlinge treten herein, ihren Schmerz zu lindern, herrliche goldgeschmückte Häuptlingsfrauen sitzen bei ihr, und jede von ihnen erwähnt ihr größtes Leid: den Verlust von Kindern, Brüdern, Gatten, Not und Mißgeschick; aber Gudrun kann nicht weinen, so schmerzbetäubt sitzt sie da an ihres Herren Leiche. Da tritt ihre Schwester Gullrond herzu und zieht die Decke von Sigurd fort: „Blick auf den Geliebten, lege deinen Mund an den seinen, als ob du den lebenden Herrscher umarmtest." Da blickte sie ein einziges Mal auf: sie sah das Haar des Königs von Blut beronnen, seine klaren Augen erloschen, die Burg des Gedankens vom Schwerte zerspalten. Da glitt Gudrun nieder auf das Polster, ihr Haar löste sich, die Wange rötete sich, und der Regen des Auges rann nieder in ihren Schoß; sie weinte, daß die Tränen durch das Kissen flossen und die Gänse im Garten aufschrieen; und sie bricht aus in eine Lobrede auf den Helden, der unter den Männern hervorleuchtete wie der Speerlauch unter allen Gräsern, wie die Edelsteine unter allen Perlen des Halsbandes; sie dünkte sich höher als jede von Odins Mädchen durch seinen Besitz, nun ist sie so klein wie ein verwehtes Blatt; „ich entbehre auf dem Sitze, ich entbehre auf dem Lager meinen Redefreund, das wirkten die Söhne Gjukis; Gjukis Söhne haben meine Pein verschuldet, sie schufen schmerzliches Weinen der eigenen Schwester".

Zuletzt kommt die Geschichte der Swanhild als das Nachspiel der ganzen Wolsungendichtung. Der treulose Ratgeber hat sich vorgesetzt, das ganze Geschlecht des Jormunrek (= Ermanarich) zu vernichten. Auf falsche Anklage hin wird dessen junge Königin, Gudruns und Sigurds sonnenschöne

Tochter, von den Hufen der Rosse zu Tode getreten, als ihr scharfer Blick sie nicht mehr von sich fern halten kann; ihre Brüder ziehen aus auf die todbringende Rachefahrt, sie wollen König Jormunrek selbst inmitten seiner Herrschaft töten; nachdem sie ihr Werk halb vollbracht haben, unterliegen sie trotzig kämpfend der ungeheuren Übermacht. Die Grundlage für diese Sage ist der Untergang des Ostgotenkönigs Ermanarich, wie dem Fall der Gjukunge die Vernichtung des burgundischen Königsgeschlechts durch die Hunnen zugrunde liegt. Als Gegenstand der Dichtung haben wir hier die Wiederholung des bekannten todestrotzigen Heldentypus: „Gut haben wir gekämpft, stehen auf Gotenleichen, auf einem Hügel von Schwertmüden, wie Adler auf dem Zweige; guten Ruhm haben wir erworben, ob wir nun heute oder morgen sterben; keiner erlebt den Abend, nachdem der Norne Spruch erging.“ Und dann die Untergangsstimmung: krachend stürzen die Königsgehöfte, wie ein einziges Ragnarok, bis alles zerschmettert daliegt. Größe und Untergang sind untrennbar verbunden; „alle Krieger fallen sieglos“. Das ist des Lebens Lauf und der Ursprung des Heldengesangs.

Aber der Heldensang nimmt, wie nichts anderes, die gesamte Entwicklung des geistigen Lebens des Volkes in sich auf. Ohne die Gestalten fallen zu lassen, die aus der Völkerwanderung hervorgingen, weitet er sich aus, um immer mehr zu umfassen, gibt den Idealen eine bestimmtere Form, gewinnt an Reichtum der Charakterzeichnung, und die Macht der Empfindung beginnt durchzubrechen, freilich noch gewaltsam, wie in dem Kummer Gudruns über dem toten Sigurd, — und doch ist die Empfindung an die durch Tat und Willen bestimmte Seite des Menschenlebens gebunden: Gudruns Kummer mündet aus in eine Verwünschung der meineidigen Brüder und verkündet ihren Untergang.

Fünftes Kapitel.

Die Wikingerzeit.

Die Wikingerzeit war ein so eigenartiger und inhaltsreicher Zeitraum wie nur irgendeiner in der Geschichte des Nordens, ja sie umspannt eine tiefer eingreifende Reihe von Erlebnissen als irgendeine spätere Zeit; aber ihr wesentliches äußeres Kennzeichen fand sich bereits früher. Das Wort „Wiking" selbst war den germanischen Völkern gemeinsam; zu Wasser und zu Lande umherstreifende Kriegerscharen waren von früher Zeit her bekannt. In der großen Wanderungszeit tauchen Raub- und Wanderzüge zur See als eine um sich greifende Volksbewegung auf: es erscheinen Heruler auf dem Schwarzen Meer, Heruler, Sachsen, Angeln, später auch Dänen an den Küsten Britanniens und Frankreichs. Aber die Bewegung verlor sich wieder; Angeln und Sachsen setzten sich in England fest; Galliens Küste wurde von den dort angesessenen Franken verteidigt; — und die große Gärung selbst, die die Triebfeder jener Bewegung war, ließ wieder nach.

Über dem Text: Abb. 11. Wikingerschiff. Nicolaysen, Langskibet fra Gokstad.

In einzelnen Gegenden des Nordens werden die Wikingsfahrten fortgesetzt. Die Züge der Schweden nach den Küsten der Ostsee wiederholen sich während der ganzen Sagenzeit. Von Norwegens westlichsten Landschaften, von Hordaland und Rogaland, wagten kecke Seeleute sich über das Weltmeer nach den zahlreichen Inseln im Westen. Auf den Orkneys und den Shetlandsinseln konnte die piktische Fischerbevölkerung ihren Heerzügen und ihrer Ansiedlung nicht nennenswerten Widerstand leisten. Sie wagten sich auch weiter nach Süden und trafen ein anderes Volk des gleichen Stammes, die Iren — Gälen nannten sie sich selbst —, bei denen die von den Kelten entwickelte Kultur in einer reichen und sehr eigenartigen Form auftrat. Im Jahre 617 wurde Irlands Küste zum erstenmal von einer heidnischen Wikingerflotte, vermutlich Nordleuten, verheert. Dann kam eine Ruhezeit, in der die schottischen Inseln ihre feste nordische Bevölkerung erhielten; wenn die eigentliche Wikingerzeit beginnt, wendet sich die Kraft der Nordleute großenteils gegen das Land der Iren.

So weit war man gekommen, als um das Jahr 800 Unruhe entstand auf der ganzen Linie. Wir können nicht all die Verhältnisse überblicken, die die Bewegung der Wikingerzüge hervorriefen. Was Dänemark angeht, können wir den Zusammenstoß mit dem Reiche Karls des Großen nennen, das unseren Grenzen nahe rückte. Vermutlich hat auch die festere Staatsbildung mitgewirkt: Häuptlinge aus dem Königsgeschlecht finden auf diesen Zügen einen Tummelplatz für ihren Ehrgeiz, für den sie in der Heimat keinen Raum mehr haben. Die wachsende Volkszahl ist gleichfalls, wie so oft in der Geschichte der germanischen Völker, eine Triebfeder für die großen kriegerischen Auswanderungen gewesen. Plötzlich füllt sich das Meer mit Schwärmen von Wikingerschiffen. 793 fällt eine Schar von Wikingern über die Insel Lindisfarne an der Küste Northumberlands her, verbrennt das Kloster und macht die Mönche nieder. In jedem der folgenden Jahre ist von zerstörten Klöstern und geplünderten Küsten zu berichten. Die Züge erstrecken sich nach und nach tiefer ins Land hinein, nach größeren Bezirken und den bisher verschonten Gegenden. Nach gut einem Menschenalter sind die Wikinger so weit gekommen, daß sie in den fremden Gegenden überwintern, oft in befestigten

Lagerplätzen an der Mündung der Flüsse, von wo aus der Weg ins Herz des Landes ihnen offen steht. Noch ein Menschenalter, und die vollständige Ansiedlung beginnt; 876 verteilte das dänische Heer in Northumberland das Land, pflügte und säte. Gleichzeitig gelangten die ersten Ansiedler bis nach Island hinaus, und nun folgt in ganz Nordeuropa die große Landnehmerzeit am Schluß des 9. und am Beginn des 10. Jahrhunderts.

Es hätte wie ein Märchen klingen müssen, wenn einer, der den Anbruch der Wikingerzeit erlebt hatte, hätte hören können, was 100 Jahre später, um das Jahr 900, erreicht war. Das große englische Reich war niedergezwungen, es hatte selbst um sein Dasein gegen die vereinten Wikingerheere kämpfen müssen, und eine so bedeutende Herrscherbegabung wie die Alfreds des Großen hatte nicht mehr erreichen können, als daß er ihnen im südlichen England die Stange hielt; die nördliche Hälfte war unumstritten in ihrer Gewalt. In Irland saß in jeder Küstenstadt ein nordischer Kleinkönig. In der Normandie hatte das Wikingerheer Fuß gefaßt, und die Aufteilung des ganzen Landes unter der Häuptlingsherrschaft Rollos fand gerade damals statt. Hier und da auf den Inseln, den Shetlandsinseln, den Orkneys, in Caithness (dem nördlichsten Zipfel Schottlands) und auf den Färöern saßen nordische Ansiedler, und Island — dessen Dasein noch vor einem halben Jahrhundert unbekannt war — war jetzt überall von Landnehmern in Besitz genommen, wo es an Fjord oder Fluß eine Weide für Schafherden oder eine Jagd auf Lachs und Hering gab. Aber diesem Landbesitz ist noch manches andere hinzuzufügen. Vor kurzem hatte ein kühner Seefahrer Norwegens öde Nordküste umsegelt und den Weg nach dem Weißen Meer und neue Jagdplätze gefunden. Noch seltsamer waren die Abenteuer auf dem östlichen Schauplatz. Dänische Leute suchten das wendische Gebiet heim, wo Jomsburg bald ein Hauptsitz wurde, und gründeten Kolonien an der Küste Preußens, wie die Schweden an der Esthlands und Finnlands. Schwedische Scharen segelten Rußlands Ströme hinauf, den Dnjepr, den Dnjestr und die Wolga, bald als friedliche Kaufleute, bald als Wikinger. Sie setzten sich früh in Nowgorod fest; 862 wird ein nordisches Reich in Kiew gegründet; 907 stehen sie vor den Toren Konstantinopels und versuchen, die Kaiserstadt einzunehmen. Die Hälfte von Europa wird damals von ihrer Unternehmungslust umspannt, und für ihre Anlage zur Staatenbildung scheint es keine Grenze zu geben. Selbst in der andern Hälfte Europas findet man keine Macht, die ihnen überlegen ist. Englands und Frankreichs Könige haben Mühe genug, sich ihrer zu erwehren; Deutschland glückte es, sich durch einen einzigen blutigen Sieg Luft zu machen.

Dann kommt das 10. Jahrhundert als eine Ruhezeit nach der Kraftanspannung; man setzt sich zur Ruhe und bildet behutsam das Gemeinwesen aus; es ist die Verfassungszeit von Island her bis zur Normandie. Da findet sich viel persönliche Tüchtigkeit, im Handel, im Kriege, in der Rechtskunde, im Kirchenwesen; aber in nationaler Hinsicht ist es eine Ebbe nach der ungeheuren Flutwelle. Die Wikinger der Normandie nehmen die Sprache und Sitten der Franken an; die Bewohner des Danelag (des nordischen Teils von England) beugen sich nach und nach, und nicht ohne kräftigen Widerstand, vor dem englischen Könige und seinem fester gefügten Staate; auch in Irland geht der Strom zurück; selbst Islands Besiedelung ist eine Folge dieser Ebbe, die die Volksscharen nach Norden zieht, da der Strömung nach Süden Dämme vorgebaut werden.

Aber am Jahrhundertwechsel wird wieder alles anders. Plötzlich — ungefähr von 980 an — füllen sich alle Meere mit den Schiffen der Seeräuber, und wie durch ein Zauberwort gerufen, sammeln sich alle um größere Aufgaben als zuvor. Die Sage erzählt, daß König Swein Gabelbart beim Erbbier einen Eid auf den Erinnerungsbecher ablegte, er wolle England erobern oder fallen. Das ganze Zeitalter hat das Gelübde geleistet, Großtaten im Geiste der Väter zu verrichten. Und nun beginnt der letzte große Abschnitt der Wikingerzeit, wo alle ihre wunderbaren Auftritte sich schnell vorüberziehend in der reichsten Farbenpracht wiederholen, während das Wikingerheer mit einem der großen Völker Europas ringt. Wir sehen wiederum plündernde Heere blitzschnell durch die Länder ziehen; sehen Bauern und Bürger ihr Gold und Silber zur Wagschale bringen, um ihr Land von den Dänen frei zu kaufen; sehen einen

König, der in schmählicher Unentschlossenheit nicht weiß, wie er sich helfen soll, und einen heldenhaften Königssohn, der immer da ist, wo die Gefahr am größten ist; arglose Wikinger werden zu Tausenden beim nächtlichen Mahl verräterisch niedergemacht, aber andre Tausende werden von den langen Drachenschiffen über das Meer getragen, um ihre Verwandten zu rächen; da ist der arglistige Jarl,

Abb. 12—15. Bilder von dänischen Runensteinen aus der Zeit des wiedererwachenden Wikingerlebens. Wimmer, Runemindesmærker.

der seines Herrn Leben und seines Landes Freiheit verrät; und da ist der Geistliche mit seinem Märtyrertode inmitten der frechen Krieger und der mitleidige Kämpe, der ihm den Gnadenstoß gibt. Und über sie alle ragt Knut der Große empor, der geborene Herrscher, der in der Jugend das Werk vollenden kann, für das sein Vater das Leben einsetzte, und der später Nordleute und Angelsachsen einander annähert, so daß sie sich als ein Staat fühlen.

Hier ist der zweite Ruhepunkt der Wikingerzeit: die Herrschaft der Dänen in England, die sich jedoch mit dem

Volke aussöhnen, das ihre Väter plündernd heimgesucht haben. Gleichzeitig ist das nordische Element in Frankreich in nationaler Beziehung ausgestorben. Irland kommt zur Ruhe, in der Weise, daß die Nordleute in den Handelsstädten, die Iren auf dem platten Lande wohnen. Auf Island gibt es nicht mehr eine Gemeinschaft von Ansiedlern, sondern einen eignen Staat mit hoch entwickeltem

Rechtswissen und beginnender Sagakunst. Aber in diesem nordischen Machtbereich zerbröckelt der Hauptturm. Die Dänenherrschaft in England löst sich auf, der Angelsachse hat wieder die Oberhand, und bald kommt der Herzog der Normandie mit seinen Ritterscharen,

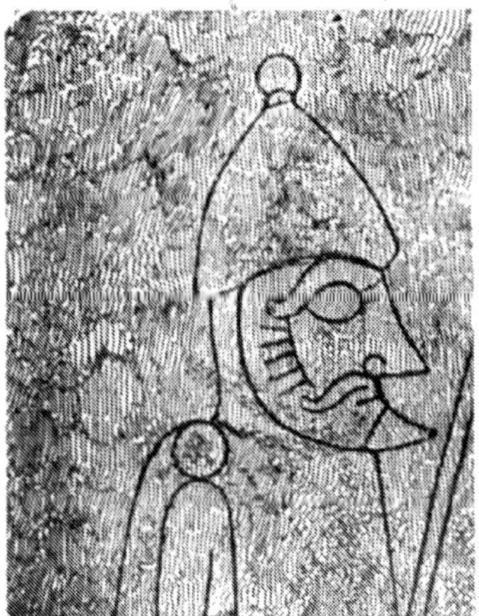

bricht Englands Macht und verwüstet unbarmherzig das Danelag. Im Osten ist der Wikingerstaat aufgegangen in der an Zahl überlegenen slavischen Nationalität; der Name „Russen“ geht von den Nordleuten über auf das Reich in

Kiew und den daraus entstehenden russischen Staat. So verschwinden die Eroberungsreiche, die in fremden Ländern errichtet waren, und der Norden verengt sich wieder zu seinem früheren Umfang, mit dem Zuwachs, den die westlichen Inseln und die Küstengegenden der Ostsee gebracht haben. Wie so viele andere große Volksbewegungen — die Kreuzzüge und die Gründung mongolischer Reiche — verläuft auch diese dem Anschein nach im Sande. Historische Folgen davon lassen sich gleichwohl auf vielen Gebieten nachweisen. Für uns hat es das größte Interesse, zu untersuchen, welches ihre Folgen gerade für den Norden waren.

Nach ihrem Ursprunge und ihrer Triebkraft ist diese Bewegung ein ungeheures Anwachsen der einheimischen Lebenskraft. Ihre Voraussetzung ist nicht nur ein Volk, das mit dem Seeleben vertraut ist, sondern vor allem der Mut, der sich herauswagt, die weitreichenden Pläne und die feine Beobachtungsgabe, die immer die schwachen Seiten des Gegners herausfindet. Und wie entwickelten sich diese Fähigkeiten, während die Aufgaben sich vergrößerten und der Gesichtskreis sich erweiterte! Zusammen brachten sie ein Gefühl der Überlegenheit und Unverzagtheit hervor. Der Umfang der Welt wurde vervielfacht. Der eingepferchte Talbewohner hatte es so nahe gehabt bis zu der von Unholden erfüllten Welt, wohin der Mensch nicht zu gelangen wagt. Die Grenze wich nun mehr und mehr zurück, und der Wiking folgte unaufhaltbar nach, segelte hinaus über das Weltmeer, wenn auch der Kiel seines Schiffs den Rücken einer Meerfrau zerbrechen sollte, oder kletterte hinauf in die Riesenhöhle, um zu sehen, ob das so gefährlich sei. Dabei lag doch immer die alte Angst in der Seele und gab dem Wagestück die rechte Spannung; aber mehr und mehr entwickelte sich die angeborne Selbstsicherheit und Nüchternheit zu bewußter Hervorhebung des Handgreiflichen und Vernunftmäßigen, zu einem „Glauben an die eigne Macht und Stärke" trotz aller Götter und Unholde und mächtigen Reiche.

Noch merkwürdiger ist die Fähigkeit, sich aneinander zu schließen, die in den Wikingerzügen sich offenbart. Flotten, die aus Hunderten von Schiffen bestehen, sammeln sich ohne ein einzelnes Oberhaupt; sieben, neun, fünfzehn oder jede andere Zahl von „Königen" werden als die Häuptlinge der Nordleute genannt, und zahlreiche Jarlssöhne und Großbauern haben wohl selbständig ein jeder sein eigenes Schiff geführt. „Wir sind alle gleich", läßt die Wikingersage sie dem fränkischen Sendboten antworten, der nach ihrem Führer fragt. Aber alle diese verschiedenen Willen wissen sich dem gemeinsamen Beschlusse unterzuordnen; gehorsam gegen die Gesetze, die sie sich selbst gegeben haben, tragen die Wikinger den Sieg davon über die Großkönige des Westens und ihre eigenwilligen Lehnsleute. Unter diesen Scharen feiert der freiwillige Zusammenschluß seine schönsten Siege. Entbehrte man die Stütze des Bruders, so trat ein Genosse als „Ziehbruder" oder „geschworner Stallbruder" an seinen Platz. An Stelle der durch Nachbarschaft und Verwandtschaft gestützten Gemeinschaft des Heimatsbezirks bildete die Bemannung desselben Schiffes ein eigenes „Lag", d. i. eine eigene Gemeinschaft, oft mit eignen Gewohnheiten. Die Jomsburg an der Küste des wendischen Landes wurde ein großes Wikingerlag, das durch gewisse Gesetze verbunden war: die Rachepflicht, die gleiche Teilung der Beute, die Ausschließung der Frauen von der Burg. Aber auch als Kaufleute sammelten sich die Nordleute in großen Gilden mit der Verpflichtung zu gegenseitiger Hilfe und Rache, oder man sicherte sich durch das „Felag", d. i. die Zusammenlegung des Besitzes, die Zusammenarbeit und ein Betriebskapital. Die Brüderschaft hat für dies Zeitalter in ähnlicher Weise eine bestimmende Kraft, wie die Treue im Verhältnis der Dienstmannen sie auf ein älteres Geschlecht ausübte.

Die Wikingerzeit brachte viele Fähigkeiten zur Entfaltung; alles was mit Einsicht und Mut, Kriegskunst, Handel, Seefahrt, Kenntnis des Äußern der Welt und der Beschaffenheit der Natur in Zusammenhang stand, wuchs empor. Natürlich zeigten sich auch starke Schattenseiten. Uns treten Blutdurst und Roheit als unheimlich ausgeprägte Züge im Charakter des Zeitalters entgegen. Sicher ist vieles der Art auch früher dagewesen; aber das Wikingerleben hat es eher vermehrt als vermindert. Wieder und wieder begegnen wir Verheerungen in den unbarmherzigsten Formen. Alles Lebende wird niedergemacht: Krieger,

Weiber, Greise und Kinder. Ein Schlachtfeld voller Leichen sagte den Menschen jener Zeit zu; die Dichter singen immer wieder davon, wie herrlich es ist, wenn die Raben die bleichen, angeschwollenen Leiber zerhacken. Einmal hatten drüben in Irland die Dänen und Norweger um die Herrschaft gestritten, und die Dänen hatten gesiegt. Irische Sendboten, die nach der Schlacht zu ihnen kamen, sahen, wie sie Feuer zum Bereiten des Mahles zwischen den Leichen angezündet und den Bratspieß in den toten Körpern befestigt hatten; durch das Feuer platzten nun diese Leichen, so daß die Eingeweide herausfielen. „Weshalb tut ihr etwas so Häßliches?" sagten die Iren. „Weshalb sollten wir es nicht?" sagten die Dänen; „hätten die andern gesiegt, so hätten sie das Gleiche mit uns getan". — Neben der Grausamkeit machte auch Unmäßigkeit im Essen und Trinken sich geltend, wie auch Mangel an Selbstbeherrschung gegenüber den Frauen. Alles was eine junge menschliche Gemeinschaft an Roheit und Habsucht in sich fassen kann, trat hier ans Licht, ungefähr wie in San Francisco oder Clondyke.

Aber wir sehen allerdings auch das Entgegengesetzte. Wenn wir es auch nur in der Welt der Dichtung antreffen, so muß ein Streben danach in der Wirklichkeit dagewesen sein. Wir sehen die kleinen Gemeinschaften, die Mannschaften des einzelnen Schiffs, sich zusammenschließen, um an ihre Mitglieder sittliche Forderungen zu stellen: nicht nur gewisse Proben des Mutes und der Geduld, sondern auch daß sie sich der starken Getränke enthielten und kein Weib nähmen ohne rechtmäßige Eheschließung, „ohne sie mit der Brautgabe zu kaufen", wie es heißt. Vereinzelt trifft man eine weit stärkere Rücksicht auf die Schwachen an, wie bei den zwei Wächtern auf Olafs des Heiligen Schiff, die die nächtlichen Klagen der gefangenen dänischen Männer und Frauen nicht ertragen konnten und sie alle freiließen; das hätte ihnen fast das Leben gekostet.

Messen wir die Wikingerzeit mit der Moral unserer Tage, so sehen wir doch meist rohen Eigennutz geistige Werte in den Staub treten; aber wir sollten wohl übrigens nicht zu laut von Moral sprechen, wenn wir wissen, was die Wikingerpolitik unserer Zeit in Südafrika und in China getan hat. Um die Wikingerzeit zu verstehen, müssen wir uns erinnern, daß damals Fremde und Knechte nicht in nennenswertem Grade Menschenrechte hatten und daß nur Landsleute voll und ganz als Mitmenschen betrachtet wurden. Und auch in dieser Beziehung gilt in der Wikingerzeit keineswegs lediglich das Faustrecht. Die Achtung vor dem einzelnen ist vorhanden, und sie wächst sich stärker aus, jetzt wo so viele sich von den Verwandten trennen. Die Stellung der Frau macht einen großen Fortschritt, obwohl das eigentliche Wikingerleben in entgegengesetzter Richtung gewirkt haben muß. Die Kolonie Island gewährt ihr eine leichtere Ehescheidung als eines der alten Reiche. In Dänemark, das hier den andern Ländern ein wenig vorangeht, erlangt sie am Schlusse dieses Zeitraums das Erbrecht. Möglicherweise hat dabei Einwirkung von südlicheren Kulturen her mitgespielt. Aber eigentümlich für die Wikingerzeit ist das Auftreten der tüchtigen und gebietenden Frau. Auf Island haben wir Aud, die Königswitwe von den westlichen Inseln, die auf ihrem Ansiedlungsgebiet einer ganzen Nachkommenschaft Baustätten und Arbeit gab; und in Dänemark Thyra Danebod. Die große Menge der Frauen, die auf den Runensteinen des 10. Jahrhunderts genannt werden, zeigt, welche Rolle sie in der Gesellschaft gespielt haben.

Dieses weibliche Gepräge des Zeitalters steht in umgekehrtem Verhältnis zu dem eigentlichen Wikingerleben; weder Handelsreisen noch Plünderungsfahrten verschafften der Frau diesen Platz. Aber hier stehen wir auf der andern Seite des Wesens der Wikingerzeit: sie schaffte einen Abfluß für die kriegerischen Bestandteile, sie war ein großer Aderlaß für die allzu unruhigen Elemente in der gärenden Gesellschaft. Das 9. Jahrhundert ist diese Abflußzeit, und deshalb sehen wir das 10. Jahrhundert eine desto umfassendere friedliche Wirksamkeit entfalten. Dänische Runensteine zeigen uns das Bild einer Gesellschaft, die merkwürdig weit absteht von den Wikingerfahrten; der gute Landwirt und die tüchtige Hausfrau werden geehrt: „Glücklich derjenige, der in der Jugend pflügte und säte“, heißt es hier. Über den ganzen Norden hin treffen wir diese Gestalten, Großbauern, deren Lebensaufgabe zuvörderst ihre Landwirtschaft ist, die sie mit Hausleuten, Knechten und Freigelassenen nach Kräften erweitern. Neben jedem alten

Dorfe entstehen Gehöfte von Neubauern in immer größerer Zahl, die „Torp" oder „Böl" genannt werden, wenn sie draußen auf der Gemeindetrift, hingegen „Röd", wenn sie auf Rodungen im Walde angelegt sind. Öde Landstrecken und hohe Felstäler werden angebaut; und die Volksgrenze des Nordens rückt viele Meilen nordwärts vor, während sie gleichzeitig westwärts vorrückt nach Island und allen den kleinen Inseln.

Dieser Gegensatz zwischen dem aufbauenden und verheerenden Element steht klar vor dem Bewußtsein der Zeit. Die Isländer zeichnen ihn in den zwei ersten Landnehmern. Leif ist der Wiking mit seinen Siegen, seinen irischen Knechten — die er sogar zwingt, den Pflug zu ziehen —, seiner Härte, seiner Gottesleugnung und dem Vertrauen auf die eigne Stärke; Ingolf ist der Bauer und Verehrer der Götter. Leif wird getötet von seinen eigenen Knechten; Ingolf lebt weiter als der Stammvater der Einwohner jener Gegend. Der gleiche Unterschied begegnet uns in dem norwegischen Königsgeschlecht, ein Wechseln von friedlichen und kriegerischen Königen; und dänische Gedichte wie das Ingjaldslied beruhen auf dem gleichen Gegensatz. Die ganze Sagaliteratur Islands ist ein Bild dieser unruhigen Elemente, die sich selbst verzehren, während die besonnenen und ansässigen Männer Streitigkeiten beilegen und Recht sprechen; das Kampfzeitalter der Sagas ging zu Ende, aber Gesetz und Rechtsgang dauerte fort.

Dies ist also der große Aderlaß des Zeitalters. Begehrlich nach Gold und Ruhm zogen die streitbaren Jünglinge hinaus. Manche fielen auf fremdem Strande, durch das Schwert der Christen oder der eignen Landsleute, andere wurden von den Wogen verschlungen oder von den Krankheiten ergriffen, die in den von Leichen gefüllten Spuren der Heere wanderten; einige wurden tatkräftige Herrscher, weil die neuen Aufgaben alle ihre Kräfte wachriefen; — und die Heimat hatte Luft bekommen; man hatte nun Raum zur Arbeit.

Zwischen diesen Gegensätzen des Arbeitsdrangs und der Verheerungslust, des Friedens und der Unruhe, der Zügellosigkeit in Genüssen und äußerster Beherrschung sinnlicher Regungen zum Zweck des Festhaltens an dem sittlichen Ziele bewegt sich das Zeitalter hin und her. Daher ergeben sich so viele Möglichkeiten der Entwicklung und so schnelle Umschläge. Es ist Frühjahr, wo zugleich das Eis kracht und bricht und die Kräuter wachsen; manche Keime erfrieren oder werden niedergetreten, aber der Erdboden ist reich genug, um neue hervorwachsen zu lassen.

Zur Entfaltung der eignen Kräfte tritt die Einwirkung von all dem Neuen her, mit dem man in Berührung kommt. Es ist unmöglich, genau festzustellen, wie vieles entstanden ist durch heimische Entwicklung, wie vieles durch Aufnahme fremder Ideen oder durch eine Umformung der eignen Fähigkeiten unter der zwingenden Macht neuer Verhältnisse. Zwei großen Mächten trat man von Angesicht zu Angesicht gegenüber: der ganzen materiellen und bürgerlichen Kultur, die der Süden als Erbe von dem klassischen Altertum übernommen und die Völkerwanderungsstaaten nunmehr ernstlich auszunützen begonnen hatten; und auf der andern Seite dem Christentum und der Kirche. Die Reichtümer des Südens lockten die Wikinger; Waffen, Schmuck und Kleider eigneten sie sich an, suchten die weinreichen Gegenden auf oder berauschten sich in Hafenstadt oder Lager, wenn eine größere Ladung Wein feilgeboten wurde. Bald lernte man Luxusgegenstände jeder Art sich zu beschaffen, bis zu arabischen Ledersätteln und Seidenwaren des Orients. Aber der Nordländer war gelehrig; er raubte nicht nur, er ahmte auch nach: er lernte Festungen bauen und Sturmdächer errichten, bildete die hochbordigen Kriegsschiffe, die Galeeren des Südens, in seinen Drachenschiffen nach, lernte Städte anlegen und Staaten ordnen. Ein neues Ziel erstand für die Herrschermacht und hielt sich unverändert die Zeiten hindurch; und es trug einen persönlichen Namen: es hieß Karl der Große, Carolus Magnus. Noch zu seinen Lebzeiten beginnt man in den nordischen Königsgeschlechtern im Westen die Söhne Karlus oder Magnus zu nennen; wenn später sich ein Magnus auf einen der nordischen Königsthrone setzt, so bedeutet das den Sieg des Carolus-Magnus-Ideals: als das höchste Ziel fürstlichen Ehrgeizes steht nun ein Königtum da mit äußerer Macht und mit innerem Frieden und Ordnung und sittlichem Streben.

Wie der Wikingerkönig sich nach der Richtung des Carolus-Magnus-Ideals hin entwickelt, werden die Wikingerschiffe zu Handelsschiffen umgeformt. Zu Beginn der Wikingerepoche zieht man aus zu blutiger Plünderungsfahrt; am Schluß der Wikingerepoche sind nordische Handelsstädte an allen Küsten Nordeuropas entstanden von Nowgorod bis Bristol, Limerick und Dublin. Der Atlantische Ozean, die Nordsee und Ostsee, die früher öde dalagen, sind mit in den Welthandel hineingezogen; nordische Kaufmannsfamilien in den Hafenstädten sind späterhin unter den ersten Begründern von Englands zukünftiger Größe zur See. Bewußt oder unbewußt lernen die Nordleute fremdes Handwerk und fremde Kunst; sie nehmen das Münzwesen auf; Wassermühlen beginnen in Dänemark die Handmühlen zu verdrängen; Korndarre und Dreschflegel geben durch ihre Namen Zeugnis von ihrer ausländischen Herkunft.[1] — Ja, wo man es am wenigsten ahnte, da steckte das Neue mit der Kraft, das Alte umzuformen. Beutelustige Wikinger führten Gold und Silber vom Strandraub an fremder Küste heim. Wie hatte es nicht das Begehren des einzelnen gesteigert, solange es noch als der ferne Schatz winkte: „Jeder will Gold haben bis an seinen Todestag", sagt der junge Held im Liede; Europa war für dieses Zeitalter gleichsam eine Gnitaheide, wo der Drache auf den Schätzen von Jahrhunderten brütete. Und wenn dann das Gold gewonnen war, heimgeführt auf dem schwer beladenen Schiffe, war es wie ein Zauber, der alles umwandelte. An die Stelle der Blutrache tritt die Geldbuße: „Schwer ist es, einen zu finden, dem ich trauen kann, denn des Bruders Leiche wird verkauft für das gebrannte Gold." Der von den Vätern ererbte Boden wird für Geld verkauft, damit der heimkehrende Wikingerhäuptling mehr Land erwerben kann.[2] Bevor der Wikinger noch das römische

[1] Lat. furnus > irisch sorn > norw. sodn = Korndarre; lat. fustis > ir. súist > an. sust þust = Dreschflegel.

[2] Ein Beispiel eines solchen Gutsbesitzers ist Harek auf Tjotta, Eywind Skaldaspillirs Sohn; er erwarb Reichtum auf einer Finnlandsfahrt, verdrängte alle Kleinbauern von der Insel, erbaute sich daselbst einen großen Hof und hielt 80 Knechte; später erhob er Anspruch auf den Fischplatz seines Nachbars Grankel, verlor den Prozeß, aber verbrannte den Gegner in seinem Gehöfte; deshalb wurde er verfeindet mit König Olaf dem Heiligen und stellte sich mit andern an die Spitze eines Aufstandes, der zum Ziel hatte, den König aus dem Lande zu treiben.

Recht kennen lernt, bewirkt das Gold die Durchführung des Rechts des einzelnen und eine dementsprechend geänderte Verteilung des Bodens. In der Hand des Häuptlings werden vielleicht hundert Anteile alten Bauernlandes vereinigt, und die heimgebrachten ausländischen Knechte müssen ihm noch mehr Ackerland auf der Gemeindetrift reuten. So gleitet man aus dem Leben des nordischen Altertums hinüber in die Gesellschaftsordnung des Mittelalters. Die Strömung beginnt schon mit den ersten Strandplünderungen und wird stärker, je mehr man mit Bewußtsein beobachtet und sich mit den Fremden vergleicht. Die Annahme des Christentums ist für viele mehr ein Anschluß an das europäische Leben als der Ausdruck einer religiösen Regung.

Irland hat für die Nordleute in der Wikingerzeit eine ganz eigene Bedeutung. Seine Kultur wich stark von der allgemeinen europäisch-römischen Kultur ab; seine Einwirkung auf den Norden, wie auch die des Nordens auf Irland blieb in vieler Beziehung etwas ganz Alleinstehendes.

Allerdings war das Christentum in dieses Land im äußersten Westen Europas eingedrungen; aber in vielen andern Punkten stand Irland abseits vom Entwicklungsgange der Kultur, so daß die besondre keltische Kultur Zeit gehabt hatte, sich in ihrer reichsten und einseitigsten Form zu entfalten. Das Irenvolk bestand aus einer Menge kleiner Stämme oder Klans; einzelne Könige machten die andern zinspflichtig, aber ein dauerndes großes Reich wurde nicht gegründet. Es war ein Volk von Viehzüchtern, ohne Kaufstädte, Handel oder Münzen. Die Werteinheit war die Kuh und demnächst die Sklavin; drei Kühe gingen auf eine Sklavin. Die Gesetze und das gesellige Leben waren befangen in einer Menge von Aberglauben und tausendjährigen Bräuchen; vielerlei war den Angehörigen der verschiedenen Stände „verboten“, am meisten den Königen; und es war die Sache des Priesterstandes, der Druiden, alle diese Verbote und Zaubermittel zu überwachen. Es war das eine eigentümliche Entwicklung, die jedoch weit entfernt war vom Zustande der Erstarrung. Das Christentum hatte früh Wurzel geschlagen und hatte kleine einsiedlerartige Mönchsgesellschaften geschaffen, die die leitende Kraft in der irischen Kirche waren: sie waren Erben des Kampfes, den die alten Druiden mit Beschwörungsworten gegen die bösen Geister führten, und widmeten sich zugleich mit Eifer einem religiösen Leben und der Missionstätigkeit. Eine seltsame mit Abenteuerlust verbundene Neigung zur Askese trieb Einsiedlergemeinschaften, zwölf Mönche und einen Abt — entsprechend dem Erlöser und seinen zwölf Jüngern —, fort nach entlegenen Inseln, einmal sogar nach dem fernen Island, bevor irgendein anderer Menschenfuß es betrat.

Noch merkwürdiger ist jedoch die nationale Dichtung Irlands. Ein ganzer Stand von Dichtern und Erzählern

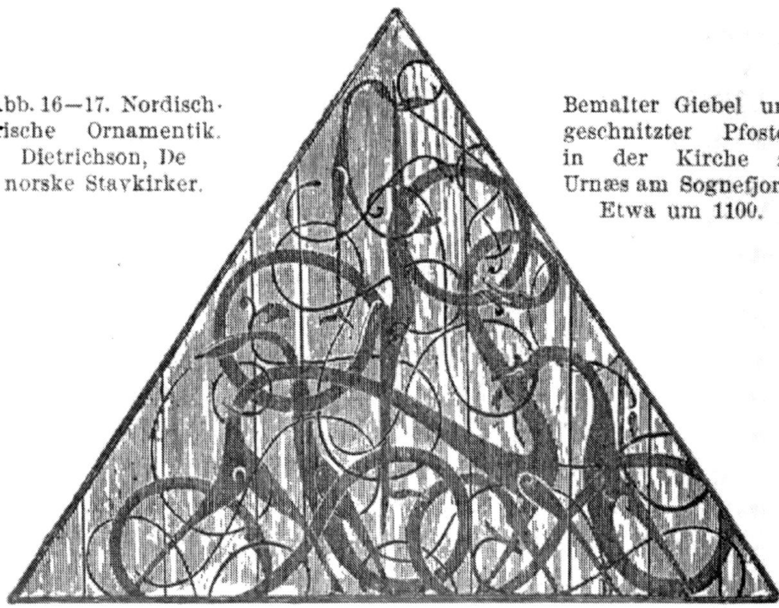

Abb. 16—17. Nordisch-irische Ornamentik. Dietrichson, De norske Stavkirker.

Bemalter Giebel und geschnitzter Pfosten in der Kirche zu Urnæs am Sognefjord. Etwa um 1100.

arbeitete an ihrer Entwicklung, ein Stand, der durch Aufnahme am Königshof und gewisse Vorrechte geehrt wurde. Hunderte von Heldensagen und historischen Berichten oder märchenhafte Fahrten nach unbekannten Gegenden gehörten zum Stoffe des Sängers. Der irische Dichter trug seine Geschichten in Prosa vor, aber wo die Stimmung sich hob, sprangen sie in hinreißende, klang- und farbenreiche Gedichte über. Da findet sich die Fähigkeit, das Kolossale zu packen, und zugleich eine unglaublich feine Beobachtung der sichtbaren Äußerungen, man könnte fast sagen der physiologischen Zustände des Lebens. Ich will ein paar solche Züge nennen, die an Irlands großen Sagenhelden Cuchulinn geknüpft sind. Als er die Botschaft erhält, daß die verbündeten Jünglinge vor dem Feinde gefallen sind, kommt die Kampfwut über ihn: Das eine Auge wird in den Kopf hineingezogen, das andre tritt hervor, der Mund wird seitwärts gezogen bis zum Ohr, und die Sehnen der Stirn werden rückwärts angespannt nach dem Nacken hin; das Herz schlägt wie das Bellen eines Kettenhundes, ein jedes Glied an ihm bebt wie ein Baum im Sturm oder ein Schilf im Strom, und jeder Muskel tritt hervor so groß wie eine geballte Mannesfaust. Oder er soll die mit Menschen gefüllte Königsburg aufheben und an ihren Platz stellen: „Da kam die Raserei über ihn: ein Blutstropfen sammelte sich an der Wurzel eines jeden seiner Haare und sog das Haar in den Kopf hinein, so daß er oben schwärzlich anzuschauen war wie ein Kurzgeschorener; er drehte sich rund herum wie ein Mühlstein und streckte sich darauf in die Länge, daß der Fuß eines erwachsenen Mannes zwischen je zwei seiner Rippen Platz gefunden hätte; da kamen seine Folge- und Schutzgeister zu ihm: er hob das Haus in die Höhe und setzte es an seinen früheren Platz.“ Übergroß ist auch das Bild aus seiner Jugend, als er zum erstenmal beim Kampfe in Berserkerwut gerät: man wirft ihn in ein Faß mit Wasser, aber das kommt ins Kochen, so daß die Stäbe gesprengt werden und das Wasser ausströmt; er wird in das zweite Faß geworfen, auch das kocht auf und wird gesprengt; erst in dem dritten Faß wird das Wasser nur lauwarm — und der Held ist abge-

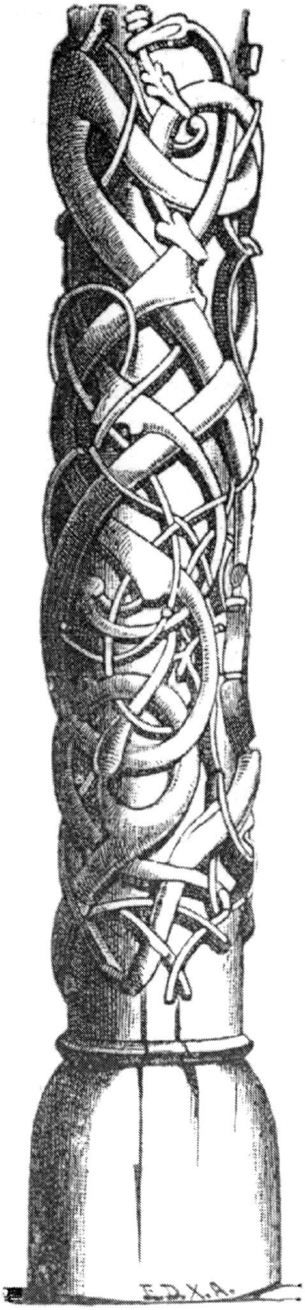

kühlt. Aber zugleich zeigt die Dichtung Irlands eine wunderbare Farbenpracht, die geboren ist aus seinem üppigen Boden und von seiner Sonne vergoldet wird, die vielfarbig durch die Wolken bricht. Da findet man das Entzücken über die Schönheit der Frau, die geschildert wird als „weiß wie Schnee, schwarz wie Kohle und rot wie Blut", mit rosenfarbenen Füßen in silbergeschmückten Schuhen. Da findet man die Freude über die goldrote Backe des Apfels und über das feine Klingen des göttlichen Silberzweigs; da findet man die Sehnsucht nach dem Meere, wo Manannans, des Meerbeherrschers, Rosse drüber hinjagen mit weißschaumigen Mähnen; und weiter das Verlangen nach der Ferne, wo das „Unsterblichkeitsland" in den letzten Strahlen der sinkenden Sonne aufleuchtet. Selbst das Christentum hat zur weiteren Bereicherung dieser dichterischen Welt beigetragen; wir sehen da ein seltsames Doppelspiel zwischen der Macht des neuen Gottes und den alten Helden oder Naturwesen. Der irische Dichter bewahrt all das getreulich auf; seine Geschichtsschreibung wird eine prächtige Darstellung vom Lärm und Toben der Schlacht; seine Göttermythen werden romantische Kämpfe der Vorzeit und Feenmärchen. Aber der Dichter ist zugleich ein Gelehrter; ein paar Meister derart erproben im Wettstreit ihr Wissen, sie fragen nach der Reihenfolge der Geschlechtsregister, nach der Entstehung der Stände durch den Gott Lug oder durch Dagde, den heidnischen Gott der Kunst und des Wissens, der als der erste Großkönig (Rîg-Môr) über Irland aufgefaßt wird, — nach dem Ursprung von Plätzen und Namen oder nach Irlands fernster Zukunft; und hat der jüngere den älteren durch sein Wissen in die Enge getrieben, dann hat er zugleich seinen Platz als Hofdichter oder Oberdichter gewonnen, — ganz wie der König seinen Königssitz verlassen muß, wenn ein anderer ein gerechteres Urteil fällt als er. Oft schenkt der überwundne Meister dem Gegner sogar seinen Namen.

Über dieses eigenartige Volk brach die Wikingerzeit mit ihrem ersten starken Sturmlauf herein. Zuerst kamen Plünderungszüge gegen Klosterinseln und Küsten. 839 erhielten die Norweger einen hochbegabten Führer in Turgeis; er gründete die Stadt Dublin, die in der Folgezeit der Hauptsitz der Nordleute im Westen wurde; er baute Zwingburgen im Innern des Landes; er vertrieb den Abt aus Armagh, wo sich die angesehenste Domkirche Irlands befand, und machte sich selbst zum heidnischen Goden an jenem Heiligtum, während seine Gattin Otta sich in der Domkirche zu Clonmacnois als Priesterin der Asen auf den Altar setzte. Die Ermordung des Turgeis und Streitigkeiten zwischen dänischen und norwegischen Wikingern schaffte den Iren einige Erleichterung; aber die Nordleute waren im Besitz der Küstenstädte, durch Handel und Heirat mischten sich das nordische und das keltische Element miteinander, so daß eine Nachkommenschaft von Mischlingen entstand; aber auch allerlei leichtfertiges Gesindel warf seine christliche Taufe über Bord und suchte sich an dem einträglicheren Gewerbe der Wikinger zu beteiligen. Im Jahre 850 erscheinen diese „fremden Iren“ zum ersten Male als ein gewaltiger Räuberschwarm, der jedoch bald zerstreut wurde. Aber immer wieder entstanden neue Mischungen; so wurde die Bevölkerung der ganzen Insel Man zu „fremden Iren“, die Namen daselbst bezeugen, wie Keltisches und Nordisches innerhalb desselben Haushalts durcheinander geht. Wie groß der Zusatz zu der nordischen Volksgemeinschaft gewesen sein mag, können wir aus den Landnehmern Islands ersehen, unter denen eine nicht geringe Zahl ganz- oder halbkeltische Namen trägt, abgesehen davon, daß irische Knechte eingeführt wurden und nach und nach die Freiheit erwarben.

Ein Gedicht aus dieser Zeit, in dessen Sprache mehrfach irische Worte eingestreut sind und dessen Inhalt keltisches Geistesleben voraussetzt, gibt ein Bild von der Stufe, auf der die Nordleute des Westens standen. Es heißt Rigsthula, d. i. die Versaufzählung von Rig, und handelt von dem Ursprung der Stände. Der Gott Rig, alt und erfahren, kehrt bei Urgroßvater und Urgroßmutter ein, dann bei Großvater und Großmutter, und endlich bei Vater und Mutter. Überall hat sein Besuch zur Folge, daß die Hausfrau einen Sohn gebiert; und so kommen die drei auf die Welt: Thræl (Knecht), Karl (Bauer) und Jarl. Thræl ist schwärzlich, er hat eine runzlige Haut an den Händen, dicke Knöchel und breite Finger, sein Gesicht ist breit und groß, der Rücken gebückt und die Fersen lang; er wächst heran und findet seine Freude an schwerer Arbeit: Reisig heimzuschleppen, Torf zu graben, Felder zu düngen und den Schweinen Futter zu geben. Thir (Magd) kommt auf langen Beinen herbei, mit Narben an den bloßen Fußsohlen und sonnenverbrannten Armen; sie setzen sich zueinander und zeugen Kinder; von ihnen stammt das Geschlecht der Knechte. Aber im Bauernhause, wo „Großvater“ gesessen hatte und Werkzeug gefertigt und „Großmutter“ spann, wurde ein rotwangiger und rothaariger Knabe geboren; sie begossen ihn mit Wasser und nannten ihn Karl. Als er heranwuchs, zähmte er Ochsen, führte den Pflug und zimmerte ein Haus. Auf einem Wagen wird ihm die Braut herbeigeführt, im Kleide aus Ziegenfell, mit Schlüsseln am Gürtel, mit dem Brautschleier geschmückt; von ihnen stammt das Geschlecht der Bauern. Aber in der Halle bei „Vater“ und „Mutter“ wurde ein Knabe geboren mit hellblondem Haar, die Hautfarbe war glänzend, der Blick scharf wie der einer Schlange; sie nannten ihn Jarl. Er lernte den Bogen zu biegen, die Sehne zu drehen, Pferde zu reiten und Hunde abzurichten, im Meere zu schwimmen und das Schwert zu schwingen. Rig kam aus dem Walde, er lehrte ihn Weisheit, gab ihm seinen Namen und erkannte ihn als seinen Sohn an. Erna, die schlangfingrige Tochter des „Hersir“ (des Bauernhäuptlings), wird auf dem Wagen zu ihm geführt und ihm zur Gattin gegeben; von ihnen stammt das Geschlecht der Krieger. Nun geht das Gedicht zu einer neuen Handlung über. Jarls Söhne wachsen heran, sie zähmen Hengste und schleudern Spieße; aber der jüngste, der junge Kon, folgt eigenen Zielen: er lernt Runenweisheit, das Leben der Menschen zu retten, Schwerter abzustumpfen, das Meer zu beruhigen; er verstand die Sprache der Vögel, er lernte, sorgenvollen Sinn zu beschwichtigen. Er maß sich in Runenweisheit mit Rig Jarl und

Abb. 18. Jagd mit Habichten und Hunden. Norwegischer Runenstein des 10. Jahrh. A. Bugge, Vikingerne II.

besiegte ihn; so gewann er sich den Namen Rig. Der junge Kon ritt durch Busch und Wald, er schoß mit Pfeilen nach Vögeln; da sprach eine Krähe, die auf einem Zweige saß, zu ihm: „Weshalb reitest du, junger Kon, Vögel zu schießen? Die Könige Dan und Danp haben herrliche Hallen, besseren Erbsitz, als du ihn hast.“ Da zog Kon aus, er weckte Kampf, färbte Wangen rot, fällte die Wal: er erkämpfte sich ein Reich.

Dieses Gedicht rechnet man im allgemeinen mit zu den Götterliedern der Älteren Edda, doch hat man dabei insofern unrecht, als es nicht zur nordischen, sondern zur keltischen Mythologie gehört. Der Rig, der darin auftritt, ist der uralte Großkönig (Rîg-Môr) der Iren, der Gott Dagde, von dem die drei Stände ihren Ursprung haben und von dem alles menschliche Wissen und alle menschliche Klugheit ausgeht. Die doppelte Vaterschaft — ein irdischer und ein göttlicher Vater — ist, wie andere phantastische Arten der Empfängnis, ein Lieblingsmotiv im irischen Heldengedicht; der Wettkampf im Wissen mit dem dazu gehörenden Namenwechsel ist so recht ein Zug aus dem wirklichen Leben und der Sagenerzählung der Kelten. Andererseits ist der Menschenschlag in der Rigsthula in überraschender Weise rein nordisch. Im Jarl und Karl wird der langschädlige Wikingertypus geschildert, der Kurzschädel in dem sich abarbeitenden Thræl; kein irischer Zusatz ist zu merken. Die Teilung der Stände ist rein nordisch, und das Ideal ist das Kriegerleben; Kon der Junge (an. Konr ungr, d. i. konungr = König) ist ein so ausgeprägter Typus des Wikingerlebens und des Königtums der Wikingerzeit, wie nur denkbar; der Vogel auf dem Zweige in dem stillen Wald, dessen Rede wie ein Aufruf zur Großtat klingt, wie eine Mahnung, „sich ein Reich zu erkämpfen“, ist dieselbe Stimme, die Hunderten junger Helden erklang. Das ist das Wikingerleben; aber es ist nicht das Bild von den rauchenden Hofstätten und prassenden Berserkern, das die Chroniken des Westens malen. Es ist die eigne Anschauung des Nordens von königlichen Eigenschaften und einem königlichen Ziel; und merkwürdig deutlich tritt das Bewußtsein hervor, daß nicht Stärke und Tüchtigkeit im Gebrauch der Waffen den großen Häuptling machen, sondern treffliche seelische Eigenschaften und die Macht des

Geistes über die ganze Natur und die Anwendung davon teils auf kriegerischem Gebiet, teils auf friedlichem, zum Besten des Volkes. Das Gedicht gibt uns die Lebensanschauung der Königsmacht in der voll entwickelten Wikingerzeit, dem 10. Jahrhundert, in einer Zeit, wo die Nordländer und die Bewohner der westlichen Inseln nahe daran waren, miteinander zu verschmelzen; so führt das von Kon dem Jungen begründete Geschlecht seinen Ursprung teils auf Erna (d. i. Erin, Irland) zurück, teils auf Dana, König Dans Tochter. Man meint in der neuesten Zeit, daß die Heimat des Gedichtes die Insel Man ist, deren Königsgeschlecht seine Ahnen teils aus Dänemark, teils aus Irland herleitete und wo eine nordische, meist norwegische Bevölkerung sich stark mit der älteren keltischen vermischt hatte. Doch so sehr das Gedicht auch eine Mischung mit fremden Vorstellungen verrät, die Lebensführung und Lebensanschauung darin beweist die Stärke und Selbständigkeit des nordischen Elements.

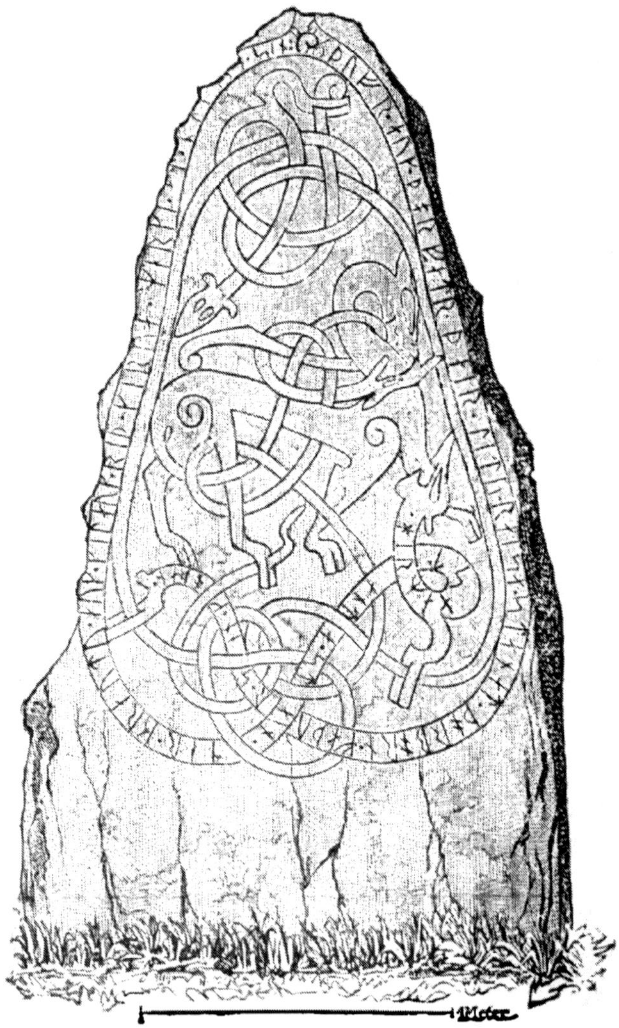

Abb. 19. Runenstein aus Upland. Nordisch-irischer Stil. Sveriges Historia.

Auf andern Gebieten ist der Einfluß der Iren auf die Nordländer noch deutlicher sichtbar. Ein ganz neuer Kunststil mit einer neuen Ornamentik drang ein und setzte sich fest; nämlich der irische. Die barbarischen Tiergestalten, die als ein Erbe der Völkerwanderungszeit übernommen waren und sich allmählich mehr und mehr auflösten und verwirrten, mußten einer Zierkunst weichen, die anmutig und doch kühn mit Linien spielte, in Schwingungen und Schleifen, die miteinander verknüpft waren gleich Panzerringen oder nebeneinander hertanzten wie leichter Wellenschlag. Nachdem diese Kunst von den Nordleuten aufgenommen war, erhielt sie ein ernsteres Gepräge; Tierhäupter und Drachenleiber wurden in größerem Umfang eingeführt, als die Iren sie kannten, und gewährten ein phantastisch-stattliches Aussehen. Überall in Europa steht man — zur Wikingerzeit und lange danach — bei der irischen Ornamentik in Schuld; aber nirgends drang sie derart durch wie im Norden. Man ahmte nicht nur irische Metallarbeiten nach, man lernte auch, in den weichen Sand- oder Kalkstein eine mannigfache und märchenhafte Bilderwelt einzuhauen: Jagd und Krieg, Walhall und Christentum in bunter Mischung. So entsteht durch den Einfluß der irischen Kunst im Norden eine neue Nationalkunst, die die Übergangszeit und die ersten Jahrhunderte unseres Mittelalters umspannt. Norwegische Schnitzarbeiten und eine reiche Zahl schwedischer Runensteine zeugen noch von einem selten feinen Sinn für die natürliche Ausschmückung der Fläche.

Auch auf dem Gebiet der Dichtkunst sproßte Saatkorn aus Irland empor. Allerdings werden wir es nicht so genau nachweisen können wie bei den Altertümern. Im Gegensatz zu dem älteren, knapperen und mehr plastischen Dichterstil bricht ein neuer durch, der ganz Farbe, Bewegung, Brausen ist. Etwas von diesem Stil haben wir in dem Weissagegedicht Woluspa; am stärksten und reinsten tritt er jedoch in dem jüngsten und größten der Gedichte von Helgi Hundingsbani hervor, dessen Herrscherleben und Kriegszüge gleichsam ein Abbild sind vom letzten Menschenalter der Wikingerzeit, der Zeit Knuts des Großen. Hier sind Schiffe mit gehißten Segeln in dahinrasendem Sturm, hier brechen sich die Wellen am Steven, als ob die ganze

Welt zerbrechen sollte. Oder man höre, wie Odins Mädchen auf das Schlachtfeld geritten kommen: „Da leuchtete es auf über den Logafjoll, aber aus dem Leuchten kamen Blitze, er sah hohe, behelmte Mädchen reiten, blutbespritzt waren ihre Brünnen, und von den Speerspitzen strahlte Feuer aus“.

Es ist auch kaum ein Zweifel, daß die größte Wandlung in der nordischen Dichtkunst, die vom gebundenen Stil zu einer kunstmäßig ausgefeilten Prosa, auf den Einfluß der Iren zurückgeht. Wir treffen z. B. Reiseabenteuer mit demselben eigenartigen Reiseziel wie bei den Iren; es geht nach dem „Unsterblichkeitslande“ (in nordischer Übersetzung: Ódáinsakr) und zu den Jungfrauen, die es bewohnen. Von einem höheren Gesichtspunkt aus angeschaut, stellt sich die Sache so dar: es gibt einen Halbkreis des Nordens, der am stärksten von irischer Kultur durchsäuert ist: Norwegen, die westlichen Inseln und Island. Hier herrscht bis ins Mittelalter hinab die Kunstform, die für die Iren so charakteristisch ist: die Heldensaga mit den eingestreuten lyrischen Gedichten; ihr Schwanken zwischen dem Natürlichen und Übernatürlichen, ihre Ausmalung der Einzelheiten und besonders das Verständnis für die leiblichen Äußerungen der Seelenzustände ist der alten irischen und der späteren nordischen Kunst gemeinsam, und der Nordländer ist sicher bei dem Iren in die Schule gegangen. Merkwürdig sind die entgegengesetzten Richtungen in der Entwicklung jener Zeit: die Nordleute gehen in die Wikingerzeit hinein mit epischer Dichtung und treten heraus mit Prosaerzählungen aus dem Heldenleben, in die lyrische Bestandteile in Versform sich mischen; die Iren gingen hinein mit jener von Lyrik durchsetzten Prosa und traten heraus mit einer epischen Dichtung, die am nächsten einer Art von Eddaliedern, den Rückblicksgedichten, verwandt ist. Es scheint, daß die beiden Völker sich in entgegengesetzter Richtung beeinflußt haben; ein jedes hat dem andern das gegeben, was dieses vorher nicht kannte.

Aber auch eine ganz andere Dichtart, die künstliche Skaldendrapa, scheint irischem Einfluß nicht entgangen zu sein. Ihre Reimverschlingungen erinnern, besonders in der ältesten uns bekannten Form, an irische Gedichte; und der erste uns bekannte Skalde, Bragi Boddason, der gleichzeitig mit der ersten großen Ansiedlung in Irland lebte, hatte eine irische Gattin, und mindestens ein irischer Ausdruck kommt in seiner Ragnarsdrapa vor.

Dieses ganze irische Element in der nordischen Kultur ist eine Erscheinung für sich, die nicht zusammenfällt mit der großen christlichen Kulturströmung, welche durch Europa geht. Sie tritt mehr hervor wie eine Bereicherung und Erweiterung der einheimischen nordeuropäischen Bildungsstufe, als wie ein Teil der neuen Strömung um die Einführung des Christentums her. Insofern sie einen Teil des Altererbten wegspülte, konnte sie ja fördernd auf die neue Hauptströmung einwirken; und es kamen ja auch gewisse christliche Impulse von Irland her; aber ebenso sehr trägt diese irische Einwirkung zum Entstehen einer Sonderkultur bei, die sich dem schnellen Aufgehen des Nordens in das christliche Europa hindernd entgegenstellte.

Die Zustände und Regungen der Wikingerzeit haben sich einen Ausdruck geschaffen in der Heldendichtung. Der Sagenkreis von Starkad dem Alten enthält nur einige wenige alte Sagenmotive: den alternden Krieger, der bei Ingjalds Hochzeit seine Landsleute aufreizt, die Fehde zu erneuern; den rauhen Kämpen, dessen abgeschlagenes Haupt ins Gras beißt oder dessen Rumpf noch kämpft, nachdem das Haupt abgeschlagen ist. Um diese Züge hat die Wikingerzeit eine Dichtung erstehen lassen, die ganz ihr Eigentum ist.

Die Handlung des Ingjaldsliedes spielt in dem Königsgehöft Lejre. Die Hofbediensteten König Ingjalds eilen hinein und hinaus mit den leckern Gerichten; sie beachten nicht den alten Mann, der zu unterst in der Halle steht; da erhebt er seine Stimme und erinnert daran, wie er einst König Frodi gedient und zu oberst in der Halle des Dänenkönigs gesessen hat; nun ist er gekommen, um zu sehen, was jetzt Brauch sei im Königsgehöft der Skjoldunge: denkt Ingjald daran, seines Vaters Tod zu rächen? oder nur daran, seinen Leib zu mästen? Er erinnert sich, wie er von Frodi mit bangen Ahnungen schied; wäre er nur bei ihm gewesen, dann würde der trügerische Sachsenhäuptling erschlagen sein — oder er selbst wäre an des Herren Seite gefallen! Die Königin, die sächsische Gattin

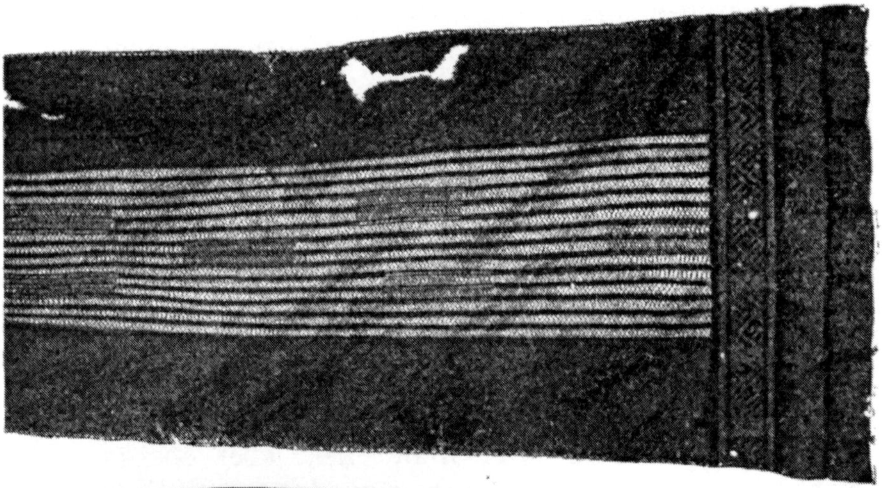

Abb. 20—22. Hauptband und Armband aus golddurchwirkter Seide; Axt mit eingelegten Silberornamenten. Dänische Häuptlingstracht aus dem Grabe bei Mammen im Amte Viborg, um 950. Aarb. f. nord. Oldk. 1869.

Ingjalds, sucht ihn zu beruhigen durch ein goldgewirktes Hauptband; aber er schleudert es von sich mit Spott über die fremden Sitten in Kleidung und Speise, verhöhnt Ingjald, der mit den Fingern in den Eingeweiden der Vögel wühle, und preist die alte Zeit, wo er in der Wikingerschar Hakis rohen Schinken aß und sich süßer, berauschender Getränke enthielt. Er scheint nahe daran, sich in eine greisenhafte Lobrede der Vergangenheit zu verlieren, aber plötzlich ist er wieder bei dem Ziele, das er verfolgt: keiner nahm da eine Buße an für des Vaters Tod, nicht würde da ein Sohn zu Tische gesessen haben mit seines Vaters Mörder. Er ermahnt Ingjald mit den stärksten Worten: wenn andre singen von den Großtaten der Könige, wird Starkad voll Scham sein Angesicht im Mantel verbergen, denn von Frodis Sohn gibt es nichts zu singen; ihm wird der Ruhm anderer Gewissensbisse erwecken, er wird nimmer sich den Edlen gesellen, sondern sich verbergen in den Armen des fremden Weibes und daliegen als eine Beute für die Begierde der Sachsen nach seinem Reiche. Oder — er muß Rache nehmen für seinen Vater! Da springt Ingjald auf, schlägt die Sachsen nieder, die an seinem Tische sitzen, die sieben Brüder seiner Gattin, und trennt sich — auf den Rat des Starkad — von ihr, damit nicht das Geschlecht der Verräter in Dänemark gedeihe. Und während noch die Knechte die Leichen der Getöteten aus der Halle schleppen, richtet der alte Kämpe Abschiedsworte an die Generation, in deren Tun er dies eine Mal eingegriffen hat: er erinnert an das Kriegerleben zur See, das die harte Schule seiner Jugend war, wirft einen verächtlichen Blick auf die Menschen, die nunmehr vorwärtszukommen suchen durch schlau angelegte Prozesse und Geldgeschäfte, die ihr Haar kräuseln und den Gaumen kitzeln wollen: alle werden sie einmal bangen um ihr Leben, aber er, der sich seinen Weg durch die Welt erkämpft hat, kann dem Tode frei ins Auge sehen.

Abb. 23. Hakon Jarl mit seidenem Hauptband als Zeichen seiner Würde. Mynt- og Medaillesaml. in Kbh.

Dieses Gedicht ist die erste bewußte Verherrlichung des Wikingerlebens. Seine Entstehung gehört einer Zeit an, wo die große Bewegung nachgelassen hat; die Gesellschaft beruhigt sich in friedlichen Interessen, und das Ganze ist nur noch eine große Erinnerung aus der Jugendzeit. Wir sind in der Mitte des 10. Jahrhunderts. Die Gärung des Alten und Neuen hat ihren Höhepunkt erreicht; neue Lebensgewohnheiten und neue Moden sind das Kennzeichen für das Einrücken des Fremden; das goldene Hauptband, das Starkad verschmäht und der Königin zurückwirft, ist am Ausgang des Jahrhunderts sogar in der Festtracht des isländischen Großbauern ein gewöhnliches Stück. Gegen diese neuen Sitten, gegen die Prahlerei, den Flitter und die Weichlichkeit des Südens beginnt der Dichter den Kampf, ruft er die altererbte Seelenstärke auf. Eine Gegenströmung gegen das Neue, ein Heldengeist, der auf harten Schiffsplanken herangewachsen ist, taucht mit der großen Wikingerbewegung am Schlusse des Jahrhunderts auf, und gerade diese Geistesrichtung ist es, die der Dichter heraufbeschwören wollte.

Von dem Neuen bedrängt, hat die Seele des Heldensangs noch einmal alle Kräfte gesammelt, und es entsteht eine Verkündigung der Willensmacht und der Großtat als der Ziele des Menschen, die so lebendig und bewußt ist wie nie zuvor. Zum erstenmal wird man sich klar darüber, daß das Zusammenleben der Wikinger eine Großtat ist. Die Enthaltsamkeit, ja sogar die Nüchternheit gegenüber starken Getränken wird gepriesen als Macht des Geistes über niedere Begier. Die alten Ideale des Volkes haben einen Bund geschlossen mit den besonderen Lebensformen der Wikingerzeit; aber zugleich erhebt sich das Ingjaldslied über das bloße Zeitgepräge durch eine bestimmte Idee: der Held der alten Zeit, der vertraut ist mit den Großtaten der Väter, erinnert die junge Generation an das kostbare Erbe, das sie besitzt und das sie bewahren und erhalten soll; — wir haben da einen Typus und einen Gedanken, die später bei Saxo, bei Öhlenschläger und bei Grundtvig wiederkehren.

Auf die alte Zeit selbst war der Eindruck der Starkad-Gestalt noch stärker. Was ein Dichter in einem bewegten Augenblick erfaßt hat, singen nunmehr alle nach. Einer schafft einen Frauencharakter derselben Art wie Ingjald, leichtsinnig und genußsüchtig, aber mit einem Keim von der Stärke der Väter in sich. Es ist die Königstochter Helga, die mit einem elenden Goldschmied buhlt, der sie durch sein Werben und seinen Flitterkram angelockt hat; und Starkad — der jetzt als der Erzieher der Königskinder aufgefaßt wird — züchtigt des Goldschmieds Hintern mit seinem Schwert und züchtigt die Königstochter durch einen Backenstreich und harte Worte, bis der Familienstolz sich in ihr regt. In einer anderen Dichtung, die in Prosa ausgestaltet ist, sehen wir einen Starkad, dessen ganzes Tun darauf gerichtet ist, den Menschen zu zeigen, wie der kühne Kämpe handeln soll; er tritt im Zweikampf einer ganzen Schar Berserker gegenüber, sitzt halbnackt im Schneewetter, er will, als er verwundet ist, nicht Hilfe annehmen, bevor er einen ehrenhaften Bauernsohn findet, der sie ihm leisten kann, usw. Mit dieser Erzählung ist die eigentliche Starkaddichtung, der Kern in dem ganzen Sagenkreise von Starkad, abgeschlossen; der Typus des alten Kämpen ist vollständig entfaltet: er wandert umher als ein Prophet der Abhärtung und des Mutes und weist beständig auf sich selbst hin als auf das lebende Beispiel.

Dieses Starkad-Ideal breitete sich, von den Flügeln der Wikingerschiffe getragen, mit erstaunlicher Eile über den ganzen Norden aus. Zum erstenmal war eine Heldengestalt unmittelbar aus dem Leben der Gegenwart heraus geboren. Jeder Teil des Nordens dichtete das Seine hinzu. Schwedische Wikinger ließen ihn durch kühne Kämpfe im Osten den Weg abstecken, den in der Wirklichkeit sich die Zeitgenossen des Dichters bahnten. Zugleich taucht ein tragisches Moment auf, ohne daß wir recht wissen wie, aber am ehesten wohl auf schwedischem Boden; die Goldgier der Zeit überwältigt ihn, und er tötet heimtückisch den eigenen Herrn. Es ist nicht mehr — wie im Dänischen — allein die Macht des Geistes über das runzlige Äußere, sondern — in norwegischen Liedern — die Mischung des Großen und Niedrigen, des Guten und Schlechten, was der Starkadgestalt den Charakter verleiht. Und dann bricht der Gedanke durch, daß er halb aus Heldengeschlecht, halb von Riesen herstammt: Starkad sitzt in der Königshalle, stumm nach der Unglückstat, die noch immer an ihm nagt, die Gefolgsmannen lachen über den Fremden, verspotten ihn wegen seiner runzligen Haut und des Wolfshaars und weil er ein Dichter ist, der nicht vortragen kann; aber er erhebt nicht seine Stimme zur Antwort, er weiß, daß der Spott berechtigt ist, fühlt die Kennzeichen der Riesenabkunft an seinem Leibe und die Verwünschung, die auf seinem Leben ruht.

Es ist merkwürdig, daß die Starkadgestalt sich am Ausgang der Wikingerzeit hat derart spalten können. Eine dänische Dichtung, die mit dem alten Geist der Heldensage im Bunde steht, aber heller ist in ihrer Lebensanschauung, macht ihn zum Ausdruck für das Erhabene im Menschen. Und eine norwegisch-isländische Dichtung, die die dämonischen Tiefen im Menschenleben zu ergründen trachtet, mischt Gutes und Böses in demselben Charakter; denn gerade der dramatische Gegensatz beherrscht diese Dichtung. Wir fühlen, daß das Volksleben im Norden im Begriff ist, sich in verschiedene Richtungen zu spalten, von denen aus es sich erst spät oder richtiger niemals wieder zu einem Ganzen zusammenschließt. Und doch gibt es starke gemeinsame Züge: diese Kämpengestalt folgt den hohen Lebenszielen der Heldenzeit, und steht doch ein wenig abseits von dem eigentlichen Heldenleben; sie beruht nicht eigentlich auf dem stark persönlichen Verhältnis der Ergebenheit oder Rache, wie es in der alten Zeit hervortritt, sondern sie wird getragen von der Willensanspannung als allgemeiner Idee und wandert zu Großtaten über einen weltumfassenden Schauplatz. So erscheint sie als das rechte Abbild der Wikingerzeit.

Sechstes Kapitel.

Heidentum und Christentum.

Die nahe Berührung mit dem westlichen Europa zog zweierlei nach sich: einmal die Verbindung mit der Kultur, die hauptsächlich in dem Altertum der Mittelmeerländer wurzelte, und zweitens das Christentum. Man hatte bereits jahrhundertelang unter dem Einfluß der Kultur des Altertums gestanden, wenn auch nie so stark wie jetzt; und gleich nach dem Beginn der Wikingerzeit machte ihr Einfluß sich auf vielen öffentlichen oder versteckten Wegen geltend. Das Christentum als eine große, gesammelte Macht war neu, der Anschluß an dasselbe mußte als ein schroffer Bruch mit dem Ererbten empfunden werden; und seine Aneignung wurde daher spät durchgeführt, ob man es nun

Über dem Text: Abb. 24. Kirche zu Urnæs am Sognefjord, um 1100. Dietrichson, Stavkirker.

entgegennahm als eine Zugabe zu der sonstigen neuen Kultur oder infolge einer geistigen Beeinflussung von fremder Seite her, einer Missionswirksamkeit.

So verschieden das Christentum auch von allen ererbten religiösen Vorstellungen war, so dürfen wir doch nicht glauben, daß es in jener Zeit immer mit der Forderung des „Entweder — oder" auftrat. Nur in einzelnen stark bewegten Szenen standen die Heiden in einer Schar, die Christen in der andern; so auf dem isländischen Althing des Jahres 1000, wo das ganze Volk nahe daran war, im Bürgerkriege einander zu bekämpfen. Soweit es sich um die Ausgestaltung der christlichen Ideen und um das innere Leben handelt, bemerken wir eine unendlich große Zahl von Schattierungen. Kein Heide des 10. Jahrhunderts, jedenfalls kein begabterer oder empfänglicherer Geist ist ganz unbeeinflußt geblieben durch christliche Gedanken; lange bevor das starke Licht des Christentums am Himmel steht, sieht man es am Horizont schwach aufdämmern. Wir sehen, wie christliche Begräbnisbräuche — die Beerdigung in Särgen und brennende Kerzen — sich ausbreiten. Die Sitte, das Kind bei der Namengebung mit Wasser zu begießen, scheint den Christen entlehnt zu sein. An Stelle von Worten wie Walhall und Hel wurden Ausdrücke gebildet wie „in diesem Lichte und in dem andern", d. i. auf Erden und im zukünftigen Leben — Ausdrücke, die zwar mehr neutraler Art waren, aber doch von christlichen Völkern herstammten. Der Gedanke einer göttlichen Handhabung der Gerechtigkeit, insonderheit einer Wiedervergeltung im Jenseits, breitet sich mehr und mehr aus. In der Mitte des 10. Jahrhunderts lebt eine so merkwürdige Gestalt wie der Isländer Gisli Sursson, eine Art Prophetennatur, ausgezeichnet durch Rechtlichkeit und Lebensernst; in seinen unruhigen Nächten — er ist geächtet und verfolgt — schaute er in Traumgesichten die große Familienhalle, wo die gestorbenen Verwandten ihn erwarteten, und die Walkyrje, die ihn dorthin geleiten sollte; gesandt vom „Herrn der Geschlechter" — worin wir eine unbestimmte Mischung von Odin und dem Christengott zu sehen haben — offenbart sie ihm die Bedingungen, die er erfüllen müsse, um im Jenseits wohl aufgenommen zu werden: „Halte dich fern von Zauberei und bösen Künsten, tu das Gute, das die Skalden lehren; beginne nicht mit tödlichem Angriff, erhitze nicht den Friedlichen, hilf dem Blinden, höhne nicht den Lahmen, noch greife den Armlosen an!"

Ringsumher in den westlichen Kolonien und auf Island trifft man, fast wie eine Übergangsreligion, den Glauben an weibliche Wesen — bisweilen sind es helle und dunkle in zwei feindlichen Haufen —, die das Schicksal der Menschen leiten; bald gleichen sie mehr den heidnischen Walkyrjen oder Fylgjen, bald tragen sie eine mehr christliche Färbung wie in dem Beschwörungsvers, der „Thrands Kredo" oder „das kleine Kredo" genannt wird und sich im Volke bis in unsre Tage erhalten hat: von den fünf Engeln Gottes, die einem jeden Menschen folgen und ihn schützen. Dem religiösen Inhalt nach sind diese Vorstellungen recht unbestimmt; ihre Bedeutung liegt darin, daß sie — wie Gisli Surssons Gesichte — den Streit zwischen dem Guten und Bösen mit hineinziehen und daß man in diesen Schutzgeistern einen Ausdruck für einen liebevollen und allmächtigen Willen sehen kann.

Aber es gab im Norden andere Naturen, die sich nicht — wie Gisli Sursson — mit dem Verhältnis der Götter zum Ethischen begnügten. Sie fühlten sich gefesselt von der dichterischen Darstellung der alten Mythenwelt, konnten sich auch in religiöser Beziehung nicht von den Asen und ihrem Lebenskampf losmachen; aber sie fühlten den Drang, das Dasein in seinem ganzen Zusammenhang zu erfassen und das Altbekannte zu versöhnen mit dem, was sie nunmehr von einer göttlichen Herrlichkeit höherer Art hörten, die sich auf Erden offenbaren sollte. Unter ihnen war der größte Dichtergeist des Nordens in der Wikingerzeit. Wie er hieß, wissen wir nicht, und über seine Heimat können wir nicht mehr sagen, als daß sie an dem Meere lag, das den Nordländer an die fremden Küsten trug und neue Gedanken zu seiner Wohnstätte heimwärts wiegte. Aber er war ein Mann, in dem all dies Eindrücke zurückließ: der das Niederdrückende dieses Kampflebens fassen und eine Vollkommenheit ahnen konnte, ein Sänger, der der hinreißenden Hoheit in den christlichen Gesängen des Westens von Gottes Großtaten, vom Untergang und der Wiederaufrichtung der Welt aufmerksam gelauscht hatte. Es war der Dichter der W o l u s p a.

Kein heidnischer Dichter vor ihm hatte versucht, einen so gewaltigen Stoff wie die ganze Weltentwicklung darzustellen. Die Volksmythen bilden ja nie einen geschlossenen Kreis, der zusammen den Weltlauf ausdrückte; sie sind ein üppiger wilder Wald, in dem Mythen emporschießen und Mythen verschwinden; ein jeder von ihnen drückt für sich den nordischen Grundgedanken vom Kampfe der verheerenden und erhaltenden Kräfte aus; und wenn man einmal ein Gesamtbild herstellt, so tut man das nicht in historischer Reihenfolge, sondern aus unmittelbarer Anschauung: die Weltesche, die von der Schlange benagt und von den Nornen mit Wasser begossen wird. Selbst die grübelnden Dichtergeister der Wikingerzeit kamen nicht weiter, als daß sie von dem einen Stoff auf den andern Licht fallen ließen. Der Dichter der Woluspa bildet eine Ausnahme; er hat wirklich auf dem Standpunkt gestanden, von dem er die Welt der Asen überschauen konnte.

Es ist überflüssig, hier die Handlung des Gedichts nachzuerzählen. Es enthält die Darstellung vom Zusammenhange der Mythen, die in fast allen späteren Behandlungen wiederkehrt, und zwar im einzelnen die Erschaffung der Erde durch die Götter und die erste glückliche Zeit, einen Sündenfall, danach eine Kampf- und Unglückszeit, das allmähliche Hereinbrechen von Ragnarok, und dann die Wiedergeburt zu einem Leben frei von aller Not, eine neue Erde und ein goldgedecktes Gimle.

Wie dieses Gedicht entstanden ist, ob es aus christlichen Einwirkungen oder aus heidnischen Voraussetzungen hervorgegangen ist, darüber ist in den letzten 25 Jahren ein recht erbitterter Streit zwischen den Gelehrten geführt worden. Beide Parteien haben zum Teil unrecht gehabt. Der Beweis für den rein heidnischen Ursprung seines Stoffs und seiner Anschauung vom Dasein ist unbedingt mißlungen; und andrerseits sind diejenigen, die für jeden einzelnen Zug ein christliches Vorbild suchten, zu weit gegangen. Dem Stoffe nach enthält es weit mehr heidnische Mythologie als Vorstellungen, die im Christentum zu Hause sind; aber die Farbe, die über die Darstellung des Daseins und über die einzelnen Mythenzüge ausgebreitet ist, verrät eine Lebensanschauung, die zwar nicht christlich ist, aber mehr christliche Gedanken in sich aufgenommen hat, als der Dichter vermutlich selber weiß. Der tiefe Gegensatz zwischen einem Leiden, das das Leben, welches man durchlebt und um sich schaut, erfüllt, und einer Herrlichkeit, die auf Erden gewesen ist und in einem ungeheuren Untergang und darauf folgender Läuterung wiedergewonnen werden kann, ist die Lebensbeleuchtung, die den Dichter von der alten heidnischen Grundanschauung trennt.

„In der Urzeit gab es nichts, nicht Erde noch Himmel, nicht Sand, noch See, noch kühle Wogen, Ginnunga-Gap war, aber Gras nirgends — bis Burs Söhne die Lande erhoben, sie, die den herrlichen Midgard schufen; die Sonne schien von Süden her auf die Steine des Strandes, da wurde die Erde bewachsen mit grünen Kräutern." Die Götter, die hochheiligen Mächte, versammeln sich auf den Richterstühlen und erwägen die Einrichtung der ganzen Erde: sie geben den unsteten Himmelslichtern, der Sonne und dem Mond, ihre festen Bahnen, erschaffen die Zwerge der Erde; und endlich finden die drei Asen — die mächtigen und liebreichen — am Strande Midgards zwei Bäume, denen sie Atem, Bewegung und das warme Blut verleihen: so werden die Menschen geschaffen. Das war eine reichere und schönere Ausführung eines Gedankens, den die heidnischen Zuhörer des Gedichts bereits kannten: daß nämlich eine Götterschar, „die Mächte", am Beginn der Zeiten jedes Ding geformt und seine Anwendung bestimmt hätten. Aber zugleich kannte der Heide vieles andre, was der Woluspadichter hier übergeht: barocke Vorstellungen von einer Welt, die aus sich selbst herausgewachsen ist nach Riesenweise; von einem ungeheuren Riesenleib, der das Ackerland und die Felsen der Erde bildet, von einer Hirnschale, die als Himmel darüber gewölbt ist, und von allen den „hartgesinnten Wolken", die aus dem Hirn des Urriesen entstanden. Dies und vieles Ähnliche hat der Woluspadichter über Bord geworfen; die Herrschaft der Gottesmacht über die tote Masse wird mit einer Bestimmtheit verkündet wie sonst nirgends. Aber nicht nur vom religiösen, sondern auch vom ästhetischen Standpunkt ist das etwas Neues. Über diesen jungen Göttersöhnen, die die Länder an ihren Platz stellen, liegt eine Schönheit, die weit verschieden ist von dem Unholdmäßigen, was dem größten Teil der nordischen Mythenwelt eigentümlich ist. Und auch die Natur ist eine andre. Für den gewöhnlichen Mythus gibt es das gar nicht, was wir Natur nennen; sie wird in Personifikationen übersetzt. Hier ist plötzlich die sinnliche Natur zur Stelle: Sonne und Meer, Strand und Kräuter; der Erdkörper als solcher erlebt das ganze Weltdrama mit; das Meer braust, und die Erde bebt, die zerschellenden Felsstücke erdröhnen; am Schluß sehen wir das Feuer, nicht als ein mythisches Wesen oder in einer mythischen Verwendung, sondern wie es sich um die sichtbare Erde schlingt und, dicht in Rauch eingehüllt, sich gegen den Himmel emporwälzt. Wir sehen die Sonne schwarz werden und die Sterne herabfallen — ein naturtreueres Bild als der verbreitete Volksglaube von den verfolgenden Sonnenwölfen. Die ganze Naturauffassung hat sich von der groben Allbeseelung der Vielgötterei dem Standpunkt der christlichen Welt zugewandt, die die Natur ansieht, wie sie sich zeigt, und die wirkenden Kräfte als eine hinter ihr liegende, schaffende und leitende Macht auffaßt. Überall im Mittelalter sehen wir, wie Naturpoesie in den Spuren des Christentums aufwächst, sich aus seinen Schöpfungsliedern und seiner Paradiesessehnsucht entfaltet.

Die Götter beginnen mit dem seligen Dasein auf dem Idafelde, das abgebrochen wird durch Gullveigs Tötung; nordisch ist darin das Auftreten der Asen, die Schmieden anlegen und Brett spielen, sowie auch das dreimal wiederholte Umbringen des Goldmädchens, aber christlich ist der Name Idafeld, d. i. Garten Eden, und die Beleuchtung des Lebens. Dann folgt das Seltsame, daß die Götter auf eine Stufe herabsinken, wo sie nur die höchsten Wesen der Schöpfung sind; sie erleben denselben Niedergang der Macht und Reinheit wie die Menschen, während dunkle Schicksalsmächte, die Nornen an der Weltesche, die eigentliche Führung übernehmen. Die Asen sind tatsächlich gesunken; sie sind Helden, tatenreich und strahlend, aber nicht diejenigen, die die Zügel der höchsten Macht in Händen halten. Und wenn der Dichter bald danach ausmalt, wie die ganze Welt mehr und mehr abwärts sinkt dem Weltuntergange zu — durch Balders Tod, Lokis Fesselung, die sich vermehrende Brut der Unholde ostwärts im Eisenwalde —, dann ist der Ragnarokgedanke ganz anders als sonst ins Leben hineingerückt. Während andre Dichter die Göttermacht ins Auge fassen und Ragnarok als Hintergrund dafür, sieht der Woluspadichter den Untergang als etwas fast mit den Händen zu Greifendes und erblickt darüber hinaus eine zukünftige Herrlichkeit. Dadurch sind die Asen unter die Gottheitslinie heruntergedrückt, sie sind Heroen geworden. Und die Einzelheiten sind in ein genaues Verhältnis gesetzt zu dieser Gesamtanschauung: Thor kommt nur ein einziges Mal vor — wie im Vorbeigehen —, bevor wir ihn in Ragnarok fallen sehen. Balder tritt in den Vordergrund; sein Tod ohne Gegenwehr und sein Verlust leitet das Zeitalter der Gegenwart ein. Hinter diesem „blutigen Gotte", der getroffen ist vom „Schmerzenspfeil", glauben wir den leidenden Erlöser zu bemerken.

Ragnarok, seine Vorbereitung und Durchführung, wird der Mittelpunkt des Gedichts. Hier schaltet der mächtige Dichtergeist frei mit ausziehenden Riesenscharen, der Unruhe der Asen und der Welt, der Größe und dem Leiden des Streites, bis endlich die verödete Erde vom Feuer verschluckt wird und ins Meer sinkt. Die Bilder sind so gewaltig, so mächtig strömen sie dahin, daß der Zuhörer kaum wird bemerken können, daß unter die heidnischen Mythen christliche Züge eingemischt sind: die sittliche Verderbnis, die Posaune des Gerichts, das Herabfallen der Sonne und der Gestirne, das Verbrennen der Erde. So auch bei der Wiedergeburt: diese Erde, die sich aus dem Meere erhebt und sich neu mit Grün bedeckt, Adler und Lachs, Spielplatz und unbesäte Äcker, Balders Wiederkehr und die Herrschaft der jungen Götter, das sieht alles so heimatlich aus; selbst Gimles goldenes Dach entspricht der Walhall; und das Kommen „des Mächtigen" scheint natürlich als Offenbarung des über den Göttern stehenden Schicksals, das schon lange geherrscht hat. Erst eine nähere Untersuchung zeigt, daß dieser Abschnitt wie die andern von heimischen Vorstellungen ausgeht, um sich in der Richtung des Christentums oder jedenfalls der Verehrung eines Gottes zu entwickeln. Der eigentlich heidnische Unsterblichkeitsglaube, die Wiedergeburt in der jungen, der folgenden Generation, ist stark verblaßt, während Seligkeit und Gerechtigkeit die tragenden Gedanken sind und Gimle seinen Glanz von dem neuen Jerusalem empfangen hat. Am meisten gilt es jedoch von dem Kommen des Mächtigen zur Aufrichtung des Reiches, daß es das Heidentum sprengt und die Lehre von dem einen Gotte aufstellt.

Der Dichter der Woluspa war ein grübelnder und suchender Geist, der seine Entwicklung der gärenden Wikingerzeit verdankt. Er hat versucht, das Problem zu lösen, wie die ererbte Mythenwelt mit den neuen Gedanken sich vereinen ließe. Er schuf ein Werk voll Schönheit, Begeisterung, Tiefsinn. Es ist nicht ein Versuch, die Asenlehre zu verteidigen, und auch nicht ein Versuch, christliche Wahrheiten in heidnische Tracht zu kleiden. Es ist die selbständige Arbeit einer ernsten Natur, die den innersten Zusammenhang des Daseins erfassen wollte.

Bei der Nachwelt genoß dies Gedicht ein Ansehen wie kein anderes. In der Älteren Edda wurde es an den ersten Platz gestellt; für spätere Mythologen gab es das Grundschema und den Gesichtspunkt her. Es scheint, als ob wir es auch in den Bildsteinen der Wikingerzeit spüren können; auf dem Gebiet der Dichtkunst suchten selbst christliche Skalden es in ihren Werken widerklingen zu lassen. Vom Standpunkt der Religion angesehen, hat es den Gesichtskreis der Heiden dem christlichen angenähert. Aber zugleich hat es eine andere Wirkung gehabt. Der Woluspa-Dichter zieht die Mythen von den Asen in den Gesichtskreis der Gimleherrlichkeit und des mächtigen Gottes; das hatte zur Folge, daß sie nun weiterleben durften, ohne daß eine priesterliche Verfolgung sie ausrottete. Auf Bildsteinen der Nordleute auf den westlichen Inseln erscheint der Ragnarokkampf, Balder und Loki im Schutze des christlichen Kreuzes; auf Island hielt man die alten Mythen allezeit in Ehren. Kraft dieses Gedichts — dürfen wir wohl sagen — leben Odin und Thor noch heute, nicht als Götter, die man verehrt, sondern als die Heroen des Volkes, als die großen typischen Gestalten, die sein Wesen ausdrücken.

Aber man blieb nicht stehen bei einem heidnischen Gedicht mit christlichen Streiflichtern. Dieses Gedicht blieb nur das herrlichste Bild des nordischen Altertums, wie es sich darstellte bei einem Rückblick von der Schwelle der neuen Zeit. Die Zeit ging weiter, und der Übergang zum Christentum vollzog sich. Er wurde nicht schnell vollendet; er dehnt sich aus über die ganze Wikingerzeit. 826 beginnt eine Mission, die sich namentlich an die Mittelpunkte des Handels knüpft; das 10. Jahrhundert wurde die große Kampf- und Übergangszeit; das 11. Jahrhundert geht dahin, ehe die mehr abgelegene östliche Seite des Nordens nachgekommen ist: Bornholm, Bleking, Gotland, Jomsburg, der große Volksstamm der Schweden und die inneren Berggegenden. Diese Langsamkeit bei der Bekehrung verrät eine ernstliche Überlegung, bevor man den entscheidenden Schritt zum Neuen tat.

Die Bekehrung des Nordens vollzieht sich freiwillig. Das ist nun zwar nicht so zu verstehen, daß nicht gegen diesen und jenen Zwang angewendet wird; das würde nicht zu den Verhältnissen jener Zeiten passen. Aber es wird kein nordischer Volksstamm einzig und allein in den neuen Glauben hinübergezwungen; führende Männer des Volks in ansehnlicher Zahl traten als seine Fürsprecher auf, die die Zögernden mit sich zogen; hinter den vielen Thingbeschlüssen, die die Annahme des Christentums festsetzten, stand kaum immer eine Majorität, wohl aber eine sehr gewichtige Minorität. Und wenn einmal die Wahl getroffen ist, so wird sie niemals rückgängig gemacht; einen heidnischen Rückschlag von wirklicher Stärke kennt man nicht.

Es muß einen Beweggrund gegeben haben, der die Nordleute zum Christentum herüberzog. Nicht nur die vielen, die als Kaufleute oder als Ansiedler auf den westlichen Inseln in nahe Berührung mit christlichen Gemeinden kamen, traten über. Überall im Norden sehen wir Männer aus den mächtigsten Geschlechtern als die ersten und tüchtigsten Fürsprecher des Christentums. In Dänemark wird in der Hauptzeit der Bekehrung der Missionsbischof Odinkar, der Sohn des Jarls Toki, als derjenige genannt, der „mehr als irgendein anderer bekehrte, obwohl er keine Wunder tat". In Norwegen tritt kurz nach ihm König Olaf Tryggwason als der jugendlich kühne Fürsprecher des Christentums auf; von Gotland und von Island kennen wir die Namen der Großbauern, die seine Vorkämpfer waren. In England sitzen Nordleute auf den Bischofsstühlen ein Menschenalter nach der ersten großen Wikingertaufe; auf Island führt Bischof Isleif das Volk aus den Fehden der Sagazeit zu friedlichem und fruchtbringendem Zusammenleben. Es muß etwas im Christentum gelegen haben, was auf alle diese Männer, die zu den Besten der Zeit gehörten, einen starken Eindruck machte.

Der Heide konnte es verstehen, wenn der Verkünder des Christentums von dem großen Streit zwischen freund-

Abb. 25. Christus als der Überwinder des Teufels. Evangelienbuch der Kirche zu Dalby in Schonen, 12. Jahrh. Palæogr. Atlas.

lichen und verheerenden Mächten erzählte, doch nicht so — wie früher berichtet wurde —, daß dieser Streit auf Ragnarok hinauslief, sondern in der Weise, daß der große Kampf schon bestanden ist und Christus die Eisenpforte der Hölle gesprengt hat. Wir finden das von einem heidnischen Skalden ausgedrückt, der in Bildern umhertastet, um die neuen Gedanken wiederzugeben: „Christus sitzt im Süden am Brunnen der Urd, der mächtige Bezwinger der Asen des Felsens, d. h. der Riesen, der Unholde". Schwankt hier auch die Vorstellung zwischen dem heidnischen Brunnen der Urd und dem christlichen Jordanflusse, so ist doch die Gesamtauffassung diejenige, die noch jahrhundertelang fortbesteht.

Die Lieder von Christus und seinem Siege klangen wie ein Heldenlied, das größer war als eines von denen, die man bisher kannte, und doch so heimatlich schien, weil es das Herrlichste widerspiegelte, was man auf Erden kannte, den König und seine Gefolgschaft; der Himmelsherrscher und die Engelschar, die seine Burg bewachte, war das greifbarste Bild, durch das man die Hoheit der Gottheit ausdrücken konnte. Und es lag etwas darin, was die Menschen in ihrer innersten Persönlichkeit packte. Man verstand es, zu dienen, sein Leben dafür einzusetzen, den geschworenen Treueid zu halten; in der Dichtung war das dargestellt mit dem vollen Glanze des Ideals; und nun trat die entsprechende Forderung auf als das eigentliche Lebensziel. Überall bei den germanischen Völkern steht dieser Gedanke in der vordersten Reihe: Christus als der mächtige Gott des Himmels mit seiner Gefolgschaft von Aposteln, so lange er auf Erden wandert, und von Engeln, nachdem er heimgefahren ist zur Himmelsburg; und dem entspricht dann die Bereitwilligkeit bei den Menschen, in seine Dienste zu treten. Und der Dienst, den er verlangte, war die Selbstbeherrschung und das Wohltun an andern. Auch dafür gab es Anklänge in dem, was man bisher kannte. Der ethische Idealismus hatte sich durch die Dichtung vom Heldenleben mehr und mehr entfaltet; es war doch kein so tiefgehender Unterschied zwischen dem, was der christliche Häuptling lehrte, und dem, was Starkad predigte: Abhärtung und Zucht des Willens. Man kann in der Frühzeit des nordischen Christentums eine Gestalt antreffen wie Asa, die Schwester des Bischofs Odinkar, die ein Leben in Buße und strenger Zucht führte und Gottes Strafgericht an der Geistlichkeit Bremens wegen ihres leichtfertigen Lebens prophezeite.

Hatte man früher den Nachruhm als das große „Urteil über jeden Toten“ gekannt, welches das Leben eines jeden verherrlichte oder auslöschte, je nachdem er es angewandt hatte, so wiederholte sich derselbe Gedanke nachdrücklicher in dem himmlischen Richter, der einen jeden Menschen annahm oder von sich stieß. Neu war ganz gewiß der Gedanke von einer eigenen Form des menschlichen Ichs, die aus dem Leibe und der sinnlichen Welt ausgeschieden werden konnte und ihre eigentliche Heimat in einer Welt ganz anderer Art hatte; aber in dem Worte „Seele“, das angelsächsische wie deutsche Missionare mit sich herüberbrachten, erhielt der Gedanke bald seinen leichtfaßlichen Ausdruck. Und Gedanken von einer Wiedervergeltung im Jenseits hatte man bereits früher gehabt: die Meineidigen sollten in Walhall Knechte werden; wie leicht sie in mehr christlicher Form Eingang gewinnen, wissen wir aus den Versen Gisli Surssons.

Am mächtigsten von allem zog jedoch der Glaube an einen starken Gott diese Menschen an. Es ist uns ein sagenhafter Bericht überliefert, in dem der Gegensatz zwischen dem Gottesbegriff des Heidentums und des Christentums ganz dramatisch zugespitzt ist. „Hast du gehört“, sagt die alte Dichterin Steinunn, „daß Thor Christum zum Zweikampf herausforderte, aber Christus nicht wagte, mit ihm zu streiten?“ „Gehört habe ich“, antwortet der Missionar Thangbrand, „daß Thor nichts anderes war als Staub und Asche, wenn Gott nicht gewollt hätte, daß er lebte.“ Der Gedanke an Gottes Allmacht und die Glaubensfestigkeit, mit der die Anhänger Christi im Vertrauen auf ihn vorgingen, ist nach dem Ausweis aller Quellen das stärkste Gewicht, das die Wagschale nach der christlichen Seite hin sich senken ließ.

Den Kampf gegen den neuen Glauben aufzunehmen, war das Heidentum nicht gerüstet. Es hatte den einen großen Vorteil, daß es kraft jahrtausendelanger Gewohnheit in das ganze Leben des einzelnen und der Gemeinschaft fest eingefügt war; aber gegenüber den vielen, die in der Wikingerzeit auf neuen Boden umgepflanzt wurden, verlor dieses Verhältnis seine Macht; sie beugten sich bei naher Berührung mit christlicher Kultur vor dem neuen Glauben, ein wilder Wiking wie Hastings ließ seine Söhne taufen,

Häuptlinge wie Guthorm, der erste Beherrscher des Danelag, traten selbst zum Christentum über. Die Sache lag ja so, daß das Heidentum mit seiner Vielgötterei fremden Religionen nicht feindlich gegenüberstand, andere Götter mochten immerhin ihre Macht und ihren besonderen Landbezirk besitzen; heidnische Wikinger konnten einen Teil ihrer Beute dem heiligen Germanus bei Paris und dem heiligen Patricius in Irland schicken; das Heiligtum auf Helgoland erhielt in seiner heidnischen wie in seiner christlichen Zeit reiche Gaben von den Vorbeisegelnden. Man war bereit, Christus als einen mächtigen südländischen Gott anzuerkennen; und erst wenn seine Bekenner die heidnischen Heiligtümer schändeten, trat man in ein feindliches Verhältnis zu ihnen. Als Ansgar sich in Schweden aufhielt, holte man erst durch Loswurf unter freiem Himmel die Zustimmung der Götter und dann die des auf dem Thing versammelten Volkes dazu ein, daß das Christentum als zugelassene Religion gelten sollte. Ein schwedisches Wikingerheer in Kurland fand durch das gleiche Mittel heraus, daß Christus ihnen in ihrer schwierigen Stellung zum Siege verhelfen wolle, und nach dem Siege und einer glücklichen Heimkehr erwiesen sie ihren Dank durch ein großes Fasten von siebenundvierzig Tagen. Es war etwas im Heidentum, was dem Christentum geradezu den Weg bahnte: seine Gewohnheit, vorher zu erkunden, welcher Gott der beste Helfer sein möchte, und sich dann an ihn als an seinen *fulltrúi* zu halten. Aus den verschiedensten Quellen hören wir, daß Christus als der beste Retter in der Not angesehen wird. Die Neigung des Volkes, sich einen Herrn nach eigenem Gutdünken zu wählen, förderte die Ausbreitung des Christentums.

Das Heidentum konnte nicht recht seine Streitkraft mobilisieren, dazu war es aus zu vielen Wurzeln emporgewachsen und beruhte auf dem Gedankengang zu vieler Zeitalter, bis zurück in die fernen Zeiten, die in erster Linie an die magischen Eigenschaften der Naturdinge glaubten. Die Verehrung vieler aufeinanderfolgender Geschlechter verlieh den Stätten des Gottesdienstes eine Heiligkeit, die ganz unabhängig war von dem einzelnen persönlichen Gotte. Man sah das auf Gotland, als Botair von Akubekk eine christliche Kirche baute. Die erste, die er baute, verbrannten die Heiden; dann begann er eine zweite unten am Felsufer, wo sie ihren Göttern zu opfern pflegten; das Volk wollte sie auch verbrennen, aber Botair ging selbst hinein in die Kirche und sagte: „Wollt ihr sie verbrennen, da sollt ihr mich mit verbrennen". Da kam sein Schwiegervater hinzu, Likkair der Kluge, und sagte: „Verbrennt die Kirche nicht, sie steht in einem heiligen Bezirk dort unten am Felsufer"; und die Kirche blieb unverbrannt. Ebenso sind viele von den Kirchen des Nordens auf heidnischen Opferstätten errichtet; der Hain oder die Quelle ist oft bis in späte Zeit bewahrt worden, und der Bauer fuhr fort, sein Scherflein in die Quelle zu werfen, wie seine Vorväter es getan hatten.

Das Christentum, das sich nach der Bekehrung bei den nordischen Völkern vorfand, war in mancher Beziehung von eigentümlicher Art; es trug das Gepräge der mittelalterlichen Kirche, aber noch viel mehr des Volks, das das Neue in sich aufnehmen sollte — zu einer Zeit, wo die wenig zahlreichen Kirchen in weiten Zwischenräumen über das Land ausgestreut waren und mancher Priester nur mit Mühe den lateinischen Messetext, den er vortrug, übersetzen konnte und wo deshalb das Wort erfahrener Männer und das Lied des Skalden die Mittel waren, durch die in erster Linie die neue Denkart in weite Kreise drang.

Es gab Punkte in der Kirchenlehre, die im Ernste nicht in den Gedankenkreis dieser Menschen eindringen konnten. So die Dreieinigkeit; bezeichnend genug taufte die Volkssprache jede „Dreieinigkeitskirche" in eine „Drottenskirche", d. h. eine Kirche des Herrn, um. Mit einem „Drotten", d. i. einem Herrn, hatte man es tatsächlich in seinem Glauben zu tun. Auch Gott Vater verschwindet fast ganz; nicht an einen Vater wollten diese Kriegerseelen sich anschmiegen. Die Worte „Gott" und „Christus" sind gleichbedeutend; Christus hat in alten Tagen die Welt geschaffen; er ist der Himmelsherrscher. Will man ausdrücklich die ganze Macht der Gottheit in seiner Anrufung zusammenfassen, so sagt man: „Hilf, Christus und heiliger Geist!" oder „Es besänftige dich Gott und der Heilige Geist!" Ein irdisches Leben Christi gab es kaum noch für dies Zeitalter; und diejenige Seite davon, die die Mönchswelt begriff, das Leiden, war den Nordleuten vollständig unfaßlich; aber seine göttliche Herrlichkeit gegenüber den Menschen war der Hauptpunkt im Glauben der Zeit, Gedichte von der Auferstehung nehmen den Hauptplatz unter den christlichen Liedern der Skalden ein.

Eine abstraktere Vorstellung, die sich die Gottheit in erster Reihe als die schaffende und leitende Macht denkt, findet man kaum, außer wenn man auf den Beginn der Bekehrungszeit zurückgeht. Von dem Gesetzsprecher Thorkel Mani, einem Zeitgenossen des früher erwähnten Gisli Sursson und wohl auch des Dichters der Woluspa, wird in einem alten Bericht erzählt, er habe sich sterbend in die Sonne tragen lassen und sich dem anempfohlen, der die Sonne geschaffen habe. Auch andere Sagenerzählungen, die allerdings von höchst zweifelhafter Zuverlässigkeit sind, berichten von Heiden, die den Schöpfer des Himmels und der Erde zu ihrem Herrn wählten. Aber sobald wir über die Zeit der Einführung des Christentums hinauskommen, treffen wir einen derben Glauben an den nach dem Bilde irdischer Könige geformten Himmelsherrscher mit seiner Burg und seiner Gefolgschaft: „Knut beschirmt die Erde wie der Herrscher Griechenlands, d. i. Christus, das Himmelreich“; oder „es scheint den Männern, wenn Magnus auf dem Schneeschuh des Meeres, d. i. dem Schiffe, über Wellenberge dahineilt, als ob die Engelschar des Himmelsherrschers über die Wogen liefe“.

Dieser Herrscher verlangte, daß man seine Gebote befolge und am allermeisten diejenigen, die den Menschen abtrennten von dem täglichen Leben eines Heiden: die Sonntagsruhe und die Einhaltung der rechten Zeiten für die großen Festtage; uns will die strenge Beobachtung „christlicher Sitte“ etwas kleinlich vorkommen. Aber zugleich werden den Menschen Pflichten auferlegt gegen alle die Schwachen; Kinder auszusetzen, Wehrlose zu töten, wird streng verboten; Aud, die vornehme Isländerin, baute ihr Gehöft quer über den Weg, damit sie alle Reisenden aufnehmen könnte — das Streben, der Gesamtheit zu nützen, tritt stark hervor in den Liebeswerken dieser ältesten Zeit —; viele bauten Brücken durch Moore und über Gewässer „um ihrer Seele willen“, wie es auf Runensteinen heißt. Denn man hat ja nun ein Ich, das man richtig ausgestalten soll, in viel ernsterer Weise als damals, wo der Nachruf der höchste Richter war und die gewaltige Tat dasjenige, was dem Leben seinen Wert verlieh. Nach und nach ändert sich der Inhalt der Inschriften; von Sagenbericht und Lobrede gehen die Aufschriften der Runensteine allmählich zu Bitten für die Seele der Dahingeschiedenen über.

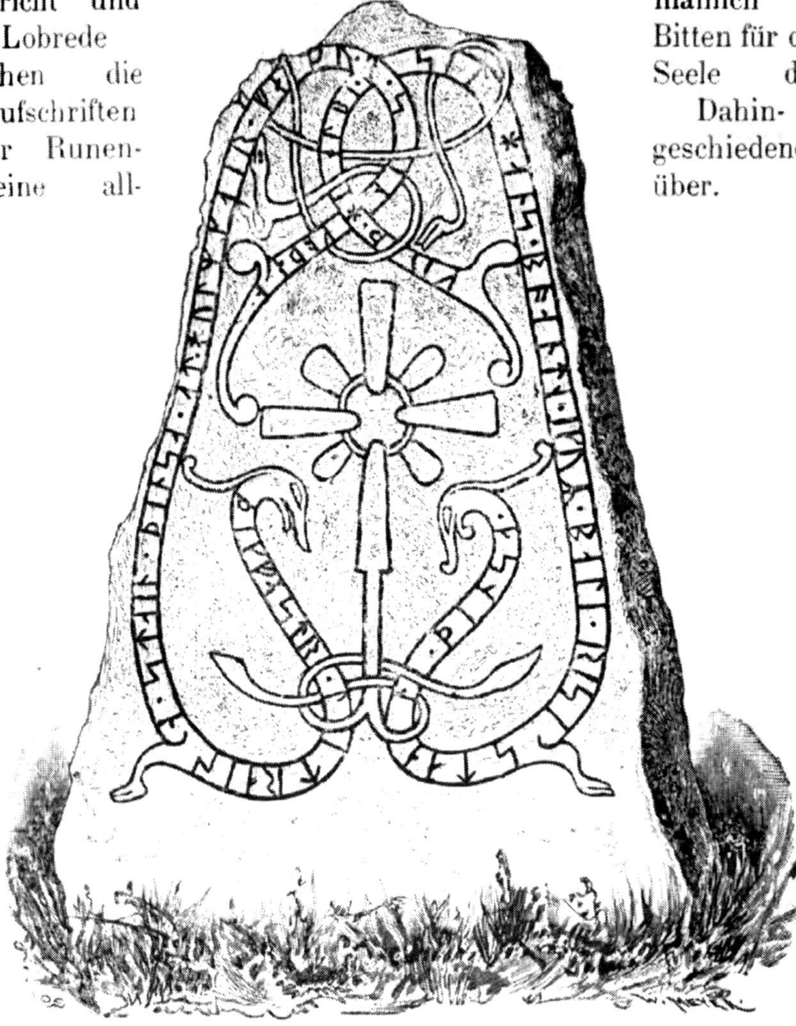

Abb. 26. Runenstein aus Upland. 12. Jahrh. «Tingfast errichtete diesen Stein nach Hulmgeir, seinem Vater; Gott helfe seiner Seele ...» Sveriges Historia.

Es liegt eine helle Färbung über diesem frühen Christentum, die weit verschieden ist von der Schicksalsangst und Ragnarokstimmung des Heidentums: der mächtige Christus, seine siegreiche Auferstehung, sein lichtes Himmelreich sind die Grundtöne. Nur Hallfred Vandrædaskald spricht in der Todesstunde von seiner Furcht vor der Hölle, aber er ist auch der Mann des Unfriedens, eine ebenso zerrissene Natur, wie sein bewunderter Herr Olaf Tryggwason in sich einheitlich und gläubig ist. Es lebt eine recht helle, aber ein wenig kühle Lebensfreude in diesen frühen Christen; daneben eine ethisch-religiöse Stärke, die unwillkürlich den mittelalterlichen Gedanken in sich aufnimmt, daß das Gedeihen der Gemeinschaft und die Seligkeit des einzelnen mit wesentlich denselben Mitteln erkämpft werden.

Wir würden zu weit gehen, wenn wir glauben wollten, daß dieses Zeitalter ganz über die früheren Zeiten emporgehoben war; es gab da auch genug niederreißende Kräfte. Die alte Geschlechtsgemeinschaft war gesprengt durch den Individualismus der Wikingerzeit — die Klagen hierüber sind vernehmlich genug —, und dazu kam, daß der Glaubenswechsel auch einen sittlichen Niedergang mit sich führen mußte, bis jede menschliche Einrichtung den festlichen Schutz wiedererlangt hatte, den einst die alten Götter ihr gaben, bis der Eid wieder heilig und die Thingversammlung wieder geweiht und unverletzlich war. Auf Island und in Norwegen wächst die böse Saat empor, bis endlich so schonungslos verwüstende Streitigkeiten entstehen wie der Krieg der Kronprätendenten und die Sturlungenfehde, denen das Heidentum wohl nichts Gleiches hätte an die Seite setzen können. Aber dennoch ist die frühe christliche Zeit, das 11., zum Teil auch das 12. Jahrhundert, eine Zeit, in der die Gesellschaft in friedlicher Richtung und noch auf der Grundlage des von den Vätern Ererbten sich entwickelt. Einen starken und eigenartigen Ausdruck für die neuen Ideen brachte sie nicht hervor — keine kirchliche Dichtung wie die der Angelsachsen —, aber sie brachte die geistige Bewegung, die früher emporgeblüht war, zur Reife, indem sie die Zeit der Gesetze und der Sagas wurde.

An einem eigentümlichen Umstande können wir beobachten, daß das Zeitalter einen gewissen Gleichgewichtszustand erreicht hat. Nun erst hat es unter den vielen Idealgestalten der Sagen sich eine einzelne als die typische Heldengestalt erwählt. Es ist Sigurd Fafnisbani, wie er das Schwert in das Herz des Drachen stößt. Dieses Bild scheint untrennbar von den Denkmälern der frühen christlichen Zeit: es findet sich auf Webearbeiten im Königsgehöft zu Drontheim, in Schnitzereien der Holzkirchen Telemarkens, oder in Eisen gehämmert auf einer westgotischen Kirchentür und eingehauen in zahlreiche Runensteine auf Man, auf Gotland, in Upland, Södermanland und Gästrikland. In Sighwats Olafsdrapa waren Kehrverse aus der Sigurdsage eingeschoben, bis der Verfasser die Drapa umdichtete und Verse über Christi Auferstehung an die Stelle setzte. Die Gedichte, die am deutlichsten die sittliche Hoheit Sigurds hervorheben, gehören der christlichen Zeit an; aber noch schwerer wiegt das Zeugnis der vielen bildlichen Darstellungen, und die Wiederholung des Drachenkampfs kommt überall in den Wikingersagas vor, den späten Nachklängen des alten Heldenlebens. Der Mensch in kühnem Kampfe gegen das übergewaltige Ungeheuer ist das Ideal der Zeit, und das wiederholt sich mit der Regelmäßigkeit eines Naturgesetzes nicht nur im größten Teile des Nordens, sondern auch in dem ältesten christlichen England, wo Beowulfs Kampf mit dem verheerenden Drachen sich zum großen Epos des Volkes auswächst — nur ist bei den Angelsachsen der Ton der Darstellung weit ernster im Vergleich mit dem kecken Tone bei den Nordleuten der Übergangszeit.

Abb. 27. Runenstein der Gunnwar. Nationalmuseum zu Christiania.

Aber hier und da merkt man, daß neue Vorstellungen beginnen, sich in die Seelen zu senken. So bei der Norwegerin Gunnwar, um 1050, die einen Stein für „die handfertigste Frau in Hadeland" errichten und die ganze Weihnachtsgeschichte in kindlicher Darstellung einhauen ließ: die Engel und den Stern über Bethlehem, die heiligen drei Könige und Maria im Stalle. Es dämmert eine Welt von Empfindungen auf, die dem nordischen Altertum fremd sind.

Siebentes Kapitel.

Die Skaldenkunst.

Es gibt einen für den ganzen Norden gemeinsamen Kunststil mit den kurzen, geschlossenen Zeilen, die durch wuchtige Stabreime zusammengehalten werden: „Nicht er*w*achet zum *W*ein, noch zum *W*eiberkosen, er*h*ebt euch zu *H*ildes (der Schlachtgöttin) *h*artem Spiel“. Er ist wesentlich derselbe von den auf Island aufgezeichneten Eddaliedern bis zu den auf dänischen und schwedischen Runensteinen eingehauenen Erinnerungsversen. Dem entspricht auch, daß man im ganzen Norden stehende Ausdrücke hat für alles, was die Dichtkunst angeht: ein *Skalde*, d. i. ein Sänger; ein *Thul*, d. i. ein Verkünder religiöser oder moralischer Lehren; eine *Wisa*, d. i. ein kleines Gedicht; ein *Ærendi*, d. i. eine Strophe, ein *Orð*, d. i. eine Verszeile; — es ist das ein Beweis, wie einheitlich die nordische Kultur in ihren Anfängen ist.

Über dem Text: Abb. 28. Skaldenvers, 12. Jahrh., mit Runen eingeritzt auf einem Wandbrett in der jetzt niedergerissenen Kirche bei Vinje in Telemarken. Museum in Kristiania. „Trotz des Leidigen Listen / erlagen nicht ganz die jungen / kampferprobten Kämpen; / der Kummer wird nicht schlummern (Era fangbrogdum flagda / fallnir nidr med ollu / haukar Baldrs ok halda / hugstrídi bryn- nídings) . . . . . Sigurd Jarlssohn ritzte diese Runen Sonnabend nach der Botulfsmesse, als er hierher floh und nicht zum Vergleich mit Swerrir, dem Töter seines Vaters und seiner Brüder gehen wollte.“

In vielen Stücken steht diese Dichtung derjenigen der anderen germanischen Völker nahe, sowohl in ihrer stabreimenden Form als in der Art, wie darin das Leben der Helden — und der Götter — dargestellt wird. Aber ein wesentlicher Unterschied besteht darin, daß der Gesang der südlicheren Stämme immer von den Tönen der Harfe begleitet wird; deshalb schwillt hier die Dichtung an wie ein brausender Strom; sie strebt einer breiteren epischen Darstellung zu, die in England im 8. Jahrhundert mit dem Beowulfgedichte erreicht wird, in Deutschland hingegen nicht vor dem Aufkommen der mittelalterlichen Reimstrophen, in denen das Nibelungenlied abgefaßt ist. Der Dichter des Nordens kennt keine Harfentöne bei seinem Vortrag; wenn er „singt" (dänisch *kvæder*, altnordisch *kveðr*), so will das nahezu besagen, daß er spricht — und dies bedeutet jenes nordische Wort auch ursprünglich —; und seine Darstellung bekommt ihre eigenartige Farbe durch die knappen Strophen (zweimal vier kurze Zeilen), die zu gedrängtem und prägnantem Ausdruck auffordern. In der Erzählung wird das einzelne treffende Wort von der größten Bedeutung; im Dialog wird nicht der Strom der Rede, sondern der kurze Wortwechsel das Wichtigste; und die Personen des Gedichts, die dadurch so nahe aneinandergerückt werden, können einander nun noch weit schärfer charakterisieren. So entsteht der Typus der nordischen Dichtung, das kurze erzählende Lied, dessen Hauptszenen den Wortwechsel zwischen den auftretenden Personen enthalten, — ein Typus, der sich trotz der wechselnden äußeren Form im ganzen Mittelalter ohne Übergang zur Eposbildung hielt und auch der nordischen Dichtung neuerer Zeit deutliche Merkmale aufgedrückt hat.

Innerhalb der alten Dichtung kann man beobachten, wie der Sinn für Charakterzeichnung die Oberhand gewinnt und die Handlung zusammengedrängt wird. Aber man hatte auch ein reines Redegedicht *(mál)*, gewöhnlich in einem besonderen prächtigen Strophenbau mit gekürzten Schlußzeilen. Schon von alters her scheint man die Folge von Frage und Antwort als die Form gebraucht zu haben, in der man mythisches Wissen, Rätsel und dergleichen aufbewahren konnte; die redenden Personen sind da nur ein zufälliger Rahmen für den eigentlichen Inhalt. Aber in der Wikingerzeit kommt Charakterzeichnung in das einfache Dialoggedicht; während des Wissenskampfes spielt Odin mit dem Glauben des Riesen an seine Überlegenheit, oder er versucht sich in Verkleidung in einem Männervergleich mit dem zornigen Thor. Ganz frei und keck entfaltet diese Kunst sich in „Lokis Zank“ (Lokasenna), einem kleinen — wir dürfen sagen dramatischen — Gedicht, in dem der Verfasser mit ausgelassenem Witz seinen Helden alle Gebrechen der Asen entschleiern läßt, bis er vor Thors Hammer weichen muß, — übrigens ein Beweis dafür, wie sehr die alte Mythenwelt ein künstlerischer Stoff ist, und nicht etwas Religiöses. Das Redegedicht bietet ferner die Möglichkeit, die Handlung noch weit spannender zu gestalten, als es im gewöhnlichen Heldenliede möglich war: Starkad, der Ingjald zur Vaterrache wachruft; Odin, der Asenkraft annimmt und den vergebens gewarnten Quäler seinen Tod finden läßt. Ein auffallendes Verständnis für Eigenart des Charakters, eine Neigung, das Leben zu dramatisieren, finden in diesen Gedichten ihren Ausdruck; beides tritt gewiß am stärksten hervor in dem norwegisch-isländischen Teil des Nordens und ist jedenfalls am besten belegt in den Eddaliedern.

Aber es gibt noch ein ganz anderes dichterisches Erzeugnis, das in weit höherem Grade der norrönen (d. i. der norwegisch-isländischen) Völkergruppe eigentümlich ist: diejenige Dichtart, die wir jetzt im engeren Sinne des Wortes Skaldendichtung zu nennen pflegen. Schon ihr Äußeres offenbart sie als eine Sonderentwicklung: sie hat längere Verszeilen, neben dem gewöhnlichen Stabreim läuft ein kunstvolles Flechtwerk endreimender Silben her. So entsteht ein schwerer Prachtstil, der wie Spangen und Ketten erklingt. Und was den Inhalt angeht, so rückt diese Dichtart sich die handelnde Person nicht nahe durch lebendige Repliken, sondern sie beläßt sie in einigem Abstande, insofern sie eben eine erzählende Dichtung ist, die ihre Ausdrücke gerade abseits vom Alltagsleben wählt. Ein Hauptmittel, um dieses Ziel zu erreichen, ist die dichterische Umschreibung, „die Kenning“, wie die alten Skalden sagten.

Es ist ein alter Brauch in der Dichtkunst, daß man, anstatt das alltägliche Wort anzuwenden, das mehr malende und seltenere einsetzt und daß man deshalb auch nach der umschreibenden, bildlichen Bezeichnung greift, das Schwert den Blitz des Kampfes, das Schiff die über die Wogen hinfliegende Möwe nennt, und daß ein solches Bild, wenn es einmal gebraucht ist, hinfort vorzugsweise zum „poetischen Stil“ gerechnet wird. Aber eigentümlich für die Skaldenkunst ist die Rücksichtslosigkeit, mit der die ganze Ausdrucksweise von dem täglichen Leben abgerückt und hinübergeführt wird in einen Stil, in dem die Dinge so wenig wie möglich mit ihrem eignen Namen genannt werden und in dem vor allem ein Zusammenhang mit der Mythenwelt auf den ganzen Bericht Glanz werfen soll; ein Dichter kann sich nicht bedanken für einen Schild, sondern muß reden von „dem Blatte unter den Füßen des Riesen Hrungnir“, und statt Gift sagt er z. B. „Trank der Wolsunge“, weil der Wolsung Sinfjotli durch Gift umkam. So wird der seltsame Bilderstil der Skaldenkunst geschaffen. Im Munde eines begabten Dichters kann er dazu dienen, das Wesen der Dinge anschaulich zu machen; einem Snorri Sturluson werden die Schwerter zu Schlangen, die danach dürsten, aus der Scheide herauszugleiten und sich mit Blut zu erquicken, werden die Schiffe zu Seetieren, die bis zum Frühling mit vornüber gebeugtem Haupte im Bootsschuppen liegen; aber gewöhnlich sind die „Kenningar“ ganz unfrei, das eine Bild stellt dem andern ein Bein, bevor dies die Zeit hat, hervorzutreten und sich zu zeigen. Die Skaldensprache zeigt dasselbe barbarisch-aufgelöste Gepräge wie der Stil der älteren bildlichen Darstellungen, der die Glieder der Figuren auseinanderreißt, um besser die Fläche zu füllen; er hat den Zusammenhang mit dem wirklichen Leben verloren.

Für die Ausübenden dieser Kunst ist die Begeisterung nicht das Wesentliche. Die Skaldenkunst ist eine Fertigkeit, eine Geschicklichkeit; der Skalde prahlt mit der langen Zeit, während deren er an seinem Werke gefeilt hat, „Haustlǫng“, d. i. einen Herbst lang, ist der Name eines der ältesten und berühmtesten Gedichte. Oder umgekehrt, wenn der Skalde improvisiert, so tut er das, um zu zeigen, in wie kurzer Zeit er die schwierige Form meistern kann. Abgetrennt von ihrer Wurzel in der Wirklichkeit, wird die

Dichtersprache zu einem Spiel mit Worten. Einer der berühmtesten Skalden jener Zeit, Eywind Skaldaspillir, erregte Aufsehen dadurch, daß er die Rolle der Worte geradezu vertauschte. Während eines Mißjahrs dort oben in Norwegen hatte er seine Pfeile verkaufen müssen, um Heringe zu kaufen, und so erzählte er in einem Gedicht, wie er, um „die laufenden Pfeile der See", d. s. die Heringe, zu erlangen, „die springenden Heringe der Bogensehne", d. s. die Pfeile, verkaufen mußte. Die Skaldenkunst ist eine Art Rechenkunst, in der es sich darum handelt, daß bei der Addition die richtige Summe herauskommt; es darf weder zu viel noch zu wenig da sein, damit sich das nach dem Geschmack jener Zeit richtige Bild ergebe — sonst machten die andern Skalden den Stümper gar bald auf seinen Fehler aufmerksam. Da sind denn alle Gesetze des Versmaßes zu beobachten, und zwar nicht allein für die Verszeile und die Strophe; sondern zu einer richtigen „Drapa", dem eigentlichen Prunkgedicht, gehört auch, daß gleichviele Verse in der Einleitung wie im Schluß stehen, und daß das Hauptstück aus Teilen besteht, deren jeder gleichviele Verse und einen Kehrvers, ein „Stef", an der rechten Stelle enthält.

Der älteste Sitz der Skaldenkunst ist das westliche Norwegen. Hier lebte in der Mitte des 9. Jahrhunderts der älteste bekannte Skalde, Bragi Boddason, dessen Werke in mancher Hinsicht noch auf dem Standpunkt des Anfängers stehen. Die nächste Stufe bildet die Skaldenschar, die sich um das neue Königtum Harald Harfagris sammelte. Aber gerade Haralds Eroberung wurde noch weiterhin von Bedeutung für die Heimat der Dichtung: fast der ganze Kreis vornehmer Familien, in dem sie emporgeblüht war, wanderte nach Island aus. In der alten Heimat stirbt sie aus; Eywind Skaldaspillir ist daselbst ihr letzter glänzender Vertreter; von der Zeit an treten fast nur Isländer als Dichter am norwegischen Königshof auf. Aber auf Island wurde auch die Fertigkeit ins Unglaubliche gesteigert, so daß man jeden beliebigen Stoff in dem ererbten Stil behandeln konnte. Im 11., 12. und noch im 13. Jahrhundert blüht diese Dichtung, und Islands spätere Poesie ist von ihr nicht durch eine bestimmte Grenze getrennt; sie weist noch deutliche Kennzeichen der Skaldendichtung auf.

Als Gegenstand für die Drapa des Skalden treffen wir in der frühesten Zeit Göttermythen; dies macht uns verständlich, daß die Dichtersprache so stark durch mythische Wendungen gefärbt werden konnte. Nach der Eroberung Norwegens durch Harald werden die Kriegszüge des Königs Hauptgegenstand, und die Göttermythen — in christlicher Zeit Drapas über Christus und die Heiligen — treten in die zweite Reihe. Das Wesen dieser Dichtung ist das Ausmalen. Deshalb wählen die ältesten Skalden so gerne eine Reihe geschnitzter Bilder als Vorwurf für ihren Gesang; der Gegenstand ist so eingeschränkt, daß der Dichter alle die Wiederholungen und Variationen frei entfalten kann, die seine Sprachfertigkeit zeigen. Als Königsdrapa macht das Skaldengedicht sein Glück, weil es in seinen Schilderungen eine Menge tatsächlicher Einzelheiten geben kann, die der gewöhnliche heroische Stil sonst verflüchtigt haben würde. Die Drapa wird eine Reimchronik im Prachtstil, die für spätere Zeiten als historische Quelle großen Wert hat. Aber diese Neigung, zu beschreiben und sich auszubreiten, schließt zugleich Möglichkeiten für eine zukünftige Entwicklung in sich; und aus ihr wird die isländische Lyrik geboren.

Es ist kein Zweifel, daß die entlegenen Zeiten ebenso unmittelbare poetische Ausbrüche gekannt haben wie jene, in denen jetzt ein Mädchen des Sätersdals seinen Schmerz oder seine Sehnsucht ausspricht, oder in denen zwei Burschen sich miteinander in Versen balgen; *stefjask*, d. i. wechselweise singen, hieß das in der alten Sprache, und es heißt auch noch heute so. Aber die reiche Entwicklung der Form gab zugleich der lyrischen Anlage die Möglichkeit, sich zu entfalten. Den großen Drapas folgt ein Heer von Einzelstrophen in der gleichen künstlichen Versform auf dem Fuße, die Spott, Trotz, Jubel oder Sehnsucht ausdrücken. Ein eigener sarkastischer Zug im isländischen Volkscharakter — den einige auf die Einmischung irischen Bluts zurückführen wollen, andere auf die eigene Gemütsanlage der westnorwegischen Bevölkerung — kommt zu Worte. Viele von den großen Drapadichtern haben einen Hang gehabt zum Spottgedicht *(níð)* oder zum Liebesvers *(mansǫngr)*; aber nur einer vermag es, sein ganzes Wesen in einer Dichtung mit lyrischer Färbung auszudrücken: Egil Skallagrimsson.

Egil ist derjenige Isländer, der die reichste Dichterbegabung besessen hat. Aber er gehört allerdings Island zu einer Zeit an, wo sich noch kaum ein besonderer isländischer Volkscharakter herausgearbeitet hat. Sein Vater Skallagrim war ein Landnehmer, der aus einer der westnordischen Berggegenden, aus den Firdir, d. i. den Fjorden, herstammte. Hier lebten Skallagrim und sein alter Vater Kweldulf als Hersen, Bauernhäuptlinge, bis sie mit König Harald selbst in Fehde gerieten, der Skallagrims Bruder Thorolf töten ließ; sie nahmen Blutrache an Verwandten des Königs und gingen dann in die Verbannung. Egil

Abb. 29. Egils Gehöft Borg, im Vordergrunde die Landspitze mit den Überresten von Skallagrims Grabhügel. Collingwood and Stefánsson, Saga-Steads of Jceland.

selbst entwickelt sich zu der seltsamsten Vereinigung ungleicher Eigenschaften, zu einem Starkadtypus mit seiner Mischung von Gutem und Bösem oder richtiger von Edlem und Unedlem; aber er vereinigt in sich auch andere Gegensätze. Einerseits ist er der Wikingertypus der Zeit: in seiner Größe, Stärke, Wagelust und Geistesgegenwart; andererseits zeigt er in ausgeprägter Weise die Eigenschaften des westnordischen Kurzschädels: nicht nur die poetische Anlage, sondern auch die Beschränktheit gegenüber allen weiteren Gemeinschaftsinteressen, das Mißtrauen, den Geiz und die wunderliche Schwäche, sich in gewissen Augenblicken durch Schwierigkeiten und Unglück völlig niederbeugen zu lassen. Auch sein Äußeres hat — nach seiner eigenen Schilderung — viel von diesem Volkstypus gehabt: das dunkle Haar und die schwarzen Augen, das knorrige Haupt und häßliche Antlitz. Die spätere Sagakunst hat, mit gutem Grunde, seine Person noch stärker im gleichen Stile ausgemalt, im Gegensatz zu seinem blonden und vertrauensvollen Bruder Thorolf.

Trotziger Kampf gegen das übermächtige Königsgeschlecht ist die Aufgabe, in die Egil durch seine Herkunft und seine Jugendgeschichte hineingewachsen ist; aber das erste Erlebnis, das ihn bis ins tiefste Herz trifft, trägt sich zu auf den Wikingerzügen in Westen, es ist der Fall seines Bruders Thorolf. In der Schlacht bei Brunnanburg 936 kämpften sie beide gewaltig, bezeichnend genug auf englischer Seite gegen ihre eigenen Landsleute, aber Thorolf wurde getötet. Egil fühlte sich lange von Kummer gelähmt, von den Menschen abgetrennt, in sich selbst zurückgedrängt: „Der mutige Thorolf fiel, der Töter des Jarls, der ohne Furcht in den gewaltigen Lärm Odins (den Kampf) ging; nun grünt die Erde aufs neue an der Wina über meinem herrlichen Bruder, aber ich — das ist Todesqual — muß meine Trauer verbergen". Noch seltsamer war das nächste Erlebnis: König Ädelstan tritt vor seinen trauernden Krieger und steckt ihm einen Ring an den Arm als Buße für den Verlust; das Gold erweckt mit einem Mal seine Lebenslust: „Die herabhangenden Felsen der Augenlider (die Augenbrauen) senkten sich schwer, da fand ich den, der die tiefen Furchen der Stirn glätten kann; der König hat mit seinem Goldring die sich neigenden Klippen fortgewälzt, das Unheimliche schwand aus meinem Blick". Egil ist wieder Wiking! Er geht weiterhin kämpfend durch die Welt und singt von seinen Taten in Einzelversen, die entweder dem Augenblick entspringen oder öfter Mitteilungen sind von dem, was er einmal früher erlebt hat; ihr Gegenstand sind seine Taten im Kampfe oder noch lieber sein unbeugsamer Mut in der Stunde der Gefahr. Auf kein Ereignis kommt er so oft zurück, wie auf jenes, da er in die Halle seines Todfeindes, des Königs Eirik Blutaxt, eintrat, um sein Leben von ihm durch ein Gedicht zu erkaufen. Dies Lobgedicht auf den König, die berühmte

„Haupteslösung“ (Hǫfuðlausn), die in einem neuen klangreichen, den Angelsachsen entlehnten Versmaß abgefaßt wurde, ist eine Virtuosennummer voll prachtvollen Waffenklangs; aber sie ist weit davon entfernt, die persönlichen Gedanken des Dichters auszudrücken, und wenn sie schließt: „Aus dem Sitze des Gelächters (der Brust) holte ich das Lied hervor“, so klingt das wie ein Hohngelächter über den Fürsten, vor dem er sich doch nicht gedemütigt hat. Den wirklichen Hergang des Erlebnisses kennen wir aus Einzelversen und aus dem Erinnerungsgedicht über seinen Freund Arinbiorn, der seine Stütze war, als „der schlangenscharfe Blick des Herrschers unheimliche Strahlen schoß“ und er durch das Lied sich „den wenig schönen Dichterlohn“ erkaufte, sein eignes eckiges, wolfsgraues Haupt. Wie es übrigens zuging, daß Egil in Eiriks Gewalt kam, wissen wir nicht recht; es würde nicht schlecht zu seinem sonstigen Wesen stimmen, wenn er diese Gefahr aufgesucht hätte, um ein Wagestück von bisher unbekannter Gefährlichkeit auszuführen. Ein Erlebnis, das einen noch tieferen Eindruck auf ihn machte, hatte er später; es war der Verlust seines jungen, fast erwachsenen Sohnes, und um diesem ein Denkmal zu setzen, dichtete er den „Verlust der Söhne“ (Sonatorrek). Dies Gedicht handelt nicht von dem im Unwetter ertrunkenen Jüngling; es enthält fast nur die eigenen inneren Erlebnisse des Dichters: die furchtbare Lähmung durch den Kummer, die dadurch belebte Erinnerung an jeden früheren Verlust; dann den gewaltsamen Ausbruch von Rachelust gegen den grimmen Meeresgott, der durch das Gefühl der eignen Machtlosigkeit unterbrochen wird; mit Mißtrauen blickt er auf seine Landsleute, da er jetzt von den wenigen getrennt ist, die ihm wirklich nahe standen; und er schließt seine Rechnung ab mit Odin, der die Freundschaft mit ihm gebrochen hat, — und doch hat jener ihm einen Ersatz gegeben für das Leid: die herrliche Skaldenkunst und dazu den harten Sinn, der ihm aus heimlichen Ränkeschmieden offene Feinde machte; ohne Trauer und willigen Sinns kann er der Hel entgegensehen, die draußen auf dem Vorgebirge — am Grabhügel des Geschlechts — auf ihn wartet.

Die mächtigen Wogen, die durch Egils Seele gehen — Jubel in der Gefahr und niederdrückender Kummer —, bedeuten einen Wendepunkt im Leben der nordischen Menschen. Zum erstenmal bricht die Lyrik mit ganzer Kraft hervor; der weltgeschichtliche Punkt ist erreicht, wo das innere Erlebnis mehr gilt als die äußere Tat. Das trotzige Glücksspiel des Wikings, des Kämpen, mit dem Leben hat hier in ganz neuer Weise das Wort erhalten. Und noch mehr das alte Selbstgefühl des Bauern, das kraftvoll der Königsmacht gegenübersteht; die Einzelverse sprechen stolz davon, daß „die Rache des Hersen an dem Herrscher geübt ist". Der Zusammenhang des Bauern mit der menschlichen Gesellschaft zeigt sich in seiner merkwürdigsten Form, gerade weil Egil die große feste Gemeinschaft haßt und sich allein und zwar desto enger an die ganz nahen Verwandten und an einen einzelnen Freund gebunden fühlt. In diesen alten Lebensformen hat seine Natur ihre Wurzel; aber neu ist die Stärke der Empfindung, die ihn zwingt, von seinem Innern zu dichten, neu ist auch die Eigenart seines Innern, die niederdrückende und lähmende todesmatte Stimmung, die mit dem Bewußtsein von der Stärke des eigenen Ichs wechselt. Der Durchbruch der Persönlichkeit in diesem Zeitalter macht sich nun auch in der Dichtkunst geltend.

Egil ist der Meister, aber er steht nicht allein. Gleichzeitig mit ihm lebt Kormak, der Sänger der Liebe. Ist Egil wie kaltes geschmiedetes Eisen, so ist Kormak lauter Glut, gleich von dem Augenblick an, wo er zum erstenmal die Frau sieht, die er seitdem vergebens strebt sein eigen zu nennen: „Die Klippen werden leicht wie Korn auf dem Wasser schwimmen, die großen Felsen hinausschreiten in die Tiefe des Meeres, ehe wieder ein so schönes Mädchen wie Steingerd geboren wird". Aber diese stark empfindenden Naturen haben nur in geringem Maße Schule gemacht. Der Übergang zum Christentum vermag nicht, Ströme der Lyrik zu entfesseln; dagegen festigt sich ein berichtender Drapastil, der noch formvollendeter ist als derjenige der älteren Skalden.

Eine Ausnahme bildet nur Sighwat, der anziehendste unter den Skalden Olafs des Heiligen und ein Typus der lebhaften Kulturentfaltung, in die die Wikingerzeit später auslief. Seine ersten Gedichte sind entstanden, während er abends neben einem Fischermädchen saß und hinabblickte auf das Fischerdorf, wo der Rauch still von den Hütten emporstieg. Eine eigene Begabung, die flüchtigen Reisestimmungen festzuhalten, zeichnet seine ganze Dichtung aus, ob er nun die Frauen der Kaufstadt schildert, die von dem Klappern des Hufeisens herausgelockt werden, oder ob er auf der Bergspitze seinem König einen wehmütigen Gedanken sendet. Obwohl von Geburt ein Isländer, hat er doch seine Heimat in der ganzen von Nordleuten bewohnten und bereisten Welt, mischt gerne normannische Worte in seine Rede und macht sich in seinen „Freien Worten“ (Bersǫglisvísur) zum Sprecher des norwegischen Volks gegenüber dem Eigenwillen des jungen Königs Magnus. Aber so geschmeidig, wie sich die Worte in Sighwats Munde formten, formen sie sich nicht im Munde eines anderen. — Wir haben im ganzen einen besseren Typus für die Skaldenkunst in seinem Zeitgenossen und Nebenbuhler Thormod Kolbrunarskald, der über den Verlust seines Ziehbruders eine Drapa in erstarrtem Umschreibungsstil dichtete und auf dem Schlachtfelde von Stiklestad fiel, wo er seine letzten Strophen mit dem Pfeil in der Seite sprach. Die Skaldenkunst als Ganzes vermag nicht, eine neue Kultur auszudrücken; sie ist und bleibt gebunden an das aus dem nordischen Altertum geborene Königs- und Wikingerleben und zwar zum Teil an dies Leben in seiner barbarischsten Form.

Achtes Kapitel.

Wikinger- und Märchensagas.

Die große literarische Schöpfung des beginnenden Mittelalters ist nicht irgendeine Gattung von Gedichten, sondern vielmehr die Saga. Das Wort „Saga“ bedeutet eine zusammenhängende Erzählung, „was gesagt, d. h. berichtet wird“; es umspannt zuerst alle Arten mündlicher Darstellung von der wirklichkeitsgetreuen Schilderung bis zum reinen Märchen. Wenn wir jetzt das Wort „Saga“ brauchen, denken wir jedoch insbesondere an die ausführliche geschichtliche Darstellung, die das merkwürdigste Erzeugnis Islands wurde. Wir denken an die abschließende geschriebene Darstellung, aber wir müssen zugleich an die mündliche Entwicklung denken, die ihr vorausgeht.

Eine Saga, d. h. einen geschichtlichen oder märchenhaften mündlichen Bericht, hat es zu allen Zeiten gegeben. Aber die Wikingerzeit bringt solche Berichte in ganz besonderem Maße hervor. Ihr Reichtum an Erlebnissen in fernen Gegenden und unter ungewöhnlichen Verhältnissen ergab einen umfänglichen Stoff für das Gespräch der Zeitgenossen, und in die gewöhnliche dichterische Form paßte dieser Stoff nicht hinein. Er mußte weitergegeben werden mit dem ganzen frischen Gepräge des Reiseabenteuers, das ihm von vornherein anhaftete. So kam es, daß die Helden

Über dem Text: Abb. 30. Rabenfahne. Bayeux. Photographie.

der Wikingerzeit nicht in die epische Dichtung aufgenommen wurden, sondern ihre Taten lebten weiter in zusammenhängender freier Erzählung.

Das typische Beispiel ist Ragnar Lodbrok. Er war ein Wikingerhäuptling aus dem dänischen Königsgeschlecht; zusammen mit seinen Söhnen dehnte er seine Plünderungszüge bis zu fernen südeuropäischen Gegenden aus; er wird 845 als Führer des Normannenheers an der Seine genannt, und um 866 scheint er an der Küste Schottlands gefallen zu sein. Seine Taten sind die letzten und weitreichendsten in dem ersten an weiten Fahrten reichen Teil der Wikingerzeit. Als das Dänenheer unter seinen Söhnen sich in Northumberland angesiedelt hatte, erschienen diese Züge in einem fernen, phantastischen Lichte; deshalb wurden alte Sagenmotive an den Helden geknüpft: als ein neuer Sigurd Fafnisbani tötet er den Drachen und gewinnt dessen Schätze und eine Braut dazu; und er stirbt — wie Gunnar — singend im Schlangenhof. Die Ragnarssaga mit ihren verschiedenen Kämpfen und Liebesabenteuern ist die ausführlichste Wikingersaga, die im Wechsel der Zeiten weiter lebt. Wir besitzen sie in zwei verschiedenen Formen: die eine mehr geschichtliche ist norwegisch, und eine Menge von Taten ist ihr Hauptinhalt; die andere mehr poetische ist isländisch, sie hat in Aslaug, der Gattin Ragnars, die anmutigste Frauengestalt der Wikingerzeit geschaffen, voll Schüchternheit, Stolz und Klugheit und von einer eigenartigen bescheidenen und beherrschten Zärtlichkeit.

Was von dieser großen Heldengestalt gilt, gilt auch von all den andern kleineren: wenn die weitgereiste Wikingerschar in der Ansiedlung zur Ruhe kommt und der Gesichtskreis sich verengt, verschwimmen die Taten ihrer Heldenzeit ins Märchenhafte. Noch im 11. Jahrhundert wird Siward der Dicke zu einem Märchenhelden. Er war ein Krieger, der sich unter Knut dem Großen durch Körperstärke und Gewalttätigkeit emporgeschwungen hatte; ein kecker Totschlag brachte ihn auf den Jarlssitz von Northumberland, und nach unzähligen Kämpfen und Siegen starb er zuletzt an einer plötzlich auftretenden Krankheit. Aber sterbend ließ er sich mit Helm, Schild und Brünne rüsten und sich die Streitaxt in die Hand geben, „um wie ein Mann zu sterben und nicht liegend wie eine Kuh“. Die

Sage fügte die Abstammung des Helden von einem wilden Bären im Walde hinzu, Drachenkämpfe auf seinem ersten Wikingerzug und eine Begegnung mit Odin, der ihm die siegbringende Rabenfahne schenkte.

Andere Gestalten treten noch mehr in die märchenhafte Welt über. Die Saga von König Hadding hat Wikingersagen von den Taten des Hastings in sich aufgenommen, aber sie gestaltete sich am ehesten zu einer religiösen Problemdichtung über den Kampf zwischen Asendienst und Riesenfreundschaft. Orwarodd oder Odd der Weitgereiste wurde ein Abbild des weitwandernden Wikings im äußersten Norden, im Osten und im Süden, in trotzigem Kampfe gegen das ihm einmal verkündete Schicksal. Im höchsten Norden Norwegens, in Helgeland, erdichtete man einen eigenen Sagenkreis von märchenhaften Finnenfahrten und Riesenkämpfen; Orwarodd wurde jener Familie lose angeschlossen.

Diese Gestalten und die vielen anderen gleicher Prägung beherrschen die westnordische Welt das Mittelalter hindurch, die breiten Schichten des Volks noch lange danach, von den äußersten Grenzen Norwegens bis zu den Orkneys oder Dublin. Sie bilden den Grundstock in den Volksliedern der Färöer und Telemarkens bis in das 19. Jahrhundert hinab und tauchen in Dänemark und Schweden in Gastrollen auf: in der Chronik Saxos, in den phantastischsten unserer Kämpewiser oder in neuerer Dichtung, wie sie auch Karl XII. und seine Leute auf ihrem Zuge begleiteten. Auf Island läuft die Wikinger- und Märchensaga neben der dort einheimischen Sagaform her, und als diese verschwindet, sitzt die Märchensaga breit und lebensstark auf dem Hochsitz.

In den am meisten historischen dieser Sagas liegen die Motive noch denen der alten Heldendichtung nahe, aber der tragische Grundton fehlt. Zur Familientragödie kommt es nicht für diese frei beweglichen Individuen, Ziehbruderschaften und Liebesverhältnisse kommen und verschwinden, ohne tiefe Spuren zurückzulassen. Im Laufe der Zeiten schaffen sich ferner die Sagen ihren eigenen Gedankengang. Die Befreiung der Jungfrau von Riesen oder von einem schlimmen Bewerber wird Lieblingsgegenstand — mehr kraft eines aufdämmernden inneren ritterlichen Empfindens als durch literarische Einwirkung von außen her. Andrerseits wird der Ton vergröbert. Der Held artet mehr nach dem Haudegen der alten Lieder als nach ihrem königlichen Helden. Er ist mit Vorliebe ein starker Bauernbursch, der dem Herrscher trotzt: „Solches ich nicht haben will, dies ist nicht nach meinem Sinn“, so sagt Ramund der Junge in einem auf Wikingersagas beruhenden Volksliede. Und die burlesken Züge des Märchens steigern das Derbe noch mehr. Aber gerade diese ein wenig grobe und bauernmäßige Form der alten Heldengestalt ist imstande gewesen, die Ideale des Volkes Jahrhunderte lang auszudrücken.

Es ist merkwürdig, wie leicht diese märchenhaften Sagas allerlei fremden Stoff in sich aufnehmen können, ohne ihren eignen Charakter aufzugeben. Sie lernen die Kunst der Iren, die Erzählung in einer lyrischen Welle gipfeln zu lassen, aber der Gedankeninhalt bleibt nordisch: Ragnar singt im Schlangenhof seinen eignen Todesgesang, — die größte und kühnste Ausführung des ererbten Motivs der Todesverachtung. Man lernt von der fremden Erzählkunst, die von Licht, Farbe und seltsamen Gestalten schimmert; die Schar der Schwäne mit dem mystischen Bande führt den Helden zur Nachtzeit zu seiner Tat, aber der ganze Auftritt scheint uns ein norwegisches Bergmärchen und keineswegs irisch. So saugt die Saga auch das Märchen in sich auf; die Geschichte von dem Knaben und dem wilden Mann wird zu der vom König Harald und dem Riesen auf dem Dovrefjeld, und allerlei Helden nehmen das Äußere des starken und schläfrigen Aschenpuster an. Ein neuer Strom von Stoffen kommt weiterhin im Mittelalter von den britischen Inseln her: Verwandlungen durch die Stiefmutter und Entzauberung; aber die Wikingersaga weiß sie aufzunehmen und einzuschmelzen: der Wiking Illugi ist zur Riesenhöhle gekommen, er liegt nachts in den Armen der schönen Riesentochter, da steht plötzlich die furchtbare Riesin über ihm mit gezogenem Schwert, — aber ihn gruselt es nicht, da ist ihr Riesenwesen gebrochen, die ganze Familie ist erlöst und erhält wieder Menschengestalt; der Mannesmut in der drohenden Todesstunde hat noch einmal den Sieg errungen. Später kommt, in Buchform und durch Vermittlung des norwegischen Königshofes, die ritterliche Romanliteratur des Südens hinzu; ihre Feste, Turniere und Intrigen können hier und da an der Wikingersaga abfärben, können sie aber weder umformen noch verdrängen; dazu sitzt sie zu fest in den breiten Schichten des Volkes.

Eine einzige Wikingersaga ist eine Mischung der südlichen und der einheimischen Richtung, die von Frithjofs und Ingeborgs Liebe. Sie ist kein alter Sagenstoff, sondern im 12. bis 13. Jahrhundert von einem Manne mit isländischer Bildung erdichtet. Es steckt wohl ein wenig Ritterroman in ihrem Grundmotiv von den lange getrennten, endlich vereinten Liebenden; aber eine gewisse Keuschheit trennt sie von den fremden Vorbildern, das ganze Leben und die Szenerie darin sind die der Wikingerzeit, wenn auch ein wenig verblaßt und matt wie ein ferner Nachklang. Ein neuerer Dichter nahm den Stoff auf und legte hinein, was ihm an Farbe und seelischer Bewegung fehlte; und in dieser ritterlichen Form — als Tegnérs „Frithiof" — fand die Märchensaga Eingang in das poetische Bewußtsein der neueren Zeit.

Neuntes Kapitel.

Island und seine Sagas.

Die Isländersaga ist die zweite große Ausdrucksform der neuen Sagakunst; sie ist enger abgegrenzt nach Raum und Zeit, aber sie erreichte in künstlerischer, zum Teil auch in wissenschaftlicher Hinsicht eine Höhe, die der Menschengeist nur selten erreicht hat.

Zu den besonders günstigen Bedingungen, die Island für eine geistige Entwicklung bot, gehört zu allererst die eigenartige Auswahl von Menschen, die sich auf der Insel ansiedelte. Es zählten dazu alle jene Familien der Kleinkönige und Bauernhäuptlinge aus dem westlichen Norwegen, die sich nicht der Alleinherrschaft Harald Harfagris beugen wollten, sondern lieber eine Baustelle auf der fernen neuentdeckten Insel suchten. Aber zugleich bewirkte die Völkermischung, die Mischung von Norwegern aus verschiedenen Gegenden, von einzelnen Schweden, von Wi-

Über dem Text: Abb. 31. Isländischer Bauernhof im Mittelalter; im Hintergrunde die Wohnung, im Vordergrunde Wirtschaftsgebäude. Gudmundsson, Privatboligen paa Island.

kingern aus dem Westen und darunter halb keltischen Elementen, daß die Gesellschaft Islands nicht eine Wiederholung der alten nordischen Gesellschaft wurde. Auch wurde dies von Bedeutung, daß die Isländer hauptsächlich aus den Bezirken Hordalands und Rogalands herstammten, die kräftig mitgewirkt hatten in der großen Wikinger- und Entdeckungszeit; viele Familien hatten eine Reihe von Jahren in den westlichen Kolonien zugebracht. Man hatte sich den weiteren Gesichtskreis und Aufmerksamkeit für die politischen Verhältnisse fern und nahe angeeignet, denn alle diese weit verstreuten Wohnstätten waren eng miteinander verknüpft durch Familienverbindungen und gemeinsame Unternehmungen; die zahlreichen Kaufmannsschiffe brachten unaufhörlich Neues; dies wurde aufgenommen, untersucht, abgeschätzt. Die Erlebnisse der Zeitgenossen mußten sich von selbst zur Saga formen.

So siedelten sich denn diese vornehmen und begabten Leute auf Island an, unter bescheideneren Formen, als sie sie früher gekannt hatten. Statt eines Reichs hatte der Bauer höchstens eine recht eingeschränkte Häuptlingsherrschaft als der „Gode“ (d. i. Opferpriester und Thingleiter) seines Bezirks; mancher Mann edler Abkunft mußte sich als Bauer im „Godord“ (d. i. dem Godenbezirk) eines andern ansiedeln. Statt der stolzen Balkenhallen entstanden Häuser mit klafterdicken Erdwänden, eine nebeneinandergebaute Reihe oder Gruppe solcher Häuser bildete das Gehöft. Viehzucht, Vogel- und Fischfang erforderten die größtmögliche Aufmerksamkeit, wenn sie für die Schar der Hausleute und Knechte genügen sollten; für denjenigen, der früher mit den kostbarsten Waren fremder Länder Tauschhandel getrieben hatte, wurde der im Hause gewebte Fries der einzige große Ausfuhrartikel. So wurden alle die äußeren Verhältnisse verkleinert. Aber die geistige Bildung, der Überblick über das, was sich ereignete, die kluge Würdigung der Verhältnisse war das Adelsabzeichen, das man von seinen Vorvätern ererbt hatte.

Wie die Wikingersaga wird auch die Isländersaga aus dem Bericht über gleichzeitige Ereignisse geboren. Der neu Heimgekehrte sitzt auf dem Althing und erzählt — in zusammenhängender Rechenschaftsablage — alles, was im letzten Jahr auf den bekannten Schauplätzen geschehen ist.

Oder es kommt eine Szene vor wie die folgende: Der Skalde Thormod liegt und schläft seinen Mittagsschlaf in

Abb. 32. Isländischer Spielplatz mit Pferdekämpfen und Ballspiel. Landesbibliothek in Reykjavik. Eimreidin.

einer der Hütten auf dem Thing. Ein Mann kommt hinein und sagt: „Weshalb liegst du hier? du kommst um eine großartige Unterhaltung.“ — „Was gibt es? und woher kommst du?“ — „Ich war an Thorgrim Einarssons Hütte“, sagt jener, „und dort sind fast alle Thingleute.“ — „Welch eine Unterhaltung gibt es da?“ — „Thorgrim erzählt eine Saga. Ich weiß nicht, von wem sie handelt; aber er erzählt unterhaltend. Es ist ein Stuhl für ihn außen vor die Hütte gestellt, und die Leute sitzen um ihn herum und hören zu.“ — „Kannst du mir nicht einen nennen, der in der Saga vorkommt?“ — „Da ist ein Kämpe Thorgeir in der Saga, und Thorgrim selbst, glaube ich, kommt auch in der Geschichte vor; geh doch hin und höre sie dir an!“ — „Das kann geschehen“, sagt Thormod. Er hat verstanden, daß Thorgrim Einarsson von dem Totschlag erzählt, den er an Thormods eigenem Ziehbruder verübt hat; und er nimmt seine Streitaxt zu sich und wendet die dunkle Seite seines Mantels nach außen, bevor er hingeht zu der Menge. Ein plötzlicher Regenschauer unterbricht die Erzählung und zwingt alle, in die Hütten zu eilen, und während dieser Verwirrung spaltet er mit der Axt Thorgrims Haupt und weiß durch eine verschmitzte List den Verdacht der Tötung von sich abzuleiten.

So ungefähr ist wohl manche Saga entstanden. Die Erzählung wurde einem gespannt lauschenden Zuhörerkreis von einem vorgeführt, der selbst eine Rolle in den Begebenheiten gespielt hat; und noch während so der erste Auftritt berichtet wird, bildet das Leben weiter an dem Schicksale der auftretenden Personen.

Die Stoffe der Erzählungen der Isländer umspannen Norwegen, die Färöer, die Orkneys, Grönland, bisweilen auch Dublin, erstrecken sich auch auf Dänemark und Schweden, ja einmal selbst auf die Nordleute in Rußland. Die Isländersaga ist immer streng gebunden an die Menschen nordischer Nationalität oder vielmehr norwegischer Nationalität im weitesten Sinne. Aber vor allem werden die Begebenheiten auf Island selbst mit dem Scharfblick des Künstlers und der Nüchternheit des Gelehrten aufgefaßt und wiedergegeben.

Island hat seine Sagazeit, die Zeit, wo „die Sagas gemacht wurden“, wie es in ihrer eigenen Sprache heißt, d. h. wo die Begebenheiten sich zutrugen. Es ist die Zeit von 930, dem Abschluß der Besiedelung, bis 1030, dem Abschluß des ersten Menschenalters nach der Einführung des Christentums im Jahre 1000. In dieser ganzen Zeit gab es unaufhörliche Zusammenstöße zwischen trotzigen Großbauern, die nur eine neue und schwache Verfassung zusammenhielt. Aber als die Rechtsordnung mehr gefestigt ist, die gleichmäßige Gewöhnung zur Arbeit größer geworden, als die führenden Geistlichen den Fehden Einhalt zu gebieten suchen, legt sich der Unfriede. Aber nun erst bilden sich die Sagas in der eigentlichen Bedeutung. Jetzt, wo die neuen Begebenheiten minder zahlreich und spannend sind, sammelt sich die Aufmerksamkeit um diejenigen der Vergangenheit; sie werden wieder vorgeholt und künstlerisch zu zusammenhängenden Erzählungen geformt.

Was da geschah, war soweit nichts anderes, als was auch mit dem Leben Ragnars und anderer Wikinger geschehen war oder mit Hrolf und Attila aus der Völkerwanderungszeit. Nur in einem Punkte bestand ein durchgreifender Unterschied. Der Horizont schloß sich nicht hinter den Großbauern der Saga, wie er sich hinter Hrolf und Ragnar geschlossen hatte, wodurch dann ihr Leben sich in allgemein dichterische oder phantastische Züge verflüchtigte. Man lebte und bewegte sich in demselben Bezirk, in dem die Väter gelebt hatten, kannte jeden Fleck, wo ein Kampf stattgefunden hatte oder wo ein alter Hofplatz von der Besiedlung Kunde gab; Nachkommen waren zur Stelle und hörten zu oder erzählten; man war nicht nur mit den Hauptpersonen vertraut, sondern auch mit einer großen Zahl der auftretenden Nebenpersonen und kannte oft aus anderen Sagas ihre Lebenszeit und ihre Bedeutung. Nur wenn die Saga sich außerhalb Islands bewegt, besonders wenn sie weit in die Ferne nach Schweden, Finnmarken oder Bjarmaland am Weißen Meere schweift, neigt sie dazu, sich in denselben phantastischen Schilderungen zu verlieren wie die Wikingersagas. Aber auf isländischem Boden ist der Horizont nicht geschlossen, der Erzähler fühlt sich in unmittelbarer Berührung mit seinem Stoff; so bekommt dieser die Anschaulichkeit und den Reichtum des wirklichen Lebens.

Wieviel von der Darstellung der Sagas geradezu geschichtlich ist, wieviel auf künstlerischer Ausformung beruht, kann man jetzt unmöglich völlig ergründen. Nur für Begebenheiten außerhalb Islands haben wir einen historischen Maßstab; aber es würde unrichtig sein, das Ergebnis einer entsprechenden Prüfung ohne weiteres auf die isländischen Begebenheiten anzuwenden, wo die Erzählung einen ganz anderen Charakter hat. Das Wesentliche ist ja auch nicht das in Prozenten anzugebende Maß historischer Richtigkeit in den Sagas, sondern das geistige Wollen und Können, das sich in ihnen zeigt: die Fähigkeit, diese Begebenheiten, die oft klein und unbedeutend sind — Streitigkeiten um einen gestrandeten Wal, ein unsicheres Grenzzeichen u. ä. —, darzustellen als Ausdruck für das Wesen und die Handlungsweise der Personen und für die ganze Kette großer und kleiner Handlungen, die zu den entscheidenden Schicksalen führen.

Die Saga enthält einen Reichtum an Einzelheiten der Handlung; sie bringt Schilderungen von jedem Hiebe, der im Kampfe geführt wird, von jedem Zuge auf dem rechtlichen und politischen Schachbrett, von dem Äußeren im Auftreten einer Person, ihren Waffen, Kleidern, ihrem Wuchs und Gesichtsausdruck. Aber vor allem ist ihre Fähigkeit, Charaktere zu zeichnen, ganz außerordentlich; ein jeder Charakter äußert sich durch die charakteristischen großen und kleinen Handlungen, bleibt immer sich selbst gleich und tritt in Gegensatz zu den anderen Personen der gleichen Saga.

Die Erzähler der Sagas sind Leute des gleichen Standes gewesen, wie die darin auftretenden Personen, also isländische Großbauern; in nicht wenigen Fällen war die Kunst des Erzählers mit der des Skalden vereint. Seltener haben Isländer einfacheren Standes sich einen Lebensunterhalt dadurch geschaffen, daß sie als Erzähler an nordischen Königshöfen auftraten. Im 12. Jahrhundert stehen die Priester in einem gewissen Verhältnis zur Erzählung und wohl noch mehr zur Aufzeichnung der Saga, wie sie überhaupt einen hervorragenden Platz in jeder geistigen Tätigkeit einnahmen. Aber diese Leute besaßen ja auch in ganz andrem Maße eine heimische Bildung als die überwiegende Mehrzahl der Geistlichen im übrigen Europa.

Die Aufzeichnung wird vollzogen in dem Zeitraum von 1150—1250. Über die eigentliche Entstehung dieser Niederschriften wissen wir gar nichts. Die Verfasser haben weder ihren Namen angegeben, noch auch ihre schriftstellerische Tätigkeit auf andere Weise berührt, keine Jahreszahl oder literarische Wendung gibt Aufschluß über die Art des Entstehens dieser Werke. Wir können nicht einmal ersehen, ob sie von Anfang an zum Vorlesen aufgezeichnet sind oder nur als Textbücher, aus denen der Sagaerzähler lernte, was er vortragen sollte; denn die Darstellung bewegt sich dauernd in der Fiktion, daß eine mündliche Saga vorgetragen wird.

Natürlich hat diese schriftliche Ausarbeitung eine Abrundung, eine Nachprüfung, eine sorgfältige Wahl des Ausdrucks ermöglicht, die über das Maß hinausgingen, das die mündliche Überlieferung gestattete. Aber wir können den Umfang der Änderungen bei diesem Übergange nicht ermessen, ebensowenig wie wir wissen können, inwieweit die Teile des Stoffs nun erst zusammengepaßt wurden, um Handlungs-Einheiten zu bilden. Unserem mangelhaften Wissen haben die Forscher durch Vermutungen abzuhelfen gesucht; der eine meint, daß schon früh der Lebenslauf einer jeden Person ein Ganzes ausgemacht, ein anderer, daß erst der Sagaschreiber die vielen Einzelerzählungen in einen festen Plan eingefügt habe; am ehesten wird man die aufgezeichnete Form der Saga doch als die wohlgeordnete Vereinigung aller der Elemente und Richtungen auffassen können, die sich in verschiedenen mündlichen Überlieferungen vorfanden.

Wir wollen ein Beispiel herausgreifen, und zwar dasjenige, bei dem wir die sichersten historischen Anhaltspunkte haben, die Saga von Egil Skallagrimsson. Zunächst hatte man da die poetische Überlieferung, jene Gedichte, in denen er seinen Haß und Kummer, seine Menschenfeindschaft, sein Mißtrauen, seinen Trotz, seine jubelnde Jugend und sein wankendes Alter ausgedrückt hat, die ein ganzes Porträt von ihm bis auf das Äußere, das eckige, dunkle und runzlige Haupt enthalten — alles das lag zur Benutzung fertig da, wenn nur ein Dichter kam, der alle diese persönlichen Züge in die rechte Verbindung mit Egils Erlebnissen brachte. Und dann war da die eigentliche Saga von dem Geschlecht Skallagrims, der Kampf gegen das mächtige Königsgeschlecht Norwegens: zunächst der prächtige erste Akt, wo Skallagrims Bruder Thorolf durch die Ränke der Verleumder fällt und sein Vater Kweldulf und Skallagrim Rache nehmen; und dann das übrige Drama, wo

Egil sich mit Eirik Blutaxt überwirft, von den kleinen Neckereien bei dem Vogte des Königs bis zu der großen Szene, in der die Leute des Königs den Thingfrieden brechen, und jener anderen, in der Egil die Neidstange errichtet und die Zauberworte spricht, die Eirik aus seinem Reiche treiben; und zuletzt die große Hauptlösungsszene, wo er ungedemütigt in der Königshalle steht, als es sein Leben gilt. Die Erzählung muß auf Egils eigene Berichte zurückgehen, und sie ist durchaus ein Loblied auf ihn als den idealen Bauernhäuptling, der selbständig und erfindungsreich niemals der Fürstenmacht unterliegt. Aber das Bild, das das Geschlecht Skallagrims von sich entworfen hat, ist nicht individuell; es ist ganz und gar typisch für den Großbauern und Wiking jener Zeit. Desto mehr persönliche Züge enthalten die Skaldenanekdoten, die der Nachwelt überliefert wurden, kleine Geschichten, die sich an die einzelnen Gedichte Egils oder bisweilen an andere Verhältnisse in seinem Leben knüpfen. Sie stammen von der jungen Generation, die mit Bewunderung, aber auch mit dem Schelm im Auge auf die gewaltsamen Äußerungen seiner Gemütsbewegungen blickte. Dazu gehören: sein maßloser Kummer bei seines Sohnes Tod — und die Tochter, die ihn durch Betrug davon abbrachte, Hungers zu sterben, oder die Geschichte, wie er dem jungen Skalden nachritt, um sich an ihm für sein Geschenk zu rächen, ihn zu erschlagen, weil die Gabe die Aufforderung an Egil enthielt, ein Gedicht zu verfassen. Aber draußen im Lande lebte die eigentliche Volkssage; sie hatte die gleiche Auffassung von der gewaltigen Größe des Geschlechts und äußerte sie in noch keckeren Zügen. Wenn der Schnitter vor der Schmiede stand und seine Sense an dem weißen Steinblock neben der Tür schärfte, dann gedachte er daran, wie Skallagrim allein im Boote hinausgefahren und nach diesem Blocke niedergetaucht war, wie er ihn aus der Tiefe heraufgeholt und nach Borg heimgerudert hatte; oder wenn er am Abend draußen war, sah er Licht brennen dort, wo der alte Egil in seinem Geiz seinen Schatz verborgen hatte; oder er erinnerte sich der Sage von dem alten Kweldulf, daß er eine so große Sehnsucht hatte, nach Island zu kommen, daß er sterbend befahl, man solle seinen Sarg über Bord werfen, damit er Land in Besitz nehmen könne — und so war er denn ans Ufer gelangt, hatte einen Landbezirk für seine Nachkommen ausgewählt, und nun erhob sich sein Grabhügel auf der Landspitze. Da waren ferner alle die jüngeren Zusätze von Sagastoff, welche antraten, als man dem Egil einen Lebenslauf, entsprechend dem der anderen Helden der Wikingerzeit, andichtete. Er kommt z. B. nach einer kleinen Insel Norwegens, besteht einen Zweikampf mit Ljot dem Bleichen — es ist das ein gebräuchlicher Name für einen Schurken — und befreit dadurch die Schwester eines jungen Bauern von der drohenden Heirat; „ich mache keinen Anspruch auf einen Lohn dafür", sagt er im schönsten Ritterstil, „der Schwertlärm (d. i. der Kampf) mit dem bleichen Manne war mir ein lustiges Spiel", — in schroffem Gegensatz zu der Geldgier und Kargheit, die die Anekdoten und zum Teil auch die Lieder in kräftigen Zügen aufweisen. Gleichen Edelmut zeigt er auch in anderen von diesen Reiseabenteuern. Endlich sehen wir ihn auch als Heerführer im Dienste des englischen Königs, und in dieser Stellung gewinnt er eine große Schlacht über den schottischen König; das ist selbstverständlich ganz unhistorisch, aber es ist ein Roman, den der Sagaerzähler — oder die Sagaerzähler — erdichtet haben, um eine Erklärung für die Jugendverse Egils aus der Zeit von Thorolfs Fall beizubringen.

Es möchte als eine schwierige Aufgabe erscheinen, alle diese Egils zusammenzuschmelzen: den idealisierten Großbauern, den ritterlichen Helden, den wunderlichen Greis der Anekdoten und den riesigen Kämpen der Volkssagen; aber es ist geglückt. Der Sagadichter hat in genialer Weise aus den verstreuten Einzelstrophen seine Persönlichkeit herausgelesen und so den Charakter festgelegt, der den Generalnenner für die vielen Szenen bildet. Er gibt sich keine Mühe, die Züge des Geizes und der Hinterlist, die die Anekdoten Egil zuschrieben, zu entfernen; er läßt gerade diese Seiten seines Wesens bei passender Gelegenheit durchblicken, und er dämpft den Edelmut der Reiseabenteuer so sehr, daß keine schneidende Disharmonie entsteht. Selbst die Volkssage, die lichtscheu umging, wurde eine Goldgrube poetischer Motive: es lebt Riesenart in dem Geschlecht, die sich in alten Zeiten als wirkliche Zugehörigkeit zu den Unholden zeigt, als Berserksgang in der Dämmerung bei Kweldulf und seinem Sohne und, den menschlichen Verhältnissen angepaßt, bei Egil in seiner Stärke, Härte und Häßlichkeit, — wie ein dunkler Untergrund, aus dem die Eigenart des Geschlechts und der Saga emporsprießt. Und welche Gabe besitzt nicht dieser Dichter, jedes kleine Detail mit Charakterzeichnung zu füllen! Aus einigen Beinamen alter Landnehmer hat er die mächtige Szene geschaffen, wo Skallagrim zum ersten Male auftritt, um Buße für seines Bruders Tod zu verlangen; welch ein Riesentrotz gegenüber dem Könige bei ihm und seinem Gefolge! Welch eine seltene Dichtergabe, durch jeden Einzelzug das Ganze zu bereichern!

Und doch gehen wir vielleicht zu weit, wenn wir von einem Dichter sprechen. Vielleicht ist diese Saga das Werk mehrerer, von denen der eine dem andern in die Hand gearbeitet hat; den persönlichen Einsatz eines einzelnen Dichters können wir nicht wahrnehmen; wir beobachten das Zusammentreffen aller Fähigkeiten des Volkes, das glückliche Zusammenspiel, in welchem Verständnis für das seelische Leben und Fülle des Stoffs, Wirklichkeitsbeobachtung und dumpfes Ahnen sich vereinigt haben, um das Meisterwerk zu schaffen.

Die Isländersaga ist eine neue Kunst, die entstanden ist durch das innige Verhältnis des Dichters zu seinem Stoff, zu den Überlieferungen der Vergangenheit, die der Sagaerzähler sozusagen mit der Muttermilch einsaugt, und zu dem Leben der Mitwelt, das dem Dichter das Menschenmaterial und die Szenerie gibt, die er in reichem Maße ausnutzt. Aber zugleich ist sie — was nicht so sehr in die Augen fällt — die Frucht literarischer Bildung. Die Fähigkeit der Sagadichter, die Seele zu erforschen, steht in naher Verbindung besonders mit den jüngern der Eddalieder. Wenn eine einzige Erzählung, die Laxdœlasaga, eine weibliche Hauptperson erhalten hat, die Gudrun Oswifstochter mit ihrer gewaltigen Leidenschaftlichkeit, die, zwischen die Liebe zweier Männer gestellt, „gegen den am schlimmsten handelte, den sie am meisten liebte“, — so hat die Brynhild der Heldendichtung bei dieser Gestalt Patendienste geleistet. Hie und da können wir auch literarische Vorbilder für einzelne Auftritte erkennen. Wenn Egil der Grablegung seines Sohnes beiwohnt und bei seiner starken inneren Erregung sein Rock zerreißt, so wiederholt dieser Zug — ein wenig mehr vernunftgemäß — die Szene, wo Sigurd von seiner letzten Unterredung mit Brynhild aufbricht. Oder wenn Egil nach Thorolfs Tod in der Halle des englischen Königs sitzt, gleichgültig für alles um ihn herum und nur erfüllt von den schweren Qualen seiner Seele: bald hebt sich seine linke Augenbraue über die Stirn, und die rechte senkt sich gewaltsam, bald umgekehrt, — so ist das sicherlich durch unbekannte Zwischenglieder hindurch ein Nachhall von Cuchullinns Rasen in der irischen Heldendichtung. Aber die Treffsicherheit und überlegene Technik der Sagakunst zeigt sich in der Leichtigkeit, mit der sie von der Wirklichkeit zu den phantastischen Zügen eine Brücke schlägt.

Der Schwerpunkt in der Egilssaga ist der mächtige Charakter des Helden in seinen mannigfachen Erscheinungsformen. Die Vorgeschichte des Geschlechts wird als Einleitung zu seinem Lebenslauf empfunden. Der Zusammenstoß mit den norwegischen Königen, der zu Beginn ganz die Handlung füllt, geht nach und nach zu Ende, und das persönliche Interesse für den Helden wächst. Wenn wir so all das mit durchlebt haben, und zum Schluß auch das schmerzliche Nebeneinander von gewaltiger Kraft und Gebrechlichkeit in seinem Alter, fühlen wir uns ganz durch diese Riesenseele gefesselt, deren kraftvollen, aber wunderlichen und einsamen Gang durchs Leben wir staunend verfolgt haben.

Der Inhalt der Isländersagas ist meist der Lebenslauf einer einzelnen Person; oft zeigt es sich, daß die Vorgeschichte des Geschlechts und die loser angeknüpften Episoden in einem gewissen Verhältnis zu der Hauptgestalt stehen. Es finden sich auch Sagas, in denen die Gruppierung um einen Mittelpunkt nur schwächer durchgeführt ist und die Eigenart der Memoiren — die Erlebnisse eines gewissen Zeitalters innerhalb desselben Bezirks und desselben Menschenkreises werden dargestellt — überwiegt; so die große Erzählung von den Eyrbyggjar, die Eyrbyggjasaga, in der die politische Klugheit des Goden Snorri nur eben das Interesse um sich sammelt; oder die Nialssaga, die im Grunde aus zwei zusammengehörenden Sagas besteht, von denen die eine in Gunnars tapfere Verteidigung und seinen Fall, die andere in die Verbrennung Nials und seiner Söhne ausmündet.

Abb. 33. Gunnars Hügel bei Hlidarendi. Collingwood and Stefánsson, Saga-Steads.

Es gibt kleinere Sagas, in denen die Handlung eine völlig geschlossene Kette bildet. So die Saga von Gunnlaug Schlangenzunge, die ausschließlich vom Kampfe der zwei Nebenbuhler um Helga die Schöne handelt, die mit dem Traum ihres Vaters von dem Schwan auf seinem Hausgiebel und dem Kampf der zwei Adler um ihn anhebt und bis zu der Zeit führt, wo Helga sterbend den Mantel, den ihr Gunnlaug geschenkt hat, entfaltet und auf ihn schaut, bis ihr die Seele bricht. Als Dichtungen liegen diese geschlossenen Kompositionen unserem Verständnis am nächsten; als Einsatz in der Geschichte des Menschengeistes oder jedenfalls als einer der Gipfel, die erreicht sind, stehen die großen Sagas wohl höher: durch die Tiefe der Charaktere und das allseitige Verständnis für das Spiel der Kräfte, die den Gang des Schicksals bedingen.

Der moralische Standpunkt der Saga ist schwer zu bestimmen, schon deshalb, weil es mit zur Kunst des Erzählers gehört, seine Teilnahme für die eine oder die andere Gestalt nicht zu verraten. Die Saga steht nicht mit Bewußtsein auf einem anderen Standpunkt als dem, daß sie das Leben beschreiben will; sie will es nicht leiten. Sie hat Sympathie für jede starke Äußerung menschlicher

Geisteskraft in der Leidenschaft, dem Scharfsinn, der körperlichen Geschicklichkeit, der Waffentat. Und doch verbirgt sie, wie es scheint, in der Tiefe eine mehr ethische Würdigung, eine Ahnung davon, daß Egils Mißgeschick mit dem Harten und Unfreundlichen in seinem eignen Wesen zusammenhängt, während ein Gunnar auf Hlidarendi, die makelloseste Gestalt der Sagas, freier und sicherer durchs Leben geht und den Tod des Helden stirbt.

In religiöser Hinsicht fußen die Sagas weder im Heidentum noch im Christentum, sondern in einem Glauben an den unabwendbaren Gang des Schicksals, der sich den Menschen durch Vorzeichen, Gesichte und Träume offenbart. Formell glaubt der Sagaerzähler meist nicht an das Übernatürliche; er steht nicht mit seiner Person für dessen Wirklichkeit ein, sondern er geht mit einem „man erzählt" daran herum. Doch Schicksalslauf und Vorzeichen stehen in innerer Verbindung mit dem Gang der Handlung; gerade dadurch, daß es halb verdeckt ist, wirkt das Übernatürliche desto unheimlicher in den Vorbedeutungs- und Gespensterszenen der Saga. — In dem Schicksalsglauben ohne positiv religiöse Färbung steht die Isländersaga der Heldendichtung nahe; das dunkle Verhältnis des Übernatürlichen zum Menschenleben ist dagegen etwas Neues.

Es liegt ein altes volkstümliches Erbe in dieser lauernden übernatürlichen Welt, ein Erbe, das wohl in der Hauptsache in dem Aberglauben und der Gespensterfurcht der Bevölkerung der norwegischen Westküste besteht, mit einem Zusatz von keltischer Geisterseherei. Aber eine Zeitlang wird es niedergehalten von der Nüchternheit des Wikingergeistes. Wir haben bei der Egilssaga gesehen, wie es auf dichterischem Wege in die Erzählerkunst eindringt, aus den Geschichten der Hirten und Schnitter in die Festhalle übergeht, wo der Sagamann vor einem Kreise vornehmer Zuhörer vorträgt; und gerade in dieser Form wirkt es dann mächtig mit zur künstlerischen Ausgestaltung des Stoffes: diese von Zeit zu Zeit auftauchende Unterströmung von Ahnungen vereint die einzelnen Teile, die im Gedächtnis leben, zu einem dichterischen Ganzen und läßt die Erzählung hinspielen über alle Saiten des Lebens.

Leider dauert diese glückliche Vereinigung entgegengesetzter Richtungen des Seelenlebens nur kurze Zeit. Eine unheimliche, schicksalsschwere Phantasie wächst heran und trägt den Sieg davon über die alte Weltklugheit und das dichterische Ebenmaß. In den bitteren Streitjahren der Sturlungenkämpfe um die Mitte des 13. Jahrhunderts drückt sich die Angst der Seelen andauernd in Gesichten und Träumen aus. Was vorher dichterisch beherrscht war, gewinnt nun nach und nach die Oberhand. Der Fall des isländischen Freistaats bringt das Aufhören der nationalen Sagadichtung mit sich. Man bevorzugt nunmehr die Märchensaga und wendet auf sie den ausgebildeten ästhetischen Sinn an; ihre phantastischen Elemente werden immer stärker, entfernen sich immer mehr von der Wirklichkeit. Das Volk, das früher so scharf um sich blickte, sinkt in Schlummer — in politischer, ästhetischer, volkswirtschaftlicher Hinsicht — und schläft seinen jahrhundertelangen Schlaf voll unruhiger Träume, während die Alfen von allen Klippen her lachen und die Riesen aus allen Felshöhlen, während die Erde bebt und die Feuerberge leuchten und Seelen wie schwarze Vögel um den Krater der Hekla fliegen.

Zehntes Kapitel.

Die gelehrten Isländer.

Island wurde auch das gelehrte Island. Seine geistigen Erzeugnisse wiesen nicht nur künstlerische Gestaltung auf, sondern auch ein beharrliches Streben, das Wesen der Dinge zu ergreifen, eine nüchterne und ernste Kritik zusammen mit einer feinen Beobachtungsgabe und der Fähigkeit, aus dem Gegebenen Schlüsse zu ziehen. Die Geschichtsforschung, Mythologie, Sprachwissenschaft und Rechtslehre gelangen hier zu einer Blüte, die innerhalb des Mittelalters nicht ihresgleichen hat.

Es gibt dort gelehrte Männer, *fróðir menn,* die Bescheid wissen über die Traditionen der alten Zeit, über Familienverhältnisse und Begebenheiten, auch über die poetische Überlieferung der Vergangenheit. Doch ist nicht dieses Wissen das Eigentümliche, dergleichen findet sich

Über dem Text: Abb. 34. Isländischer Häuptlingsstuhl. Antiq. Tidsskrift 1843.

bei vielen Völkern; eigentümlich ist das Zweifeln und Forschen dieser Männer. Sie fühlen die Unsicherheit, wenn mehrere Berichte über dieselbe Sache vorliegen; und sie streben nach festen Regeln, um die Wahrheit herauszufinden. Wir beobachten da zunächst die Bestimmtheit, mit der sie aus mehreren Berichten denjenigen auswählen, der am besten zu den alltäglichen menschlichen Verhältnissen stimmt, und wenn dieser nur in einer phantastischen Darstellung vorliegt, das glaubwürdigere Ereignis herauszufinden suchen, das dahinterliegen mag. Die Vernunftmäßigkeit wird ein Hauptgesetz für die Geschichtsforschung, wird aber mit Vorsicht durchgeführt; wo es nicht leicht ist, um den seltsamen Bericht herumzukommen, wird er mit Zweifel dem eigenen Urteil des Lesers anheimgegeben. Zugleich werden — und das ist noch merkwürdiger — Regeln für die Quellenkritik geschaffen; der große Grundsatz der Geschichtschreibung der Neuzeit, daß die gleichzeitigen Berichte über eine Begebenheit unendlich wichtiger sind als die Auffassung späterer Zeiten, steht in seinen Hauptzügen schon für die Isländer fest. Der geschichtskundige Mann begnügt sich nicht mit dem Bericht, der allgemein erzählt wird, wenn man beim Gastgebot „sich mit Sagas die Zeit kürzt"; er fragt jeden der alten Leute aus, die den Begebenheiten nahestanden, untersucht, von wem der wiederum sein Wissen erhalten hat, ob vielleicht in seiner Jugend von einem geschichtskundigen Greise; oder man geht auf die gleichzeitigen Skaldenlieder zurück, die für die auftretenden Personen gedichtet und in Anwesenheit vieler vorgetragen wurden, die selbst Augenzeugen gewesen waren.

Ari Frodi, d. i. der Kundige, welcher 1148 starb, ist der erste Schriftsteller Islands und der Begründer seiner kritischen Geschichtschreibung. Was einst *fróðir menn* in ihren mündlichen Mitteilungen erstrebten, das ist klar durchgeführt in seiner „Islendingabók". Er war der Pflegesohn eines alten Mannes; denn er kam im Alter von 7 Jahren durch den Tod seines Großvaters zu dem weisen Hall im Haukadal, der der Handelsgenosse Olafs des Heiligen gewesen war und bis in die Zeit zurückdenken konnte, wo er, drei Jahre alt, von dem Missionar Thangbrand getauft wurde. Seinem Stande nach war er ein Geistlicher oder vielmehr ein theologisch gebildeter Häuptling, wie die meisten schriftstellernden Männer jener Zeit; der Kern seiner Bildung ist der weltlich freie Blick, den seine Landsleute damals besitzen. Als älterer Mann schrieb er seine Geschichte Islands, die seinen Nachfolgern als ein Musterwerk von Wahrheitsliebe und Genauigkeit erschien; er führt den Gewährsmann jeder Begebenheit an, und auf die Chronologie hält er große Stücke.

Das Buch hat in einer längeren und einer kürzeren Form vorgelegen. Die letztere ist ein Supplement oder eine verbesserte Auflage (1134); die längere enthielt auch die norwegische Königsgeschichte und isländische Stammtafeln; aus diesen Abschnitten wuchsen bald neue Werke heraus. Die Stammtafeln wurden von verschiedenen erweitert, bis sie eine vollständige „Landnámabók“ bildeten, einen Bericht über alle, die sich auf Island angesiedelt hatten. Aus seinen Angaben über das Leben der norwegischen Könige entstanden alle späteren Darstellungen der Geschichte Norwegens, darunter auch Snorri Sturlusons große Sammlung von Königssagas. Andere lieferten Fortsetzungen und schrieben die Geschichte ihrer eigenen Zeit, umfassender und anschaulicher, als Ari dazu imstande gewesen wäre; z. B. der isländische Abt Karl, der die Saga von König Swerrir nach dessen eignem Bericht aufzeichnete.

Die Königssagas waren ein Erzählstoff gewesen wie die Isländersagas; aber unter der Behandlung kundiger Männer werden sie eines großen Teils des phantastisch anekdotenhaften und unterhaltenden Stoffs entkleidet; gleichzeitige Skaldenverse werden in großem Umfang als Belege eingeflochten, und die sicheren Begebenheiten und die Zusammenhänge mit der Zeitgeschichte werden in den Vordergrund gestellt.

Snorri Sturluson tritt an den ersten Platz. Im großen und ganzen stellt er Islands Kultur in ihrer höchsten Blüte dar. Er ist der Herr eines großen Gehöfts, der hervorragendste Politiker seiner Zeit, ein kundiger Rechtsgelehrter, der größte Skalde während mehrerer Jahrhunderte, als Mytholog der einzige wirkliche Forscher und als Historiker der Höhepunkt der ganzen Literatur Islands. Als Politiker arbeitet er sich zu einer Machtstellung ersten Ranges empor und führt sein Land nicht ohne Glück durch eine schwere

Zeit. Jetzt, wo Besitz und Häuptlingsmacht in den Händen einiger weniger vereinigt sind, geht es mit der Verfassung des Landes bergab, die gerade darauf beruhte, daß neben den streitenden Parteien eine große Gemeinschaft da war, die Interesse hatte an der Erhaltung des Friedens. Überfälle und Plünderungen werden häufiger, die Maschinerie des Rechts kann nicht in Gang gebracht werden. Gleichzeitig beginnt der norwegische König, seine Hand nach dem Lande auszustrecken. Snorri beteiligt sich, im ganzen mit Mäßigung, an den inneren Fehden, und er weiß den gegen Island gerichteten Eroberungsplänen Einhalt zu gebieten,

Abb. 35. Reykjaholt, Snorri Sturlusons Gehöft; im Vordergrunde die warmen Quellen, „Reykir". Collingwood and Stefánsson, Saga-Steads.

indem er es selbst übernimmt, des Königs „Lehnsmann" zu sein, allerdings ohne die Absicht, mit dem Untertanenverhältnis Ernst zu machen. So hält er sich und das Land einigermaßen über Wasser, bis ein rücksichtsloser Nebenbuhler in einer Septembernacht des Jahres 1241 ihn auf seinem Gehöft Reykjaholt überfiel und tötete. Das Land wurde jetzt in eine lange und blutige innere Fehde verwickelt, die damit endete, daß man den König von Norwegen zum Herrscher annahm.

Inmitten all dieser Beschäftigungen und mehrerer längerer Besuche am norwegischen Königshof fand Snorri

Zeit zu umfassenden literarischen Arbeiten: zu Skaldengedichten, zu der mythologischen Schrift Edda und zu seinem Werk über die Geschichte Norwegens, den „Sagas der norwegischen Könige“ oder — wie man es später genannt hat — der „Heimskringla“. Das Werk handelt nicht, wie der letzte Name besagt, vom „Weltkreis“, sondern von dem norwegischen Königsgeschlecht von seinem fernen Ursprung aus dem Volk der Asen an bis zu der Zeit, wo Swerrir den Grund legt zu einer neuen Epoche in der Geschichte Norwegens. Wie Aris Werk beginnt es mit einer quellenkritischen Einleitung, und Snorri hat sich so sicher gefühlt in seiner Methode, daß er sich kühnlich an die bunte Welt des Mythus und der Heldensage heranwagt, um daraus natürliche und menschliche Geschichte herzustellen. Ist auch sein Gedankengang dem eigenen Gedankengang der Sagen recht ungleich, so legt er desto deutlicher Zeugnis dafür ab, wie stark der isländische Rationalismus sich selbst einem schwierigen Stoff gegenüber fühlte. Aber die Erzählung wird trefflicher, je weiter sie in der Zeit vorrückt; mit behutsamer Hand verbessert Snorri die Fehler seiner Vorgänger; keiner versteht wie er, einem alten Skaldenvers die Einzelheiten der Handlung zu entlocken, und wenn er über ein Schlachtfeld geht, vermag er mit dem schnellen Blick des Häuptlings zu sehen, wie der Gang des Kampfes gewesen ist. Am glänzendsten ist jedoch sein Verständnis für Charaktere und die Gruppierung der Handlung; er ist nicht nur Aris Schüler gewesen, er hat auch von der feinen Erzählkunst in den Isländersagas gelernt. Die „Sagas der norwegischen Könige“ sind eine Familiensaga, die hohen Gaben und großen Ziele des Geschlechts sind der Inhalt; bisweilen werden die Gaben getrennt, ein König ist Wiking, ein anderer Friedenshäuptling, aber vereint ergeben sie die große Herrschergestalt, den heiligen Olaf, den von Gott erlesenen Bahnbrecher für die christliche Staatsgemeinschaft.

Wir wollen ein kleines Stück aus der Chronik herausgreifen, das zugleich Snorris Quellenkritik und sein Verständnis für Charaktere zeigt. „Halldor, der Sohn Brynjolfs Ulfaldi des Alten, war ein gescheiter Mann und großer Häuptling; er hörte, daß man die Sinnesart der beiden Brüder, Olafs des Heiligen und des Königs Harald des Harten, als höchst unähnlich bezeichnete, und er sprach da folgendes: Ich stand in großer Gunst bei beiden Brüdern und kannte die Gemütsart beider; ich habe nie zwei Männer gefunden, die einander ähnlicher waren in ihrer Sinnesart; beide waren verständige und waffentüchtige Männer, begierig nach Gut und Macht, Herrschernaturen und nicht leicht zu behandeln im Verkehr, streng und zum Strafen geneigt. König Olaf zwang das Volk zum Christentum und zum rechten Glauben, aber bestrafte den grausam, der sein Ohr dagegen verschloß; die Häuptlinge des Landes wollten seine Gerechtigkeit und Unparteilichkeit nicht dulden, sammelten ein Heer gegen ihn und erschlugen ihn auf seinem eigenen Grund und Boden, — deshalb wurde er heilig gesprochen. König Harald unternahm Plünderungszüge, um sich Ruhm und Macht zu verschaffen, er zwang so viel Volks unter seine Herrschaft, als er vermochte, und fiel auf dem Grund und Boden eines anderen Königs. Beide Brüder zeigten im täglichen Leben ein maßvolles und vornehmes Auftreten, waren weitgereiste und unternehmungslustige Männer und wurden dadurch weitbekannt und berühmt."

Ja, gewiß hatte man diese beiden als ungleich bezeichnet, der eine war 200 Jahre lang als ein Heiliger gepriesen worden, des anderen gedachte man als eines Tyrannen; Snorri — und sein Gewährsmann — sieht das Menschliche in beiden, sieht dieselbe gewalttätige Häuptlingskraft und erkennt darin die Familienähnlichkeit, aber er ist doch keinen Augenblick im Zweifel, worin der wesentliche Unterschied besteht: Harald, der Plünderungszüge unternahm, um Ruhm zu gewinnen, und schließlich auf dem Grund und Boden eines anderen Königs fiel, war ein Wiking; Olaf, der „das Volk zum Christentum und zum rechten Glauben zwang", vertritt das neue Königtum mit seiner sozialen Aufgabe. Das wird gesagt, aber gedämpft und vorsichtig; wollen wir Snorris ganze Meinung von Olaf hören, so müssen wir zurückgehen auf den Traum Halfdans des Schwarzen von all den Locken, die aus seinem Haupte emporwuchsen und von denen eine alle die anderen überstrahlte. — Snorri vereinigt in sich die ganze isländische Auffassungsweise von dem Ahnungsvollen bis zum Objektiven, — doch mit einer gewissen Vorliebe für das

Ruhige, Kühle, Abgeklärte, z. B. nicht für das Brausen vom Untergrunde her, das in der Egilssaga so deutlich durchklingt. —

Die Skaldendichtung auf Island entwickelte sich viel weniger reich als die geschichtliche Erzählung; sie hatte ihren Gipfel bereits im ersten Menschenalter nach der Besiedelung erreicht. Aber sie wurde auch in der späteren Zeit weiter geübt, und sie erlangte in anderer Weise große Bedeutung; sie wurde die Voraussetzung für wesentliche Seiten des wissenschaftlichen Lebens auf Island.

Der Skalde mußte die alte Mythenwelt kennen, denn aus ihr holte er einen recht bedeutenden Teil seiner Bildersprache. Der muntere Erzählstoff der alten Zeit, die Riesenabenteuer Thors und Balders Tod, wurden weiter erzählt und — trotz ihres heidnischen Inhalts — geduldet, weil man sie für die Skaldendichtung kennen mußte. Auch die alten Götter- und Heldenlieder bewahrte man im Gedächtnis wegen ihres Reichtums an mythischen Namen und Vorstellungen, — wohl auch aus historischem Interesse für das, woran die Väter geglaubt hatten. Später wurden sie, vielleicht schon am Schlusse des 12. Jahrhunderts, in einem Buche zusammengetragen, das damals keinen Namen hatte, das wir aber jetzt die Ältere Edda nennen. Zuletzt kam Snorri Sturluson als derjenige, der auch hier die isländische Entwicklung abschloß, indem er sein Handbuch für Skalden, die „Edda“, schrieb, die wir jetzt die Jüngere Edda oder Snorra Edda nennen.

Der erste und merkwürdigste Teil dieses Buches ist die „Verblendung Gylfis“ (Gylfaginning): all das Seltsame, was König Gylfi erlebte, als er mit dem Wunsche, das Asenvolk kennen zu lernen, nach dem fernen Asgard wanderte. Hier trifft er drei Herrscher, die eigentlich ein dreimal wiederholter Odin sind, Har, Jafnhar und Thridi, d. i. den Hohen, den Ebenhohen und den Dritten, die ihm die alten Sagen von der Entstehung der Welt und den Ereignissen der Vorzeit mitteilen. Die Mythenauffassung Snorris ist diejenige, die in der mittelalterlichen Buchwelt üblich ist: die Götter sind ein Volk, das die Weisheit und die Zauberkünste des Ostens nach dem Norden gebracht hat. In der Heimskringla hat er den Gedanken ausführlich dargestellt; in der „Verblendung Gylfis“ liegt es nur wie ein leichter Schleier über den alten Sagen, daß sie die Erinnerung an die Weltschöpfung „Allvaters“ und an die Taten des Asenvolkes wiedergeben sollen. Meist läßt Snorri die Sagen in ihrer eigenen Farbenpracht erstrahlen; er läßt ihnen die Lebensbeleuchtung, die der Dichter der Woluspa ihnen gegeben hat, und spannt das bunte Gewebe des Mythenmärchens zwischen ihnen aus. So schuf er das Buch, das viele Jahrhunderte hindurch die wichtigste Quelle für die Kenntnis der Götter des Nordens war und das die tiefer grabende Quellenforschung späterer Zeit nie ganz durch anderes Wissen wird ersetzen können.

Nach dem dreifaltigen Odin im ersten Teil der Edda bekommt Bragi — als Gott der Dichtung — das Wort, um von der Entstehung der Dichtkunst aus dem Suttungsmet zu berichten; und die Darstellung gleitet nun hinüber in eine direkte Anweisung zum Herstellen poetischer Bilder, die durch eingeschobene Mythen und Skaldenverse belebt ist. Der letzte Abschnitt bringt dagegen eine vollständige Verslehre, welche sich auf Snorris Drapa auf König Hakon und Jarl Skuli stützt, die in 101 verschiedenen Versmaßen abgefaßt ist.

Was Snorris jüngere Verwandte an Einleitungen und Anhängen an seine Edda knüpften, ist ohne besondere Bedeutung; wo sie lateinische Bildung auf isländische Verhältnisse übertragen wollen, sind sie unfrei. Aber bereits vor Snorri, weiter zurück nach Aris Zeit, lebte ein — leider ungenannter — grammatischer Schriftsteller, der eine glänzende Abhandlung über Laute und Rechtschreibung der isländischen Sprache verfaßte. Durch die Reimkunst der Skalden ist sein Ohr geschärft, so daß es die feinsten Gleichheiten und Unterschiede auffassen kann; seine Schrift hat das praktische Ziel, seine Landsleute in den Gebrauch der lateinischen Buchstabenschrift für ihre Muttersprache einzuführen; für die neuere Sprachforschung ist sie eine Goldgrube feiner Beobachtungen geworden.

Die Isländer sind auch das rechtsgelehrte Volk. In dieser Beziehung stehen sie nicht allein, sie stehen auf den Schultern der anderen Nordleute. Eine gewisse Neigung zu grübeln und einen bestimmten Gedanken nachdrücklich zu verfolgen, findet ihre Befriedigung. Das Thing trägt, wenn wir in die geschichtliche Zeit eintreten, nicht mehr das Gepräge des unmittelbaren Rechtslebens jener Zeit, wo das ganze Thingvolk urteilte und die Rechtshandlung so einfach und anschaulich wie möglich war, — selbst wenn es z. B. noch vorkommen konnte, daß man den Korndieb mit einer auf den Rücken gebundenen Garbe zum Thinge führte und ihn, vielleicht mit einem Wolf an seiner Seite, aufknüpfte. Der Auftritt auf dem Thing ist eine genaue und ernste Untersuchung; ein besonderer Ausschuß von Richtern macht sich mehr und mehr geltend; und vor allem strebt man danach, die Rechtsregeln so bestimmt als möglich zu formulieren: soviel Buße ist zu zahlen für die Tötung eines freien Mannes, soviel für einen Fremden, soviel für einen Knecht; soviel für eine Bauchwunde, soviel für eine Knochenwunde; soviel, wenn man ein Knochenstück abgehauen hat, „das so groß ist, daß es in einem Waschbecken erklingt"; und soviel weniger, wenn es diese Bedingung nicht erfüllt. Es bilden sich feste Formeln für die Anklage, den Anklagebeweis und die Verteidigung; glaubwürdige Männer sollen bezeugen, daß in jedem Falle das, was die Formel besagt, wirklich stattgefunden hat. Aber der Richter strebt nicht danach, sich von dem Vorgang ein lebendiges Bild zu machen; und der Prozeß wird ein Fangespiel zwischen dem Scharfsinn der Parteien, es gilt, immer die rechte Formel zu wissen und zu bemerken, wo in der Sache des Gegners ein Loch ist, groß genug, daß man mit seiner eigenen Sache hindurchschlüpfen kann. Schon das Ingjaldslied spottet über die juristische Verschlagenheit der neuen Zeit; und noch viel entwickelter treffen wir dies Treiben in den Isländersagas an; da sehen wir die beiden Parteien mit ihren Zeugen und ihrem mächtigen Anhang von Freunden durch die endlose Menge der Formeln sich durchwinden, unter dem gespannten Aufhorchen der Zuschauer, während ein kluger Ratgeber still in einer der Thingbuden sitzt und die Fäden des Prozesses in der Hand hält.

Wie mancher Prozeß auch zu Unrecht gewonnen oder durch einen Gesetzeskniff von seiten des Gegners ungültig gemacht wurde, so ist es doch ein großer Fortschritt, daß der Streit von dem blutigen Zusammenstoß in Waffen und der endlosen Selbsthilfe auf den von geweihten

„heiligen Schnüren“ umschlossenen Thingplatz verlegt ist; die Entwicklung des Denkens und des Gemeinschaftsgefühls schreitet auf diesem Wege vorwärts. Das Musterland ist Island, wo man am Schlusse der Landnehmerzeit in einer einzigen Zusammenkunft den gemeinsamen Rechtsstaat schuf: einem Manne wurde es übertragen, das Land zu bereisen, um einen Platz für das Althing auszusuchen, einem anderen, nach Norwegen sich zu begeben und mit einem ausgearbeiteten Gesetz für die neue Gemeinschaft heimzukehren.

Denn überall im Norden hat man jetzt Gesetze, nicht nur ein Gewohnheitsrecht, wobei man nach der Erinnerung an den nächstliegenden früheren Fall entscheidet, sondern deutliche Regeln für das, was geltendes Recht ist. Überall im Norden treffen wir das öffentliche Vortragen des Gesetzes. Am berühmtesten ist Islands Gesetzsprecher, der von einem Hügel, „dem Gesetzesfelsen“, am Schlusse jedes Althings das geltende Recht vorträgt; was er, ohne gerügt zu werden, von seinem Vortrag ausschließt, hat seine Gültigkeit verloren. Noch mächtiger ist der schwedische Gesetzsprecher, der auch der Wortführer des Volks gegenüber dem König ist. In Dänemark können wir nur aus dem seltenen „wir“ in den Texten der Gesetze auf eine vortragende Autorität schließen. Aber überall formt man die Sprache der Gesetze so klar und so bündig, daß die Rechtssätze genau im Gedächtnis bewahrt werden können.

Diese juristische Übung in der Formung des Ausdrucks müssen wir mit in Rechnung ziehen als Voraussetzung für die eigentliche Beredsamkeit bei politischen Erörterungen, vielleicht auch für die feste Ausformung des Sagastils. Und aus dem Vortrag der Gesetze entspringt die erste geschriebene Literatur. 1117 wurde auf dem Althing Islands beschlossen, daß das Gesetz niedergeschrieben werden solle, und im Laufe des 12. Jahrhunderts entstanden Aufzeichnungen der Gesetze in den verschiedensten Gegenden des Nordens. Die Gesetze in ihrer festen Formulierung wurden die Schildburg der heimischen Kultur gegen das allzu schnell eindringende Neue. Hier errang das Latein niemals den ersten Platz, hier wurde das Römerrecht niemals das herrschende; ja in offenem Gegensatz dazu läßt Swerrir das alte norwegische Gesetzbuch, die „Grágás“, auf dem Thinge der Thrönder vortragen; und gegen den allzu hierarchischen Erzbischof von Lund tönt es wie ein vielstimmiger Chor aus dem Volke: „Den Männern von Schonen bleibe der Ruhm: niemals sie duldeten unrechtes Tun!“ Aber wollen wir diese Gesetze weiter verfolgen — soweit als ihre „Wurzeln wachsen und ihre Zweige sich ziehen“ —, so führt der Weg durch die Gesetzbücher der Neuzeit: manche alte Satzung steht noch heute in Kraft, ja erst im Jahre 1900 wurde die letzte der alten Gesetzaufzeichnungen abgeschafft, das Jütische Gesetz, das solange für Schleswig gültig war.

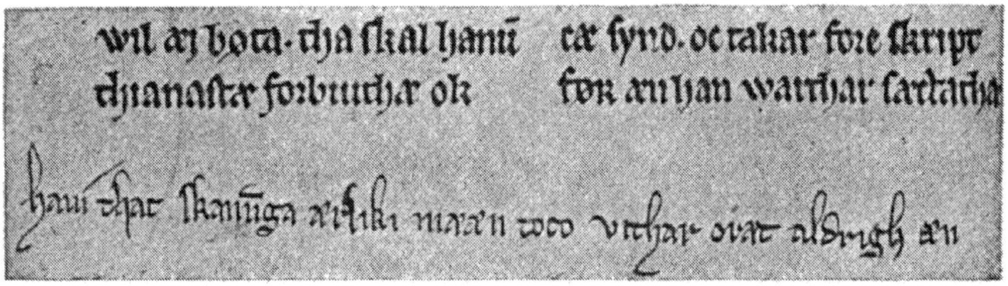

Abb. 36. Der Vers der Männer von Schonen, am Rande einer schonischen Gesetzeshandschrift aus dem 13. Jahrh.: „Haui that Skanunga ærliki mææn: toco vithær oræt aldrigh æn“. Danske Studier 1905.

Elftes Kapitel.

Die Zeit der Folkewiser.

Das Eigenartige an der Kultur Islands beruht in hohem Grade darauf, daß sie die Fortsetzung des älteren Lebens ist; sie ist lediglich aus der Wikingerkultur herausgewachsen. Die starken Eindrücke und die sozialen Neuerungen der Wikingerzeit haben in Ruhe reifen können; alle späteren Bewegungen breiteten sich viel schwächer aus, so daß sie nur die Oberfläche kräuselten; sie erzeugten keinen unruhigen Stromwirbel von Neuem und Altem. Das religiöse Leben, die kirchliche Macht, die Königsherrschaft, das Adelswesen und die ritterliche Dichtkunst gelangten nur in schwachen Dünungen bis hinaus nach Island.

Anders in den drei alten nordischen Reichen. Königsmacht, Kirchenstreit, Mönchserweckung, Rittertum treten auf, zwar nicht alle in gleichem Umfange wie in den Kulturmittelpunkten des Südens oder Westens, aber gleichwohl derart, daß man sie wirklich miterlebt. Wellen der Dichtung — unsere ritterliche Volkspoesie — und der mystischen

Über dem Text: Abb. 37. Ritterkampf. Aus der Bibel des Schreibers Karl, 1255. Kgl. Bibliothek zu Kopenhagen. Photographie.

Religiosität (die heilige Birgitta) gehen über den Norden hin. Der Hauptstrom bleibt die europäische Bewegung; und wir übernehmen sie, aber niemals in sprunghafter, japanischer, Art, sondern in der Weise, daß nicht nur die Menschen mit ihren seelischen Eigenheiten, sondern auch ein großer Teil der Kulturgüter, der Formen des geistigen und körperlichen Schaffens, zu dem Neuen hinübergeführt werden.

Dänemark liegt am offensten da für die Strömungen des Südens; hier können die neuen Gedanken am schnellsten Früchte bringen. Und doch steht diese frühmittelalterliche Kultur noch in vielen Stücken unter dem Einfluß der Nähe des älteren nordischen Lebens.

Noch während des ganzen 11. Jahrhunderts gleicht Dänemark in den meisten Stücken dem übrigen Norden. Der Gebrauch der Runen stirbt langsam aus. Adam von Bremen, der gegen Ende des Jahrhunderts das Land bereiste, fühlte sich noch überrascht von dem heidnisch-barbarischen Gepräge, das dem ganzen Leben anhaftete. Die Wikinger kehrten noch heim mit beutebeladenen Schiffen und bezahlten dem Könige des Reichs seinen Anteil aus. Ein verführtes Mädchen wurde noch als Sklavin in ein fremdes Land verkauft. Die Männer hatten steife Nacken und wollten lieber das Leben verlieren als körperliche Züchtigung dulden; sie setzten ihren Stolz darein, heiter auszusehen, wenn man das Urteil über sie sprach, und weinten noch nicht über den Verlust ihrer Lieben.

Aber das 12. Jahrhundert bringt Veränderungen; am stärksten auf religiösem Gebiet. Das Christentum war bisher eine Macht gewesen, die äußerlich das Gesetz und die Lebensgewohnheiten umformte, mehr als daß es die Tiefe der Seele berührte. Nicht glühende Verkünder des Evangeliums, sondern die Könige, die für das Carolus-Ideal — die Königsgewalt als Erzieherin zu christlicher Lebensführung — kämpften, waren die Märtyrer für den neuen Glauben geworden, hier wie überall im Norden.

Das wurde anders im 12. Jahrhundert. Als Regungen im Volke, als Zuckungen in den breitesten Schichten beginnen die religiösen Bewegungen. Bald wirft sich die Menge mit schwärmerischer Gewaltsamkeit auf die Forderung des Zölibats der Priester; bald sammelt sie sich um die jetzt beliebt werdenden Heiligengräber. Dasselbe Volk, das bei der Beisetzung des heiligen Knud (1095 und 1101) kalt zuschaute, strömt jetzt in Scharen zu seinem Altar. Die höheren Klassen, die Vornehmen und viele Priester, sehen unwillig zu. Sie versuchen die Quelle Knud Lawards zu verunreinigen; oder eine vornehme Dame ruft der anbetenden Menge diese höhnenden Worte zu: „Wenn er nicht meinen krummen Schuhschnabel gerade machen kann, kann er euch auch nicht heilen!“ Aber bald kommt sie selbst, krank, und trinkt aus der Quelle und wälzt sich in heftigen Schmerzen; der Heilige war doch der Stärkste. Ein ernstes, gläubiges, psalmensingendes, religiöses Leben findet seinen Mittelpunkt an diesen Heiligengräbern. Von den Kirchen und noch mehr von den Klöstern, die jetzt gebaut und oft mit Hilfe der eifrigsten unter den ausländischen Mönchen begründet werden, strahlt die mittelalterliche Religiosität in ihren stärksten Formen hinüber in die großen Massen.

Auch auf dem Gebiet des weltlichen Geisteslebens erfährt das Zeitalter eine Umwälzung. „Sächsische Sänger“ — wie man sie nannte — tragen die Heldensagen ihrer Heimat in romantisch-ritterlicher Bearbeitung vor, während der isländische Skalde enttäuscht den dänischen Königshof verläßt. Und der Tanz dringt ein mit seinen kleinen Versen stets wechselnder Art, und bald auch mit seinen ergreifenden Liedern, unsern mittelalterlichen Folkewisern.

Das äußere Leben sucht die Pracht der Ritterzeit nachzuahmen; die fruchtbaren Felder und fischreichen Sunde geben genug Mittel her, um die Waren des Südens zu kaufen. Nur in Knud Lawards Tagen konnte derartiges Entrüstung erwecken und die Lust, einen Dolch durch die Seidentracht zu stoßen. Bald haben alle Dänen das kurze Seemannswams abgelegt, um sich in Seide und Scharlach zu kleiden. Der Aufenthalt an deutschen Höfen oder französischen Hochschulen wird Mode. Seitdem die gemeinnordischen Verbindungen mit Margrete Fredkulla ins Grab sanken, sind die Könige durch Heiraten an deutsche Kultur geknüpft. Auch das Heerwesen sucht fremde Vorbilder, nachdem die Fodewigschlacht (1134), dieser „bittere und herbe Tag“, dem Volksheer gezeigt hat, daß es einem Reiterangriff nicht gewachsen ist.

Dänemark scheint ganz in die europäische Kultur seiner Zeit hinüberzugleiten, und die dort durchgeführte Trennung der Standesinteressen begann auf die Auflösung der alten Gesellschaft hinzuwirken: da griffen die Wendenkämpfe hindernd ein und brachten zuwege, daß die letzte Hälfte des 12. Jahrhunderts sich wieder den altertümlichen Lebensformen zuwandte. Zuerst taucht unter dem gefährlichen Druck der wendischen Plünderungen der Wikingerbund wieder auf. Diese Wikinger nennen sich die „Roskildebrüder“, sie nehmen das Abendmahl vor jedem Kriegszug, und sie geben alle christlichen Gefangenen frei und schenken ihnen einen Mantel dazu; aber sonst sind sie, als was sie sich auch bezeichnen, Wikinger: ihre Genügsamkeit im Essen, ihr Schlaf auf der Ruderbank des Schiffs, ihre Wachsamkeit gegenüber jeder möglichen Gefahr, die streng durchgeführte Gleichberechtigung — alles erinnert an das Wikingerleben des Starkad; sie leben von der dem Feinde entrissenen Beute; Schiffe und Lebensmittel nehmen sie, wenn sie sie brauchen, und bezahlen sie mit einem gewissen Anteil an dem Gewonnenen. Der Bund, der seinen Hauptsitz in Roskilde hatte, erhielt Mitglieder aus ganz Seeland, der alten Wikingerheimat, und zählte damals 22 Schiffsmannschaften; sie eroberten im ganzen die vierfache Anzahl wendischer Fahrzeuge. Doch bald sehen wir das große Reichsaufgebot, das Volksheer unter Führung Waldemars des Großen und Absalons, vollzählig ausziehen oder in kleinerer Auswahl sich auf längere Streifzüge begeben. Während des Wendenkriegs, der 20 Jahre ohne Unterbrechung dauert, bis der Widerstand des Feindes gebrochen ist, gestaltet das Leben sich nach der Art der alten Wikinger. Wir wollen eine Einzelheit herausgreifen aus den zahl-

Abb. 88—89. Krieger und Schiff. 12. Jahrh. Danm. Riges Historie.

reichen harten Prüfungen, denen der Kampf die Krieger unterwarf. Als Esbern Snare bei Nacht mit seinem einzigen Schiff die Flotte der Wenden durchbricht, sagt er: „Alle die Gepanzerten bleiben auf ihrem Platz, die andern stehen bei mir am Steven und senden den Feinden einen Regen von Spießen; glückt es durchzubrechen, so laufen sie schnell nach dem Hintersteven und geben jenen noch eine Sendung; keiner spricht während des Kampfes ein Wort, damit man hören kann, was ich befehle; falle ich, so hat Tue das Kommando; fällt er, so hat Esger es; ist auch der gefallen, so ist kaum noch eine Gegenwehr möglich." „Womit soll ich mich verteidigen?" sagt der Steuermann, „ich habe beide Hände nötig, um das Steuerruder zu bedienen." Esbern reicht ihm seinen Panzer. — Hier haben wir das Wagespiel des Wikings und zugleich seinen klaren Überblick mitten in der Gefahr! Oder hören wir Esbern, wenn er auf dem Thinge spricht. Auf der Versammlung zu Odense im Jahre 1187 wird ein Kreuzzug gepredigt nach dem Falle Jerusalems. Esbern tritt hervor, er erinnert daran, wie alle Länder bis nach Konstantinopel und der Lombardei Zeugen gewesen sind von den Großtaten der Väter; England, die Normandie und die Länder des Ostens waren ihrer Macht unterworfen; und er reizt nun seine Landsleute, die geringer sind als ihre Vorväter, an, nach gleich hohen Zielen zu streben, — es ist das wieder eine Starkadrede mitten in der christlichen Zeit; und sie riß die Krieger mit sich fort.

Esberns Bruder Absalon steht in einem nicht minder nahen Verhältnis zu den Erinnerungen der Vergangenheit, und er fördert sie in mehr bewußter Weise; sie begleiten ihn alle, von den Heldensagen seiner Heimat bis zu den Sagas der Isländer; er läßt Chroniken schreiben, Gesetze für die Hausmannschaft aufzeichnen; es werden Runen geritzt. Aber gleichzeitig lebt in seinem reichen Geiste gar vieles, was nicht das Gepräge der alten Zeit trägt. Mitten in der Kriegszeit tönt die Weihnachtsmesse in seinem Innern; die Bildung der Pariser Schule und die mystische Mönchsreligiosität hat ihn mächtig ergriffen, und er zieht die eifrigen Fürsprecher der letzteren nach den noch wenig erweckten nordischen Gegenden. Er organisiert den Staat, er begründet die Hauptstadt; die Kulturaufgabe der Kirche als der rechten Hand des Königtums steht vor ihm mit einer überzeugenden Kraft, die seine ganze Mitwelt, Laien und Gelehrte, mit sich reißt.

In merkwürdiger Weise spiegelt die Literatur aus Absalons Zeit dieses Zurückwenden zur Vorzeit — und seine wechselnde Stärke und Tiefe. In Roskilde, dem ersten Bischofssitz Absalons, wendet man sich am frühesten der Vergangenheit zu, von der die Kirche während vieler Jahre nichts hatte wissen wollen. Ein Kleriker von sehr bescheidener Bildung schreibt seine Chronik von den Lejrekönigen, die ein getreues Abbild des gangbarsten Sagenstoffes der Zeit ist: sie ist reich an örtlichen Sagen und scherzhaften Erzählungen, wird hier und da durch patriotisches Empfinden auf einen höheren Standpunkt gehoben, liegt aber jenem Heldengeist, aus dem die Sagen ursprünglich herauswuchsen, merkwürdig fern. Swen Aggesön war der nächste, der sich daran wagte, eine dänische Geschichte zu schreiben, ein schonischer Adliger von hoher jütländischer Abstammung, ausgestattet mit einer literarischen Bildung, die sich in einem wortreichen und zierlichen Stil äußert, aber ein selbständiger Geist, der sich zum Herrn des Stoffes macht. In seiner kurzen Chronik trifft er eine Auswahl des Stoffs, so daß nur die größten Begebenheiten — die Befreiung Dänemarks aus drohender Gefahr, die Taten Uffis und der Thyra Danebod — klar ins Licht treten. Er trifft eine Auswahl unter den Quellen, verwirft mit deutlichem Seitenblick auf seinen Vorgänger alles, was darin fabelhaft ist, und fragt „die Alten" aus. Er hat vortreffliche Gewährsmänner gehabt, *"fróðir menn"* der rechten Art; seine Reihenfolge der alten Könige ist die ursprünglichste in der ganzen nordischen Literatur; mit überraschendem Feingefühl geht er nicht über das hinaus, was seine Quellen bieten, braucht einen vagen Ausdruck, wenn die Sache im mindesten zweifelhaft ist, überläßt es „einem kundigen Nachfolger", d. i. dem Saxo, sich an schwierigeren Stellen zurechtzufinden, und verweilt in der Geschichte seiner Zeit bei den Erlebnissen seines eigenen Geschlechts und besonders bei dem, was er „mit seinen eigenen Augen" gesehen hat. Auch wenn es ihm nebenbei rein persönlich eine Befriedigung gewährt zu bemerken, daß er als Augenzeuge von der Schönheit der Königin Sofia berichten kann oder daß er die Mauern von Julin hat schleifen sehen, so tritt doch aus solchen Äußerungen der kritische Sinn hervor, der seine vorherrschende Eigenschaft ist. Der neuen Zeit zahlt er nur durch seinen lateinischen Stil, den ein wenig hofmännischen Ton und durch die Rosen und Lilien, mit denen er Thyra Danebods Antlitz malt, seinen Zoll, wie auch ferner durch das starke patriotische Empfinden. Am merkbarsten lebt in ihm der Geist der alten Adelsgeschlechter, der führenden Staatsmänner der Wikingerzeit, mit ihrem Weitblick und ihrer Nüchternheit; er ist ein naher Verwandter Aris und der ganzen isländischen Geistesrichtung. Für die Größe der alten Heldensage, soweit er sie kennt, hat er Verständnis; und doch könnte der Ton ein wenig tiefer genommen sein: weshalb muß Uffi seinen Gegner an der Hüfte verwunden, wenn es doch das Wesen des Schwertes „Skrep" ist, mitten durchzuschneiden, was es trifft?

Als Swen, bald nach dem großen Siege über den Pommernherzog Bugislav 1184, seine kurze Geschichte Dänemarks schrieb, hatte Absalon bereits einem Kleriker in seinem Gefolge die Aufgabe gestellt, eine ausführliche dänische Geschichte abzufassen. Saxo war ein junger Geistlicher, der durch Studien im Auslande — sicherlich in Paris — den Magistergrad in den „freien Künsten" erlangt hatte und in nahe Berührung mit der Aneignung und Nachbildung der antiken — spätantiken, gekünstelten — Literatur, die damals ihr Haupt erhob, gekommen war, wohl auch mit der Neigung zu nationalbewußter und romantisch gefärbter Geschichtschreibung, die besonders auf englisch-keltischem Boden entstand. Absalon machte den jungen Sprachmeister zu seinem persönlichen Schreiber; bald hat er auch wohl entdeckt, daß Saxo, der Sohn und Enkel von Adelsleuten, die in Waldemars Heer gekämpft hatten, in einem innigen Verhältnis zu seinem Vaterlande stand und wohl geeignet war, „mit Waffen des Geistes für dasselbe zu kämpfen". Ein Menschenalter hindurch sitzt Saxo und arbeitet an seiner Chronik. Wir hören von ihr zum erstenmal um das Jahr 1185, und lange nach Absalons Tod, erst im Jahre 1216, als Waldemar II. „seine Herrschaft über die ebbenden und flutenden Wogen der Elbe ausgedehnt hat", arbeitet er an der Vorrede zu dem großen Werk.

Nachdem es zuerst eine Geschichte der Gegenwart sein sollte, wächst es heran zu einer vollständigen Geschichte Dänemarks, zu den *Gesta Danorum*. „Ich bin Absalons Berichten gefolgt, sowohl über das, was er selbst ausgeführt, wie auch über das, was er von den Taten anderer in Erfahrung gebracht hat; ich nahm seine ehrwürdige Darstellung gleich einer göttlichen Lehre entgegen.“ Saxos Werk ist die reichste Sammlung lebensvoller Bilder aus jenem ganzen Zeitalter, das Dänemark zur Freiheit führte und zur Größe erhob; es ist ein einzig dastehendes Memoirenwerk — hervorgegangen aus der Erinnerung des größten Geistes des Landes und in seiner Art von keinem späteren übertroffen. Aber zugleich enthüllt uns Saxos Chronik ein Bild der Vorzeit, von dem wir sonst angenommen hätten, daß es damals bereits erloschen war. Er hat es verstanden, im Volke nach Erinnerungen zu graben, bei Absalon und bei anderen, und

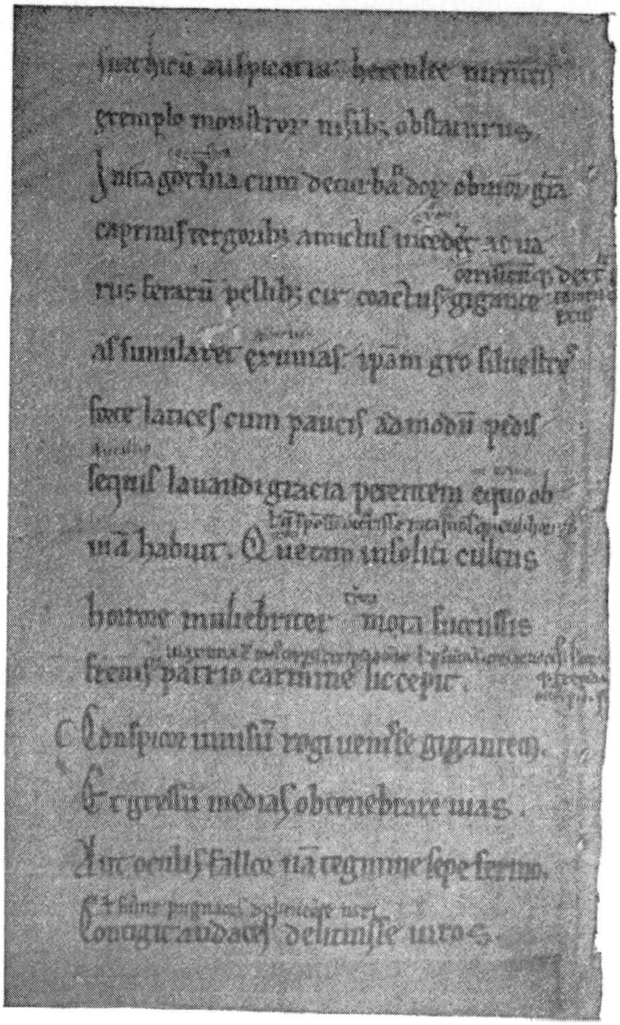

Abb. 40. Handschrift von Saxos Geschichte Dänemarks mit vom Verfasser zugesetzten Änderungen, um 1200. Palæogr. Atlas; halbe Größe.

er hat sie zu dem reichsten Gemälde zusammengestellt, in dem große Gestalten mächtig emporragen und jeder Fleck gefüllt ist von einem lebendigen Gewimmel, in welchem das Wirkliche und Phantastische durcheinander gemischt ist wie in dem bunten Schnitzwerk einer Holzkirche. Wenn wir die Darstellung des nordischen Altertums bei Saxo näher durchforschen, so zeigt sich, daß sie in der Hauptsache aus zwei Quellen geflossen ist. Die eine ist die dänische, vor allem die seeländische Überlieferung mit den Heldenliedern, den großen, klaren Auftritten, die andere sind die norwegischen Märchensagas, besonders diejenigen, die in den südwestlichen Küstengegenden erzählt wurden. Sie müssen ihm entweder von einem isländischen Sagaerzähler oder eher von den landflüchtigen norwegischen Prälaten zugeführt sein, die er andauernd am Hofe des Erzbischofs traf. So kam es, daß Saxos Werk die verschiedenen Geistesrichtungen vereinigte, gemeinnordisch wurde wie kein früheres, daß es zugleich den weiten Raum von der festen Kraft der alten Sage bis zur wogenden Romantik der Märchensagas umspannte. Nur für den besonderen Einsatz Islands im Geistesleben des Nordens blieb er, obwohl er gelegentlich das geschichtsliebende Inselvolk nachdrücklich rühmte, in Wirklichkeit ohne rechtes Verständnis. Er kannte nicht die isländische Literatur in der Muttersprache, die im Laufe seines Lebens ihre höchste Blüte erreichte, und konnte sich die kühle Klarheit der Isländer weder in seiner Forschung noch in seiner Darstellung aneignen. Es ist Wärme in seiner Auffassung und Darstellung, ähnlich wie im Kampfaufruf der Bjarkamal oder in den Strafreden des Starkad, aber mit einem noch größeren Drang, sich mitzuteilen, der sich in den klangvollen Wendungen des Lateins einen Abfluß schafft, aber im tiefsten Grunde vielleicht mehr seeländisch ist, als man vermutet. Eine gewisse Beschränkung zeigt Saxos Empfinden in der wunderlichen Trockenheit in religiöser Hinsicht, wodurch er von seinem Meister Absalon abweicht; Heldentat und Nachruhm leuchten ihm als höchste Ideale vor wie einem Bjarki und Ingjald. Überhaupt ist es merkwürdig, wie gut seine Schilderung des Altertums und seine Erinnerungen aus der eignen Zeit zusammenstimmen; man könnte sie Zug für Zug nebeneinander stellen und sehen, wie es die gleiche Welt ist:

Esberns ritterliches Kriegerleben scheint eine Wiederholung bald des Uffi, bald des Starkad. Man kann da recht erkennen, wie dieses Zeitalter die abgeklärte Form davon enthält, wonach das Volk in Jahrhunderten gestrebt hat.

Noch während Saxo an seinem Werke sitzt, den Blick nach dem Vergangenen gerichtet, wächst neues Leben hervor. Im strahlenden Vorsommer füllen sich die Wälder Nordseelands mit singenden und jubelnden Scharen, Berichte von Wundern und Heilungen fliegen von Mund zu Mund. Die Klosterkirche in Äbelholt ist das Ziel der Pilgrimscharen. Das Mönchsideal steht plötzlich in Herrlichkeit vor ihnen. Sie haben ihn unter sich wandeln sehen, den fremden Abt Wilhelm, ihn seine Forderung durchkämpfen sehen gegen halsstarrige Willen, aber sie haben auch gesehen, wie er sich demütigte und täglich Buße tat, haben ernst gelauscht, wie sein nahendes Ende die stille Woche zu einem Fest machte, bis er in der Osternacht beim ersten Morgengrauen seine Seele ausatmete. Sie ahnen, daß man durch Erniedrigung zur Herrlichkeit eingehen kann, und sie jubeln, wenn sich die Kraft des Herrn als stark erweist auf dieser geweihten Stätte.

So steht es bei den Mönchen und den Volksmassen. Von anderer Art ist Andreas, Absalons Nachfolger auf dem Bischofssitz zu Lund, der in einem Gedicht und „wundersamen Werk der Gelehrsamkeit“, dem Hexaëmeron, eine ganze Menge von dem zusammengefaßt hat, was er auf den Hochschulen des Auslandes sich aneignete: eine scholastische Durchackerung aller Fragen der Glaubenslehre. Oder da ist Bischof Gunner in Viborg. Wie er so dasitzt mit dem Schafpelz über dem weißen Mönchsgewand, freundlich und gastfrei, während er mit ruhiger Hand alle Geschäfte und den ganzen Besitz des Bistums verwaltet, kann er an die friedliebenden Großbauern der alten Zeit erinnern; rechtsgelehrt ist er auch; aber die Einwirkung, die von ihm auf den Kreis der jungen Kleriker, auf die Nonnen in Asmild oder die Adelsfrauen der Gegend ausstrahlt, ist ein kirchlich gläubiges Leben mit einem Zusatz von humanistischer Bildung. Mit einem lateinischen Verse auf den Lippen geht er hinaus, um einen erzürnten Bauer zur Vernunft zu bringen; oder er läßt sich in ein munteres Wortgefecht mit den kürzlich aus Paris heimgekehrten Klerikern ein; aber wenn er sagt: „Jens, nimm dein Tintenfaß“, dann setzt sich der junge Kleriker zu seinen Füßen nieder mit dem Schreibbrett auf den Knien und weiß, daß es theologische oder erbauliche Gedanken sind, die er niederschreiben soll. So leicht zugänglich liegt schon die neue Kultur da; Bischof Gunner ist eine Gestalt, die nach Bildung und Einsicht ebensogut ins Dänemark des 19. Jahrhunderts gehören könnte wie in die Nähe des nordischen Altertums und der Wendenkämpfe.

Inzwischen haben soziale Umbildungen stattgefunden. Es hat sich ein Adel gebildet aus den wohlhabenderen und vor allem den kriegerischeren Teilen des alten Bauernstandes. Man findet darunter „Schiffsführer“, „Erbhäuptlinge der kriegspflichtigen Bauern“ und besonders die alten Familien der Grundbesitzer, die nunmehr durch Erbschaft, Kauf oder Rodung einen noch größeren Reichtum an Bauerngütern in ihrer Hand vereinigt haben. Aber man trifft darunter überhaupt alle, die, ob nun mehr oder minder wohlhabend, bereit sind, den Sommer über fern von ihrem Heim im Dienste des Königs zu leben, wofür sie durch Beute und Abgabenfreiheit belohnt werden. Sie sind die Mannen des Königs, dänisch *Herre-Mænd*; und das alte Hausmannenrecht, das „Withærlogh“, wird auf sie alle ausgedehnt. Kein Wunder, daß sich so viel Wikingerwesen in dieser Kriegergemeinschaft findet; man kann Schlauheit und Waghalsigkeit, aber zugleich Nüchternheit und Verständigkeit bis hinunter zu den Rittern und Jungfrauen der Folkewiser verfolgen, die trotz lyrischen Schwärmens nicht ihren gesunden Verstand oder ihren sicheren Gang auf der Erde vergessen.

Eher könnte man von dem Bauernstande als von einer neuen Gesellschaftsklasse sprechen, obwohl er vom rechtlichen Standpunkt gesehen alt genug ist. Der neu emporgewachsene Stand der Adligen oder Königsmannen entzog der bäuerlichen Gesellschaft ihre kriegerischsten und weitblickendsten Mitglieder; zurück blieben diejenigen, die lieber Abgaben zahlten als Heeresdienste leisteten; sie nahmen den alten Stand der Knechte in sich auf und schufen sich durch fleißigen Ackerbau häuslichen Wohlstand, als einen

Ersatz für die geringere Macht in der Gesellschaft und für die verringerte Selbständigkeit, da die meisten als Pachtbauern auf fremdem Boden saßen. Schulter an Schulter formen sie in gemeinsamer Arbeit das jetzige Aussehen Dänemarks: das offene üppige Feld und die traulich zusammengebauten Landstädte. Der schwere Mühlensang der Sklavin wird abgelöst vom Klappern des Mühlrades; keiner hat Mühe im Übermaß, weil alle zugleich die Last anheben.

Die Adligen sind, wie gesagt, die alten Familien ohne stärkere Vermischung; die Namen der Runensteine kehren häufig wieder in dem frühen Adel. Aber die hochgewachsenen Krieger, die den Dänennamen gefürchtet gemacht hatten und deren Gebeine in den Gräbern des Eisenalters verwitterten, starben aus; oder sie verloren sich in dem gemeinen Volk. Die großen Waldemare scheinen noch den Typus in seiner Reinheit dargestellt zu haben; aber auf den Kirchhöfen des Mittelalters suchen wir vergebens nach dem Langschädelvolk in seiner ausgeprägtesten Gestalt. Neue Volksschichten wuchsen aus dem Boden empor, wie auch neue Gedanken sich Bahn brechen.

Nichts kennzeichnet so sehr die neue Zeit wie die Dichtung der Folkewiser. Selbst ihr Äußeres ist neu; Strophen mit Endreim, statt des Buchstabenreims der alten Zeit, treten auf, eine Kunstform, die aus den romanischen Sprachen am Schlusse der alten Zeit hervorgegangen ist und mit dem kirchlichen und ritterlichen Leben des Mittelalters überall eindringt.

Mit ihr zugleich kommt der Tanz. Was im Norden vorher nur in ganz naiver Form dagewesen war als Spiel der Kinder oder als Freudenausbruch der jungen Leute, wenn sie „den Sommer einführten“, tritt jetzt unter dem bestimmten Namen des „Tanzes“ und in Verbindung mit der lyrischen Dichtung auf. Für die Männer der alten Zeit war der Tanz etwas Fremdes und Abstoßendes. Seine Biegsamkeit und Empfänglichkeit für Stimmungen, sein unbestimmtes Sehnen und flimmernder Liebesdrang — all das war durchaus das Gegenteil der Abhärtung, auf der das Heldenlied der alten Zeit beruhte. Deshalb sehen wir die Skalden spotten über die krummen Sprünge der Spielleute; und Saxo verhöhnt bisweilen die Macht, die der Tanz auf seine Zeitgenossen ausübt, meist aber geht er mit Stillschweigen darüber hinweg.

Der Tanz und die neue Dichtkunst, die voll sind von Lyrik, Farbe, Natureindrücken, breiten sich aus wie ein Frühling, wenn der Schnee schmilzt und die Blüten mit einem Mal hervorsprießen. Im 12. und zu Beginn des 13. Jahrhunderts vollzieht sich dieser Umschlag im Volksleben. Von den Bauernstuben Islands bis zum Mönchssaal auf Eskilsö tanzen alle. Das war nicht allein etwas Fremdes — obwohl natürlich der Anschluß an die fremde Ritterdichtung stark war —, sondern es war auch der Durchbruch von etwas Einheimischem. Unter dem germanischen Stamme mit seiner Willensstärke und seinem Scharfsinn, seiner Wortkargheit und seiner Trinklust, verbargen sich Volksschichten, die leichter die Arbeit des Tages bei Seite ließen, um sich den frohen oder schmerzvollen Eindrücken des Augenblicks hinzugeben: um zu jubeln, zu klagen, niedergedrückt zu werden oder all dies im Sange ertönen zu lassen. Deshalb eigneten sich nicht nur die Hofleute im Königsgehöft, sondern auch die Bauern die neuen lyrischen Lebensformen an. Der Schimmer der Dichtung legte sich über allerlei alte Volkssitten, über Frühjahrsfest und Festfeuer, über die Mittsommernacht draußen am Strande oder auf offenem Platze neben der heiligen Quelle; oder auch — und weshalb sollte er nicht? — über die Vigilien vor den großen Festen neben der Kirche, wobei der Gesang der Mönche nur hie und da dem schwärmenden Volkshaufen Schweigen auferlegte. Das innere Leben wurde ein ganz anderes als in der alten Zeit. Die Naturauffassung wurde eine andere. Die alte Zeit hatte ihren eignen Sinn für die Natur, für all das Gewaltige und Kriegerische in ihrem Wesen; der Wiking verstand das Meer, weil er seine Kraft anspannen muß, es zu bekämpfen; und er versteht das Raubtier und schwelgt in bacchantischem Rasen in Blut und Leichen und Adlerklauen. Er versteht die einsame Föhre, die der Macht des Unwetters ausgesetzt ist und verdorrt; aber die milderen Naturempfindungen sind noch nicht entwickelt. Es kommt die Zeit der Folkewiser, und diese Zeit hat plötzlich ein Auge bekommen für „die Kräuter, wenn sie entspringen", für den Hain, der sich belaubt; sie liebt die Lilie und die Rose, die farbenklaren fremden

Blumen im Garten, aber noch mehr die weiche lichtgrüne und goldene Linde — im Gegensatz zu der harten und schlanken Esche der alten Zeit —, liebt „Freude und Vogelgesang". Sie liebt das milde Licht des Sommers, und zwar desto inniger, je weiter nordwärts er auf weißen Schwanenflügeln gezogen kommt: „Da ist's herrlich zu kosen, du Lilie mein!" Das Naturleben dringt in einem Grade wie nie zuvor in den Menschen ein, das Grünen der Linde wie das Welken und Fallen des Laubes. Da ertönt es auch aus der Menschenbrust von Quellen, die hervorbrechen; alle Lust und alles Leid des Lebens darf nun herausgesungen werden. Wer spricht da nicht gerne eine „Liebeswise" zu der, die ihm im Tanz gegenüber tritt? Wer wollte da nicht gerne — unbekümmert um Lebensziele und solche ernsten Dinge — einer der Schönen zutrinken: „Hier ist's so schön und freudenvoll, da dich ich schau; ich möchte hinaus in den grünen Hain, mit dir, Jungfrau!" Wer möchte nicht herauslassen, was sich in der Seele verbirgt: „Ach, es sind die Sorgen mein wie Blei so schwer", „Der Herrgott nehme uns die Angst und Sorge von der Brust!"

Es waren nicht nur Stimmungswellen, die über den Norden hinein fluteten. Es waren auch bestimmte Gedanken, die in die Form erzählender Gedichte gekleidet waren. Wir erhielten sie zuweilen aus ihrer Heimat in Frankreich und in noch reicherem Maße aus ihrem zweiten Heim in England; auch die Heldenlieder, die der deutsche Spielmann mit sich führte, gehören zum Teil hierher. Es waren Wiser in einem einfachen, fast kindlich klaren Stil; kaum hatten sie den neuen Boden unter den Füßen, als selbst der schlichteste Bauer sie nachsingen konnte. So erhielten wir aus England die Wise von Kaiser Henrik und Königin Gunnhild: der böse Ratgeber verleumdet die Königin bei ihrem Gemahl, aber als sie verurteilt werden soll, erscheint ein junger Bursch mit Namen Mimering und beweist ihre Unschuld durch ein Gottesurteil, indem er den Verleumder im Zweikampf tötet. In dieser Sage, die auf den deutschen Kaiser Heinrich III. (gestorben 1056) und seine Gattin zurückgeht, wird zum erstenmal das Eintreten des Rittertums für die Frau in seiner nachdrücklichsten Form verkündet. In gleich früher Zeit kommt eine andere Wise aus England nach dem Norden, eine Wise, die entstanden ist aus der

Sage von der Geburt des englischen Königs Ädelstan: das junge Mädchen träumt von einem Glücke, das ihr bevorsteht, und gleich danach tritt der König ins Gehöft; „er klopfte sie auf die Wange fein, er nannte sie die Allerliebste sein“; „sie setzten ihr aufs Haar von Gold die Kron: so ritt sie mit dem König davon“. Aus der Normandie kommt über England eine Grundform der Wise von Herrn Oluf und dem Elfenmädchen; diese Wise, die hervorgegangen ist aus keltischen Elfenvorstellungen, wird eine der berühmtesten des Nordens und wurde in einer Reihe höchst eigentümlicher nordischer Formen ausgestaltet; sie hat Goethe den Stoff zu seinem „Erlkönig“ gegeben. Ihre Hauptszene ist die, wo der Jüngling draußen im nebelgrauen Walde vor der Morgendämmrung von dem Elfenmädchen, da er ihr nicht angehören will, zum Sterben gezeichnet wird; in der Ausführung des Gedankens schwankt man zwischen der epischen Begründung, daß ein altes Liebesverhältnis zwischen den beiden besteht, das er abbrechen will, und der rein lyrischen Auffassung, daß derjenige, der sich hinauswagt dahin, wo die gefährliche Geisterwelt herrscht, sich dem Tode weiht. Und in jedem Falle legt sich um den wandernden Sagenstoff ein heimischer Rahmen vom nebelhaften Reigen der Elfen im dämmernden Walde, der den dem Unglück Geweihten umringt und überwältigt. So wächst und wandelt sich jeder Stoff, der an die Oberfläche kommt. Brachte jene englische Wise lediglich den großen Glückstraum von Liebe und goldner Königskrone mit, so wissen die dänischen Sänger bald den Stoff bis in die feinsten Schattierungen auszugestalten: sie schildern das blutjunge Mädchen mit ihrer Neigung, tief in den Morgen hinein zu schlafen, und zugleich ihr tief innerliches Festhalten an dem Glückstraum, während die strenge Erzieherin vergebens danach strebt, sich den Traum und die Gunst des Königs zuzuwenden.

Wie schnell die Dichtung der Wiser sich im Norden heimisch fühlt, sieht man am deutlichsten an der Menge von Gestalten der Waldemarzeit, die von ihr aufgenommen wurden, bisweilen in ihren richtigen geschichtlichen Umgebungen, aber oft nur mit einem flüchtigen Schimmer der Wirklichkeit, den die Dichtung auffängt und in neue poetische Umgebungen verwebt. Eine geschlossene Handlung, eine einzelne Szene bildet den Inhalt der meisten dieser Dichtungen: Riber-Ulf ergreift die gefallene Bannerstange und führt seine Landsleute zum Siege; Stig geht in den Tod, weil er nicht will, daß man seiner Braut berichte, er sei aus der Schlacht geflohen. Und der große König Waldemar selbst wird eine Hauptperson in den Wisern, selten durch seine geschichtlichen Erlebnisse, meist durch die tragischen Liebesszenen, die an ihn geknüpft sind: er heiratet Sofia, aber schon vorher ist Towe seine Geliebte, und Sofia läßt sie in ihrer Eifersucht im Bade verbrennen. Es entsteht ein ganzer Kreis von Wisern über die erotische und gewaltsame Natur des Königs, die gehässige Natur der Königin. In dem nächsten Menschenalter, der Zeit Waldemars II., wächst dagegen ein neuer Sagenkreis empor von der liebenswürdigen Königin Dagmar und ihrer hartherzigen Nachfolgerin Bengerd (Berengaria); er nimmt dadurch eine Sonderstellung ein, daß er auf der Bedeutung der Personen für das Volk beruht und das Gepräge des wärmeren Glaubenslebens trägt, welches in der letzten Hälfte der Waldemarzeit hervorbricht. Denn sonst ist es den Wisern eigentümlich, daß die starken leidenschaftlichen Szenen nur um ihrer selbst willen dargestellt werden.

Doch keine der von geschichtlichen Personen handelnden Wiser wurde so sehr das Lieblingsgedicht des Mittelalters, wie die vom Ritter Stig, der Regise, die Schwester des Königs, gewann. Stig tritt als Mundschenk an des Königs Tisch, er wirft klein Kirstin Zauberrunen zu, um ihre Liebe zu gewinnen, aber sie rollen unter Fräulein Regises Mantel. Verzweifelt sucht er Rat bei seiner Pflegemutter; aber sie antwortet: auch wenn er ans Ende der Welt ritte, würde Regise doch in der Nacht zu seinem Bette kommen und sein Liebesabenteuer werde ihm das Leben kosten. Bei Nacht kommt die Königstochter vor seine Kammer, sie klopft an, aber er öffnet nicht; sie löst die Riegel und setzt sich auf seinen Bettrand. „Sie küßt ihn auf seinen Mund so rot; da lag Ritter Stig, als wär er tot. Sie nahm ihn in ihren Arm geschwind: da lag er so stille, als wär er ein Kind.“ Er hat die Probe bestanden! Und am nächsten Morgen geht er selbst „vor den König, um zu klagen“; man beschließt, die Königstochter mit ihm zu vermählen, und die Wise schließt mit der prachtvollen Hochzeit in

Stigs Gehöft: da waren Springbrunnen und weiße Bären, Marmorsteine und eine Halle mit vergoldetem Schnitzwerk, auf den Bänken saßen höfische Mädchen, und Ritter Stig selbst eröffnet den Tanz mit dem Becher in der Hand und trinkt seiner jungen Braut zu, daß „Wald und Feld dabei erblühen". — Keine Wise ist wie diese erfüllt von der Freude des höfischen Zeitalters an Schönheit und Reichtum; aber Stig selbst, der in den Armen der Königstochter das erwachende Verlangen bezwingt, steht der ganzen Art seiner Vorfahren viel näher; die Vereinigung von Willensstärke und Klugheit, die der alten Zeit eigen war, feiert noch einmal einen Sieg, indem sie sein Leben rettet und sein Glück begründet. Noch wird der dänische Adel gehoben durch den Sieg des Manneswillens selbst über die Runen, über jene Zaubermacht, die überall draußen umherschleicht und sich so seltsam in das Wesen des einzelnen Menschen einzubohren weiß. — Aber der Sieg ist von keiner Dauer, man wird von der Macht des hervorbrechenden Gefühlslebens bezaubert; alle die Angst vor dem Dunkeln, die der Wiking keck in sich bekämpfte, erhebt wiederum das Haupt; und der neue Glaube breitet ein Grauen darüber, das größer ist als zuvor: „Das ist große Gefahr für das Leben dein, doch mehr noch für deine Seel!" Jungfrau Mettelil sitzt am Steven von Herrn Tidemans Schiff; sie ist dorthin gezwungen durch seine Runen, und der siegesstolze Bewerber läßt sie unbeachtet sitzen, höhnt sie halb im Scherz; da rannen ihr die Tränen von den Augenbrauen, und sie stürzte sich ins Meer; lange stand Herr Tideman und sah ihr nach, dann betrat auch er den dunkeln Steg nach dem Meeresgrund. Man muß es heraussingen im Gedicht, all das Unheimliche von den lauernden Mächten, was außerhalb der ruhigen, ordentlichen Menschen liegt und nach seiner Natur Unglück bringt, wenn es innerhalb der Grenzen des Menschenlebens Eingang findet. Statt der alten Mythologie, wo die Asen die Riesen totschlugen, hat man eine neue erhalten, in der die Menschen gewöhnlich dem Elfenvolk und Runenzauber erliegen; und man bildet sie dichtend weiter, bis man sich im Gesange erleichtert hat, — bis die Angst mehr eine dichterische Empfindung ist als eine wirkliche; da erst wird man von Mitleid ergriffen mit den Seelen, die in der Elfenwohnung eingeschlossen sind, mit der Unglück prophezeienden Meerfrau, die selber die Hoffnung auf Seligkeit so bitter entbehrt.

Die Anknüpfung an die Gedankenwelt der alten Zeit ist einer der Fäden im Gewebe der mittelalterlichen Wiserdichtung, aber auch nicht mehr. Dänemark übernahm aus seinen Heldensagen nur die Liebesdichtung; die Sage von Hagbards und Signes Liebe erstand jetzt neu in reicheren und kräftigeren Farben als zuvor. Aus der alten Zeit wurde teilweise auch die äußere Form übernommen, die Vorliebe für das kurze Lied und die scharfe Zeichnung, für den Wortwechsel in den kurzen, einander entgegentretenden Strophen. — Das norwegische Volk schöpfte ganz anders aus den alten Heldenliedern und besonders aus den Märchensagas; Asmund Fregdegewar wagt sich keck in die Höhle der Riesin in der Gegend des Nordpols, Heming der Schlittschuhläufer führt die gestohlene Königstochter aus den Bergen wieder heim oder trotzt dem tyrannischen König Harald, Sigurd unternimmt auf seinem Rosse Grani den ersten Ausritt in die Welt, Hjalmar und Angantyr streiten im Zweikampf um die Hand der Königstochter zu Upsal, usw. Wenn diese Dichtungen auch in der künstlerischen Formung des Stoffs den dänischen Liedern nicht gleichkamen, so zeigten sie die Pracht einer großartigen und grotesken Phantasie; und darum drangen sie auch in das südliche und östliche Skandinavien ein. Überhaupt breiteten sich die Wiser in großem Maße über den ganzen Norden aus; das Merkwürdigste in den Schöpfungen jedes einzelnen Volks wurde der gemeinsame Besitz aller.

Den reichsten Stoff fand jedoch die Wiserdichtung in dem mittelalterlichen Ritterleben, wie es namentlich in Dänemark, spärlicher auch in den andern nordischen Ländern gedieh; sie formte ihn nicht in phantastischer, sondern in wirklichkeitstreuer Wiedergabe. Ein Teil dieser Gedichte hängt offenbar mit geschichtlichen Gestalten und Begebenheiten zusammen. Außer den zwei Sagenkreisen aus den Tagen der Waldemare entstand ein dritter, noch umfangreicherer, der sich an die Ermordung des Königs Erik Klipping (1286) und das Treiben der geächteten Adligen während der folgenden unruhigen Zeiten knüpfte. Stig, der Marschall des Reichs, der Vornehmste der Geächteten, wird nach und nach die Hauptperson. In einer der ältesten Wiser erscheint er auf dem Thinge; er wird unschuldig des Königsmordes angeklagt und äußert kühne und drohende Worte, als er verurteilt wird. Später findet man eine Ursache für den Königsmord darin, daß der König die Gattin des Marschalls gekränkt hat und daß dieser dafür blutige Rache nimmt; und zum Schluß (im 14. Jahrh.) werden die Motive in einer großen Dichtung gesammelt, in der die Gestalt des Marschalls gewaltig hervortritt als des redlichen, aber strengen Rittersmanns, der die Kränkung der Ehre seiner Gattin rächt, der Ächtung durch den jungen König trotzt und als unbezwinglicher Burgherr und Seeräuber auf der kleinen Insel Hjelm sitzt, — so recht ein Ideal des freien Ritters für jenes friedlose Zeitalter.

Die geschichtlichen Wiser sind jedoch wenig zahlreich gegenüber den vielen „Ritterwisern", bei denen wir die Zeit und den Ort der Begebenheiten überhaupt nicht oder nur höchst unsicher bestimmen können. Einige sind aus der Volksliederdichtung des Auslandes übernommen und den nordischen Verhältnissen angepaßt; die meisten sind unmittelbar aus dem Leben ihrer Zeit hervorgegangen, sie geben wirkliche oder erdichtete Szenen wieder. Man wird sich wundern, wie oft das mittelalterliche Leben dargestellt wird in dichterischen Zügen, die an die alte Zeit erinnern. Unter den Wisern vom Marschall Stig findet man eine, die ganz auf jener Szene aufgebaut ist, in der der Marschall von der Heerfahrt heimkehrt, aber seine Gattin sich nicht erhebt, um ihm entgegenzugehen; vom König vergewaltigt, betrachtet sie sich nicht als seine Gattin mehr, und Stig verläßt sie, um nicht wieder heimzukehren, bevor ihre Schmach gerächt ist. Die Knappheit der alten Zeit liegt in solchen Charakteren; nicht weniger in den Frauen als in den Männern dieser Dichtung. Da gibt es auch kühne Mädchengestalten, die sich bisweilen wie Schildmädchen benehmen und kriegerische Taten verrichten, aber öfter noch jene kaltblütige Entschlossenheit zeigen, welche die Wikinger so hoch schätzten. Die Liebe wird durch fremden Einfluß der vornehmste Gegenstand der Dichtung; aber in ihrer dichterischen Behandlung bemerkt man eine gewisse Verwandtschaft mit dem Grundtypus der alten Zeit. Nur die beginnende Wiserdichtung, das älteste Lied von Towe und Waldemar, stellt — im Geiste der Ritterzeit — Towe als die ideale Frau dar, die gerne ihre Nebenbuhlerin mit in ihre Liebe aufnimmt, während die böse Königin Sofia Eifersucht nährt: „So habe ich klein Towe lieb, wie den wilden Wolf, der im Walde schrie!“ Und Saxo verkündet in seiner Chronik ähnliche Gedanken. Aber schon die jüngere, poetisch weit reichere Towe-Wise gibt das Motiv auf; sie stellt Towe mit ihrem Glück, ihrer Lebensfreude und ihrem Stolz der Königin Sofia mit ihrem Neide gegenüber; nicht die Schlechtigkeit siegt, sondern das Unglück bricht herein, weil der König glaubt, die Liebe zweier Frauen besitzen zu können. Immer wieder wird das Motiv in ähnlicher Weise aufgenommen: der Ritter will Hochzeit halten, aber seine Geliebte stößt ihm beim Abschiedskusse ihr Messer in die Brust, oder sie verbrennt ihn und alle Hochzeitsgäste. Oder auch: Ebbe Skammelsön ist um seine Braut betrogen durch seinen Bruder Peter, der ihn für tot ausgibt; er kommt gerade am Hochzeitstage heim, er wohnt dem frohen Feste bei, wo keiner seinen Kummer begreift, und kann erst mit „stolz Lucia“ reden, als er ihr die Fackel auf dem Gange zur Brautkammer vorausträgt; aber sie hat Peter „ihre ganze Treue“ gelobt und will gegen ihren alten Verlobten so liebevoll sein wie eine Mutter; „Ich habe dich nicht zur Mutter gewählt, ich wählte dich zu meinem Weib, darum soll Peter Skammelsön verlieren den jungen Leib“, und er tötet in Verzweiflung zunächst sie selbst, sodann den Bruder; dann schlägt er im Brauthause unter den Verwandten um sich und stürzt in die Welt hinaus, abgetrennt von allem, woran er sich früher gebunden fühlte. Dieser Anspruch auf die volle und ganze Liebe erinnert an das große Sagenproblem der alten Zeit, erinnert daran, wie Sigurd, der zwischen Brynhild und Gudrun gestellt ist, ihnen allen Verderben bringen muß.

Aber es gibt auch recht vieles, wodurch diese Dichtung von derjenigen der alten Zeit sich unterscheidet. Die Lyrik strömt in die erzählende Darstellung ein, schließt sich ihr als Refrain an, läßt den Tanz und eine auf den Märchenton seltsamen Eindruck machen unter all der Qual und Not, gestimmte Lebensfreude als Leitmotive auftreten, die einen die die Dichtung in sich faßt. Und mit der Lyrik kommt ein neues Element, die Schelmerei, das leichte, scherzende

Eingehen auf die kleinen Züge und zufälligen Gegensätze des Lebens; ein eigentümlicher Zug im Wesen des dänischen Volkes tritt hier in dichterischer Form ans Licht.

Wir wollen unter den Hunderten von ernsten und heitern Ritterwisern nur ein kleines Gedicht herausgreifen. Schauplatz ist das Thing; die Mannen des Königs wundern sich, als sie eine Jungfrau zum Thinge reiten sehen; sie muß wohl aus Neugier kommen, um die Hofleute zu schauen, und man macht sich ein wenig lustig über das geerbte Staatskleid, das für ihren jugendlichen Wuchs zu weit scheint. Aber die Jungfrau kommt näher und trägt ihre Klage vor: ihre Eltern sind gestorben, ihre Mutterbrüder sind ihre Vormünder, aber sie machen den Besitz des Mädchens sich selbst zunutze; „sie mäh'n meine Wiese, mein Korn sie schneiden, sie locken von mir Knaben und Maide; sie nehmen mir beides, Ochsen und Rind; sie locken vom Tisch mir mein Ingesind"; deshalb bietet sie dem Könige an, sie wolle ihr Erbe von ihm als Lehen empfangen. Der König nimmt freundlich ihre Gabe an und fordert sie auf, sie möge sich unter seinen Rittern einen Gatten wählen. Nach einigem Zögern kommt sie damit heraus, daß sie Owe Stigsön als Gatten wünscht. „Steh auf, Herr Owe, antworte für dich; hier ist eine Jungfrau, die wirbt um dich!" Aber Herr Owe sehnt sich durchaus nicht danach, Landmann zu werden, er versteht sich besser darauf, seine Ärmel zu schnüren und mit Habicht und Hund auszureiten, als den Pflug zu führen im grünen Hain. Aber ohne sich einschüchtern zu lassen, unterbricht sie ihn: da magst du im Wagen neben mir sitzen, und ich werde dich lehren, wie tief du pflügen, wie dicht du säen, wie du die Egge leiten sollst und wie der Haushalt geführt werden muß, damit man einen guten Ruf unter den Leuten der Gegend gewinnt. Durch diese Sicherheit überwunden, verlobt sich Herr Owe mit ihr, zum Ergötzen des Dänenkönigs und seines ganzen Gefolges; und alle machen sich zusammen zur Hochzeit auf. — Die Wise behandelt den allzu zierlichen, aber unentschlossenen Hofmann und die ländlich-jugendliche Bewerberin mit munterer Ironie; aber die ganze Sympathie ist auf der Seite des Mädchens. Die mutige und entschlossene Frau ist immer noch das Ideal, aber daneben ergötzt man sich an dem naiv-jugendlichen Wesen; und dann taucht hier und da eine Freude an dem arbeitsamen Leben auf, die ausgezeichnet zu dem zahlreichen dänischen Adel auf seinen bescheidenen kleinen Burgen paßt, — und ganz verschieden ist von den Idealen des Müßiggangs und der Üppigkeit, die die europäische Ritterzeit ausbildet.

Die Folkewiserdichtung und das religiöse Leben des Mittelalters stehen in eigentümlicher Weise miteinander im Bunde; beide erweckten die schlummernden Gefühle in der Tiefe der Seele. Unter den religiösen Dichtungen erscheinen zuerst die eindrücklichen Visionen von dem Leben im Jenseits. In andern Ländern finden sie sich weit früher, im Norden kamen sie mit einem Mal gegen das Jahr 1200 auf. Wirkliches Erlebnis und Dichtung mischen sich miteinander; was die Dichtung von der Königin Dagmar erzählt, als die Gebete ihres Gatten sie ins Leben zurückriefen, und was Rannweig, die Geliebte eines isländischen Priesters, selbst im Jahre 1198 erlebte, stimmt merkwürdig überein. Aus der Mannigfaltigkeit der Einzelberichte entstand das isländische „Sonnenlied“ (Sólarlióð) im Versmaß der alten Zeit und das norwegische „Draumakvæði“, eine Art christlicher Woluspa in der Form der mittelalterlichen Wiser: Olaf Astason fällt am Weihnachtsabend in Schlummer und erwacht erst am dreizehnten Tage; dann reitet er zur Kirche und setzt sich auf die Schwelle, um der Gemeinde seine Träume zu erzählen: „Ich weilte unter den Wolken so hoch und drunten am Meeresgrund; wer meiner Fußspur folgen soll, spricht nicht mehr mit lachendem Mund“. Er ist den Weg der Toten gewandelt über die dornige Heide, ist unter der Erde hingegangen, wo man die Wasser brausen hört, aber sie nicht sieht, und hoch in der Luft über die Gjallarbrücke, die die Bösen in die Tiefe fallen läßt, hat in die Hölle hineingeschaut, wo die Gletscher in blauem Lichte brennen, wo der Mörder ewig an der Leiche des Ermordeten schleppt, der Grenzverrücker seine blutenden Hände ringt und der Geizige seinen schweren Bleimantel trägt; er ist in der Halle des Gerichts gewesen, wohin die Schar der Teufel von Norden her kommt mit Prunk und Putz und an ihrer Spitze der alte Graubart, und von Süden her eine stille Schar, in der Christo voran Sankt Michael reitet auf weißem Roß mit der Posaune unter dem Arm; aber wenn er darauf bläst, erbeben die armen Seelen wie Espenlaub im Winde. Und nun tritt die selige Mutter Gottes mit roten Goldringen an der Hand mitten in der Schar der Toten auf den Wanderer zu und führt ihn hinauf zum Sternenwege, wo er in das leuchtende Paradies hineinblickt. „Selig, wer in dieser Welt gibt den Armen Brot; der wird nicht in der andern Welt fürchten Haß und Spott."

Wir wollen hier nicht bei den andern Visionsdichtungen verweilen. „Die Zunge kann reden, aber die Seele wird antworten am Tage des Gerichts", — das ist gleichsam der Kehrvers für sie alle; die Sündenschuld wird aufgepflügt in den bisher trotzigen Gemütern. Aber in die Fußtapfen der Visionen tritt eine zartere Dichtung, Wiser, in denen Maria nach dem Schicksal des Christuskindes forscht und mit Herzensangst von seinen künftigen Leiden hört, oder Maria Magdalena in stillem Einsiedlerleben ihre Sündenschuld ausweint. Und die Wiserdichtung, die mit mächtigen Höllenvisionen begann, drückt mehr und mehr die Sehnsucht nach der Seligkeit aus. Da ist nicht bloß der Vogel aus dem Paradies, der im Walde vor der Jungfrau von der Seligkeit des Himmelreiches singt. Die drei dahingegangenen Töchter kommen zu nächtlicher Zeit an das Bett ihrer Mutter, um sie zu trösten in ihrer einsamen Trauer, „die eine sollte spinnen, die andere sollte zwirnen, die dritte sollte zählen die Stunden, die verrinnen"; die Mutter will sie erbitten, daß sie bleiben sollen, drei reiche Ritter will sie ihnen geben; aber beim Hahnenschrei eilen sie von ihr: „Weit besser ist es, im Himmelreich sein, als auf Erden zu tragen ein Goldkrönlein; im Himmelreich da ist groß' Freude".

Nicht der Adel, sondern die breiten Schichten des Volkes sind die Träger dieser frommen Wiserdichtung. Neben dem kirchlichen Gottesdienst bildete sich ein volkstümlicher unter freiem Himmel aus. Hier erhielt die lateinische Psalmenmelodie einen einheimischen Text, wenn die Pilgerschar dahinzog: „Den gesegneten Tag wir mit Freuden schaun"; das irdische Leben und der Glanz des Himmelreichs schmolz in eins zusammen. Der Zug der jungen Mädchen am Walpurgistage singt von Maria und Jesus: „Hier kommen wir hübschen Mädchen klein — der

Mai ist uns willkommen". Am deutlichsten treten diese alten Festsitten auf finnischem Boden hervor in Ritvala bei Aabo, und zwar bis in unsre Tage, doch so, daß wir die nordischen Vorbilder erkennen können. In der Pfingstzeit setzt sich in der hellen Dämmerung der Zug in Bewegung, die jungen Mädchen gehen singend voran, dann folgen die verheirateten Frauen und nach ihnen die Männer; langsam ziehen sie kreuz und quer durch das Dorf und dann, Blumen streuend, weiter hinaus nach dem heiligen Berge, wo der Scheiterhaufen angezündet wird und die Jugend bis Mitternacht ihre Reigen tanzt. Das Fest muß gefeiert werden, sonst werden die Felder Ritvalas keinen Ertrag geben, sonst bricht das Ende der Welt herein. Am ersten Abend wird von Maria Magdalena gesungen, die mit ihren Reuetränen Jesu Füße benetzt, am zweiten von der stolzen Inger, die an ihrer Liebe zu Lagman festhält, und sieh da, während ihrer erzwungenen Hochzeit mit einem andern leuchten seine Segel auf in dem Sunde, und er führt sein Mädchen heim; am dritten Tage singt man von klein Anna, die der fremde Schiffer betrog, aber Gott ließ sein Schiff in den Wellen versinken. So ungefähr ist es überall im Norden gewesen, überall finden wir dieselbe unmittelbare Einheit der Welt des Glaubens und der Welt der Poesie. An den Jungfrauenquellen in Skatelöv mitten auf der schonischen Ebene versammelte sich die Jugend in der lichten Sommernacht vor dem Johannistage, trank aus der Quelle und sang von den unglücklichen und unvorsichtigen Jungfrauen, aus deren Blut die Quelle entsprang; — es ist das ein uraltes Volksfest, aber das Zeitalter hat es mit einer neuen Gedankenwelt gefüllt.

Beigaben.

Dänische Heldenlieder in Saxos Gesta Danorum.

Bruchstücke des Liedes von Hagbard und Signe.

Signe in ihrem Frauenhaus; die Dienerinnen sprechen von ihren Bewerbern und sind uneinig darüber, wem sie den Vorzug geben sollen. Da spricht

Signe:

1. Einer umwirbt mich,
ein wackerer Kriegsheld,
meine Liebe begehrt auch
ein lockiger Jüngling;
nicht lang wird bestehn
die stolzeste Schönheit,
doch vollbrachte Großtat
vergißt man nimmer.

Hagbard, als Schildmädchen verkleidet, in Signes Haus. Als die Dienerinnen ihm die Füße waschen, beginnen sie Verdacht zu schöpfen.

Hagbard:

2. Mit Fug nur geschah's,
wenn die Fußsohle
verhärtet mir ward
und behaart der Schenkel;
über Land und Meer
bin lang ich gefahren,
das Dickicht durchdrang ich,
auf Dornen ich trat.

Und als die Dienerinnen sich über seinen männlichen Wuchs wundern:

3. Der Busen der Kampfmaid,
den die Brünne deckte,
ist nicht lind wie die Brust,
die Linnen umhüllt;
nicht Spindel und Faden
umfaßten die Hände,
nur das blanke Schwert,
von Blut gerötet.

Hagbard und Signe nachts, im Frauenhause.

Hagbard:

4. Sage mir, Signe,
sonnenhelles Mädchen,
wo jetzt in der Brautnacht
wir beid' uns vereinen,
ohn' den Rat der Verwandten,
wider Willen des Vaters,
der Sohn des Hamund
mit der hochgebornen:

5. wenn dein Vater mich fängt
und mich führt zum Sterben,
und Sigar rächt
seiner Söhne Tod, —
wenn mein Leben verloren,
welches Los du dir wählest?
Wird mein trautes Weib
mir da Treue erweisen?

Signe:

6. Leid wird mir's scheinen,
länger zu leben,
wenn das Grab umschließt
meine schönste Lust;
ob nun Siechtum, ob Schwert,
ob See oder Erde —
welcher Tod dich auch treffe,
treu folg' ich dir.

---

3. Schildmaide, Kampfmaide, menschliche Kämpferinnen, wie sie in allen germanischen Ländern vorkommen.

7. Geknüpft ward das Band,
das keiner zerreißt,
da mit dem Geliebten
das Lager ich teilte;
unlösbar verstrickt
sind die Lebensfäden,
seit die Skjoldungen-Maid
sich vermählte dem Helden.

Hagbard wird durch eine Dienerin verraten und in einer Volksversammlung zum Tode verurteilt. Als man ihn zum Galgen führt, bietet die Königin ihm spottend den Abschiedstrunk.

Die Königin:

8. Hagbard, du harter,
den die Heerschar am Thinge
verdammte zum Tod,
dir jetzt entbiet ich:
ergreife das Horn,
den Helbecher,
trink's bis zum Grunde,
du dem Tode geweihter;
zum Hochsaal der Hel
von hinnen du wanderst,
deinen Leib zerreißen
die Raben am Galgen.

Hagbard:

9. Ich empfange die Labung,
den letzten Trunk,
mit der selben Hand,
die die Söhne dir schlug;
in Ewigkeit wirst du
einlösen nimmer
— o Hausfrau des Sigar —
Helheims Pfänder.

---

7. Skjoldungen-Maid, Mädchen aus dänischem Königsgeschlecht.

8. Hel ist die Todesgöttin, Helbecher der letzte Becher vor dem Tode.

9. Helheim, das Reich der Hel; Helheims Pfänder einlösen, die zwei Söhne zurückbekommen, die von Hagbard getötet zur Hel gekommen waren.

Hagbard wird auf den Galgenhügel geführt; er bittet, daß man zuerst seinen Mantel am Galgen emporziehe. Als Signe das sieht, gibt sie — im Glauben, daß jetzt Hagbard sterbe — sich mit ihren treuen Mägden den Tod und zündet das Frauenhaus an. Als Hagbard die Flamme sieht, ruft er:

10. Hebt mich, ihr Mannen,
hoch an den Galgen!
Sie ging voraus,
der ich nun folge.
Hoch klettert die Lohe,
es kracht der Bau,
weithin leuchtet
die Liebe Signes.

11. Nie wahrte die Treue
ein Weib wie Signe,
die mit eigner Hand
sich den Holzstoß entflammte;
nun hat Hagbards Braut
das Heltor geöffnet;
nichts kann uns scheiden,
die nicht schied der Tod.

Die Bjarkamal.

Hjalti, der die Nacht außerhalb der Burg zugebracht hat, sieht das herankommende Heer der Feinde. Er eilt zur Königshalle und ruft die Kämpen auf.

Hjalti:

1. Wachet, erwacht,
ihr wackern Genossen!
alle ihr mutigsten
Mannen des Fürsten!
Nicht ruf ich zum Wein
noch zum Weiberkosen;
erwacht zu Hildes
hartem Spiel!

---

1. Hilde ist die Göttin des Kampf, Hildes hartes Spiel also = Kampf.

Bjarki erwacht und glaubt, daß Gäste zum Gehöft gekommen sind; er ruft seinen Diener.

Bjarki:

2. Flink jetzt, o Knabe,
das Feuer entzündet!
kehre den Herd,
in die Kohlen blase!
Die Lohe laß knistern
von Knorren und Scheit;
warmhändig grüße man
gute Freunde.

Danach versinkt Bjarki wieder in Schlaf. Hjalti ermuntert die allmählich sich sammelnden Krieger und begleitet den Kampf mit seinen Reden.

Hjalti:

3. Der freigeb'ge König
die Krieger begabte
mit Schwert, Helm, Armring
und Eisenbrünnen;
des Friedens Geschenk
in der Schlacht wird's gelohnt;
der Kampf muß leisten,
was gelobt ward beim Biertrunk.

4. Der Kampfherr der Dänen
die Kecken sich wählte;
jetzt erkennt man die Mut'gen,
wo die Mutlosen flieh'n;
im Getümmel wird's heiß
den getrosten Kämpen:
fest steht der Fürst
im Gefolg der Getreuen.

5. Ihr erkornen Knechte,
umklammert den Schwertgriff,
den Schild auf der Schulter
schreitet zur Wal;
mit entblößter Brust
bieten wir Kampf an,
wir hacken gleich Adlern
mit hitzigen Schnäbeln.

6. Seht vorn vor den Feinden
als Führer dort Hjorward,
der Fürst unterm Goldhelm
ist froh ob des Streits;
die grimmen Gauten
ihm gerne folgen
unter Helmen mit Ringschmuck,
mit rasselndem Speer.

7. Es reizte ihn Skuld,
die Skjoldungenfrau,
den Verwandten zu täuschen,
zu betrügen den Lehnsherrn;
töricht ist sie
und unsinnig,
von Unglücksnornen
zur Untat bestimmt.

König Hrolf Kraki fällt tapfer kämpfend.

8. Die letzte Schale
man schenkte den Mannen;
nach des Königs Tod
soll keiner leben,
er sei denn so feig,
daß er flieht vor dem Schwerte,
oder zu elend,
den Edlen zu rächen.

Die Mannen Hrolfs werden nach dem Burgtor zurückgedrängt. Hjalti ruft Hrut, die Gattin Bjarkis, aus der Burg.

9. Erhebe nun, Hrut,
die hellockige Stirn,
tritt aus dem Haus
in den tosenden Streit.
— — — —
— — — —
die Burg dröhnt vom Kampflärm,
es birst das Tor.

8, 1. 2: wir (die Mannen) werden an keinem Trinkgelage mehr teilnehmen.

10. Die Waffen durchbeißen
die Brünnen der Krieger,
vom Kampfbeil zerschnitten
ist der Schild des Königs;
weit klafft das Burgtor,
es weichen die Tapfern,
die Axt knirscht scheußlich
in den Schädeln der Männer.

Die Mannen Hrolfs werden hinter das Burgtor zurückgetrieben; Hjalti holt ein brennendes Scheit, um Feuer an die Burg zu legen. Er ruft Bjarki, der noch immer im tiefen Schlafe liegt, zum zweiten Mal zum Kampf auf.

11. Säumst du noch, Bjarki!
binden dich Schlafrunen?
folg mir hinaus,
eh dich Feuer bedrängt!
Wie mit Bränden den Bären,
jagt mit Brand man die Feinde:
hoch lodert der Bau,
die Burg sinkt in Staub. —

Hjalti sammelt die Krieger von neuem, besingt die Taten und den Tod seines Fürsten und fordert die Mannen auf, dem Herrn im Tode zu folgen.

Hjalti:

12. Nun ordnet die Heerschar,
wie Hrolf es lehrte,
der kühne Töter
des kargenden Hrörik.
Ein Bettler war Hrörik
trotz herrlicher Schätze:
nur Gold er wollte,
nicht wackere Kämpen.

13. Mit dem Heere kam Hrolf;
da bot Hrörik ihm Gaben,
bot vor dem Tor ihm
des Beutels Goldlast,
vor die Königsburg streut' er
der Kisten Erzpracht —
an den Feind ward vergeudet,
was am Freunde er-sparte.

14. Den Tod gab der Fürst ihm,
verteilte die Schätze
vieltreuen Gesellen,
selbst nahm er nichts.
Nichts war zu gut ihm:
er gönnt' es den Seinen;
nichts ihm zu lieb:
er verlieh es den Kämpen.

15. Der freigeb'ge Häuptling
sank fallend zur Erde;
dahin ist das Leben,
dessen lang man gedenkt:
so stürmte zum Streit er
wie der Strom zum Meere,
so flink zum Feinde
wie der fußschnelle Hirsch.

16. Der Wundenstrom rinnt
aus den Reih'n der Gefallnen,
in der Heerschar wirkt Hjorward
der Hilde Spiel.
Standhaft lächelt
im Sterben der König,
als säß er beim fröhlichen
Festmahl zu Gast.

17. Der Verwandte des Frodi
die Fyriswellir
mit Gold besäte,
fröhlichen Sinns;
froh unserm Fürsten
wir folgen im Tode,
frisch in der Rede,
in festem Mut.

---

17. Der Verwandte des Frodi ist König Hrolf; über Frid-Frodi s. oben S. 50. — Hrolf war einst von seinem Verwandten, dem Schwedenkönig Adils, in verräterischer Absicht nach Upsala eingeladen worden; als er vor der Übermacht fliehen mußte, streuten er und die Seinen Gold auf das Feld: die gierigen Schweden machten halt, um es aufzulesen, und so entkamen die Dänen.

18. Laßt die Treu' uns beweisen
durch wuchtigen Schwertschlag;
großer Taten Gedächtnis
lebt dauernd auf Erden. —
Verrammt und verriegelt
ruht noch die Halle!
zum dritten Mal, Bjarki,
ich entbiet dich zum Kampf! —

Bjarki erwacht beim dritten Mahnruf Hjaltis und rüstet sich zum Kampf.

Bjarki:

19. Laut reizest du, Hjalti,
des Hrolf Verwandten;
aber großem Wort
muß die Großtat folgen.
Wart nur, bis Bjarki
die Brünne anlegt;
auf andres er denkt
als drinnen zu brennen.

20. Auf der Insel ward elend
und arm ich geboren,
zwölf Höfe gab Hrolf mir,
zu herrschen ob allen,
zwölf reiche Höfe
und rotes Gold,
die Schwester zum Weibe;
das ist wert der Vergeltung.

Bjarki stürzt hinaus in den Kampf.

21. Weg mit der Brünne
auf dem Weg zum Tode!
nur der schlechte Mann
braucht den Schirmpanzer nun;
frei sei die Brust!
fort mit dem Schilde!
mit dem Goldring bewehrt
gibt man wuchtigsten Schlag.

---

20. Hrut, Bjarkis Gattin, ist Hrolfs Schwester.

21. Keinen Schild will Bjarki am Arme tragen, sondern nur den Armring, die Gabe seines gütigen Fürsten.

22. Jetzt schlug ich mit der Waffe
den „wilden Hirsch“ im Streite,
schlug ihn mit dem Sachs,
der Snirtir sich nennt.
Ich erntete Kampfruhm,
da zuerst ich ihn führte,
als ich Agnar fällte,
den Jngjaldssohn.

23. Sein Hieb traf das Haupt mir,
Höking sprang in Stücke,
der Blutstab war zerbrochen
an Bodwars Stirn;
ich raubt ihm die Linke,
den rechten Fuß,
so mähte mein Schwert,
ich hieb mitten ihn durch.

24. Niemals wohl traf ich
so tapferen Kämpen:
kampfmüde sank
der Kühne zur Erde;
da ließ er sein Leben,
empfing lachend den Tod,
frohgesinnt ging er
zu Gladsheims Gefilden.

25. Eben durchbohrt ich
eines Edlings Brust,
jung war der Held noch,
doch voll herrlichen Muts;
nicht barg ihn die Brünne
noch der Buckelschild,
wenig kann hemmen
den Weg meines Snirtir.

---

22. „Wilder Hirsch“ ist der Name eines feindlichen Kriegers. Sachs ist die Bezeichnung eines kurzen deutschen Schwertes.

23. Höking ist der Name von Agnars Schwert; Blutstab = Schwert. Bodwar ist ein andrer Name Bjarkis.

24. Gladsheim ist das Gehöft, in dem die Walhall sich befindet; vgl. Grimnismal 8.

26. Kommt, ihr freigeb'gen
Fürsten der Gauten!
nur Häuptlingssöhne
halten jetzt stand.
— — — —
— — — —
— — — —
— — — —

27. Edlinge fallen,
es enden Geschlechter;
den Magdsohn und Knecht nur
meidet der Tod;
nie fielen — dünkt mich —
dichtere Schläge,
drei man mir austeilt,
wenn einen ich führe.

28. Einzig am Leben
unter Leblosen
vom Hügel der Toten
trotz ich dem Feind. —
Wo ist nun er,
der noch eben mich reizte,
zankte, als hätt' er
zwölfmal sein Leben.

Hjalti:

29. Wenn auch klein meine Folgschar,
bin fern ich doch selbst nicht,
schmerzlich wir missen
mannhafte Kämpen;
mein Schild ist zerspalten,
zerschnitten von Hieben;
Seh'n geht vor Fragen:
du selbst kannst es schau'n.

Sühnst du nun, Bjarki,
daß du säumtest so lange?

Bjarki:

30. Mit hartem Schmähwort
schilt mich nicht länger;

nicht selbst trag die Schuld ich,
wenn ich säumig kämpfe:
das Schwert der Schweden
hat schwer mich getroffen,
schnitt das kriegrische Wams,
wie durch Wasser es fährt.

Hrut hat ihren schwerverwundeten Gatten Bjarki auf der Walstatt aufgesucht, wo der Kampf allmählich nachläßt.

31. Doch wo ist Odin,
der einäug'ge Alte?
schnell sage, Hrut, mir,
schaust du ihn nicht?

Hrut:

32. Senke dein Auge,
sieh durch den Arm mir,
segne das Schau'n erst
mit Siegesrunen:
ruhig sollst, Bjarki,
den Blick du schärfen,
seh'n und erkennen
den Vater des Siegs.

Bjarki:

33. Wär zu schau'n mir vergönnt
den Gatten der Frigg,
mit dem weißen Schilde,
auf Sleipnir reitend,
nicht mit dem Leben
von Lejre entkäm er,
an dem Kampfgott übte
der Krieger da Rache.

34. Hier an dem Haupte
des Häuptlings ich sinke,
du magst zu Füßen ihm
finden ein Lager.

---

32. Durch den gerundeten Arm eines Menschen zu sehen ist im nordischen Volksglauben das gewöhnliche Mittel, um übernatürliche Wesen zu Gesicht zu bekommen.

Wer den Kampfplatz durchsucht,
wird die Kunde bringen,
wie dem gütigen Herrn
wir die Gaben lohnten.

35. Hungrigen Adlern
wir Atzung nun geben,
raubgier'ge Raben
zerreißen den Leib uns.
Dem kühngesinnten
Kämpen geziemt es,
tatenreichen König
im Tod zu umfassen.

Das Ingjaldslied.

Starkad, groß und stark gebaut, aber ergraut und gealtert, in unansehnlicher Kleidung, ist in die Königshalle eingetreten; die Diener des Königs, die nicht wissen, daß er zu den Gefolgsmannen gehört, weisen ihn nach der Tür zu den fahrenden Leuten und Bettlern. Dort entsteht ein Gedränge; Köche und Schenken eilen ein und aus und geben ihm böse Worte, weil er ihnen im Wege steht.

Starkad:

1. Lachet des Greises
nicht länger, ihr Dänen,
tatlose Knaben
im Königsgehöft!
Nicht achtet für elend
den alternden Mann:
ein Kopf, der ergraut,
birgt oft kühnen Sinn.

2. Vormals ich folgte
dem Frodi lange,
saß auf dem Hochsitz
als höchster der Mannen;
jetzt werd' ich verwahrt
im Winkel der Halle,
wie der Fisch in der Lache,
wenn die Flut dahinsank.

---

2. Hochsitz ist der erhöhte Ehrenplatz in der Mitte jeder der beiden Bänke, die parallel den Längswänden der Halle aufgestellt sind; vgl. S. 12 f.

3. Einst ward auf Polstern
der Platz mir gewiesen,
jetzt steh ich zu unterst,
gestoßen von allen;
gern man zur Türe
mich triebe hinaus,
wär' nicht die Wand mir
Wehr und Stütze.

4. Die Gefolgsmannen lachen
des fernher gekommnen;
keiner mich grüßt
und des Gastes wartet!
Was ist jetzt Brauch
in der Burg der Skjoldunge?
gern kennt' ich die Sitte
des Königs von Lejre. —

5. Denkst du, wenn träge
du thronest, Ingjald,
zur Vaterrache
ins Feld zu zieh'n?
lockt es dich mehr,
den Leib zu mästen?
vergaß der Fürst
seines Vaters Tod?

6. Mir sagte mein Herz,
von dem Heerkönig scheidend,
daß er fallen werde
durch des Feindes Schwert;
weit, weit abseits
ich wandern mußte,
fern war ich von Frodi,
als der Volksfürst erlag.

---

5. Der Dänenkönig Frodi ist vom Sachsenkönige Swerting in verräterischer Absicht zu einem Gastmahl geladen worden; beide Könige haben sich gegenseitig den Tod gegeben. Der unkriegerische Sohn Frodis, Ingjald, hat sich mit den Sachsen ausgesöhnt und Swertings Tochter geheiratet. Die Söhne Swertings halten sich auch am Dänenhofe auf, als Starkad dort eintrifft.

7. Wär ich da in des Fürsten
Gefolgschar gewesen,
reichlich hätte
gerächt ich den Herrn,
die falschen Sachsen
gefällt mit dem Schwerte
— oder ich fiel
an Frodis Seite.

8. Schweden verließ ich
auf langen Wegen;
den Sohn des Frodi
ich finden wollte,
— fand einen Fresser,
nach Fraß begierig,
einen weichen König,
wollüstigen Sinns.

9. Wahrheit wird es
das Wort des Halfdan:
„Dem kräftigen König
folgt kraftloser Sohn." —
Sollen Fremden verfallen
Frodis Schätze,
oder hungrigen Raben
zum Raube werden? —

Durch diese Worte geängstigt, löst die **Königin** eine kostbare Binde von ihrem Haupte und reicht sie dem Alten, um dadurch seinen Zorn zu besänftigen. Aber Starkad wirft sie ihr zurück und spricht mit hoch erhobener Stimme

10. Nehmet den Fraunschmuck
fort von dem Kämpen!
um dein Haupt schlinge
den Schleier aus Goldstoff!
Schenk ihn dem Gatten,
er schätzt ihn gewißlich
wenn Geflügelfleisch
in den Fingern er dreht.

---

9. Halfdan ist der König von Schweden, bei dem Starkad sich inzwischen aufgehalten hat.

11. Ingjalds Weib,
du elende, arge!
Sachsens Sitten
nach Seeland du bringst!
In des Königs Küche
man kitzelt den Gaumen
mit doppelt Gekochtem
und deutschen Speisen.

12. Mit gekrümmtem Finger
sah Frodi ich niemals
vom Hühnerbraten
den Bürzel reißen,
noch die Kön'ge der Vorzeit
der Vögel Innres
emsig durchpflügen
mit der Pflugschar des Daumens.

13. Den blut'gen Braten
man bracht' auf den Tisch,
kamen starke Kämpen
vom Streite heim.
Der Ruderknecht biß
in den Reif seines Barts,
nicht schlürfte der durst'ge
Schalen voll Rahm.

14. Wir Edlinge waren
elf an der Zahl,
da dem Haki gesellt
den Seehengst wir ritten;
da saß Begad und Belgi
am Borde des Schiffs;
niemals noch traf ich
so tapfere Helden.

15. Mit geräucherter Keule
und Rinden Brotes
den Hunger wir stillten
auf hoher See;
der Honigmet
wollte Haki nicht munden,
zu rohem Schinken
schmeckte das Bier.

16. Näpfe und Kannen
kannt' unser Tisch nicht,
es zapfte vom Fasse
der fleißige Mundschenk;
nicht Schalen noch Becher
schmückten die Tafel,
noch füllten die Humpen
höfische Pagen.

17. Wer nahm da Wergeld
von des Verwandten Mörder?
wer führt' in der Geldkatz
den Vater heim?
wann wollte ehmals
der Erbe und Rächer
mit des Vaters Töter
zu Tische geh'n? —

18. Drum, wenn in der Halle
die Herrscher man nennt,
der Skalde singt
von der Siegkön'ge Großtat
hüll' ich errötend
das Haupt in den Mantel;
denn von Frodis Geschlecht
schweigen die Sänger.

19. Was starrst du mich an
mit strengem Blick?
nie blicktest den Sachsen
du so ins Auge!
Nie du Ehre gewannst
in anderer Heerfahrt —
nur als Brecher des Brots
und des Backwerks Vertilger!

---

17. Von einem Manne, der, anstatt den Tod des Vaters zu rächen, das Wergeld annahm, sagte man, daß er seinen Vater in der Börse heimtrüge; vgl. oben S. 78.

19. Ingjald wird bezeichnet als Brecher des Brots, Vertilger des Backwerks; er hätte ein Brecher der Burgen, ein Vertilger der Feinde sein sollen.

20. Wenn den Helden man rühmt
für der Rache Vollbringung
und feiert die Tat,
die des Vaters wert,
dann wünschst du im Innern,
daß das Ohr dir fehle;
du Schurke, sein Ruhm
bringt Schande dir nur!

21. Ob nach Osten du ziehst,
nach dem äußersten West,
nähmst du die Flucht
nach des Nordsterns Gebiet:
dir folgt deine Schande,
ein schmachvoll Erröten;
wo sich Edle versammeln,
sieht man dich nimmer!

22. Es zürnte das Schicksal
dem Geschlecht der Skjoldunge,
da dem Frodi es gab
den feigen Sohn!
Wie im Boden des Schiffs
die schmutzigen Wasser,
so laufen in dir
alle Laster zuhauf.

23. Kriech in den Winkel,
mit der Kebse zu flennen!
Wer den Vater nicht ehrt,
ist ein elender Wicht.
Du giltst nicht mehr
als die Geiß, die gejagte;
man dürfte dich schlachten
wie ein Schaf aus dem Stall.

24. Bald wird knechten
die kühnen Dänen
der Sohn des Swerting
auf dem Sitz des Skjold,
während heiß du umarmst
die Hexe aus Sachsland,
die Tochter des Fürsten,
der den Vater dir schlug.

Mit der linnengeschmückten
lüstern du kosest,
wenn im Herzen der Krieger
die Harmlohe brennt.

25. Die Harmlohe brennt
im Herzen des Kriegers,
es drängt mich der Gram,
die Gräuel zu melden; —
doch ehrlich sich freute
des Alten Seele,
wär' Rache geübt
für das Ende Frodis.

Jetzt springt **Ingjald** auf und zieht sein Schwert. Er erschlägt während des Folgenden die Söhne Swertings.

26. Heil sei dir, Ingjald!
der Held ist erwacht!
geendet das Säumen,
siegreicher Fürst!
Alle erschlage!
laß alle sie büßen:
den gleichen Taten
folg gleicher Tod.

27. Die Erschlagnen, ihr Knechte,
schleift aus der Halle,
fahrt sie hinaus
aus des Edlings Gehöft!
Den Schlimmen gebührt
kein Scheiterhaufen,
zerreißen soll sie
Rabe und Wolf. —

28. Weiter sollst, Ingjald,
wenn weise dein Sinn,
du vertreiben das Weib,
das tückische, böse!
Der Wölfin Sohn
wird der Sippe gleich,
das Wölflein droht
Verderben dem Vater.

29. Hierher blick, Hraudi,
du Verhöhner der Feigen:
der Mord des Frodi
ist völlig gerächt;
sieben sind erschlagen,
sieben Brüder fielen; —
gefällt sind die falschen
Freunde des Ingjald.

30. Nimmer ergraute
dem Greise die Hoffnung,
einst würde der Sohn
des Siegkönigs wert.
Nun wird einzig Ingjald
des Erbes walten,
des Lands der Dänen,
des Lejrethrons!

---

31. Ein Jüngling folgt' ich
den Fahrten des Haki,
leid ward mir damals
Lust und Spiel;
nicht weich ist das Wams
auf dem Wikingerzug,
kurz nur die Ruh',
der Kampf währt immer.

32. Andre prangen
in prächtigen Kleidern!
zügeln die Rosse
und ringeln ihr Haar!
reden vor den Richtern
und rechten um Gut,
quälen die Schwachen
und schäd'gen durch Wucher,
gierig zum Gastmahl
und Gaumenkitzel;
ersehnen eine Dirne
wie die Sichel das Gras.

---

29. Hraudi (der Reutende, Vernichter), sicher ein Name für Odin als den Todesgott.

33. Kein Schild hilft dem Mann,
der erschrickt vor dem Tode,
es kommt ein Tag,
dem keiner entgeht.
Ich, der mit dem Schwerte
erschüttert das Weltrund,
— frei kann ich fahren
zum fernen Licht.

Folkewiser.

Hawbor und klein Signe.

1. König Hawbor und König Siword
gerieten einst in Streit:
wohl um die stolze Signelil,
sie war eine schöne Maid. —
Nie gewinnt ihr ein schöneres Mägdlein!

2. König Hawbor träumte einen Traum,
wie er schlafend lag in der Nacht;
gar müde wacht' er davon auf,
und ihn seiner Mutter sagt'.

3. „Mich dünkte, ich war im Himmelreich,
das war eine schöne Stadt;
ich hielt stolz Signelil in meinem Arm,
wir fiel'n durch die Wolken hinab."

4. „Du träumtest, du warst im Himmelreich,
das kündet, die Maid du erwirbst;
aber wenn du fielst durch die Wolken hinab,
so kündet's, daß für sie du stirbst."

5. „Wenn mir die Freude wird zuteil,
daß ich die Maid erwerbe,
so kümmert es mich wenig nur,
wenn ich dann für sie sterbe." —

---

33. „Das ferne Licht" ist die Welt jenseits des Grabes; vgl. S. 96.

1. Signelil, d. i. klein Signe; daneben die Form Signild.

6. Hawbor läßt wachsen seine Haar',
sich schneiden ein Jungfraunkleid;
so ritt er nach Dänemark,
als wär' er eine Maid.

7. Mitten in dem Hof der Burg
er sich hüllt in den Mantel fein;
so tritt er in das Jungfraunhaus
vor stolz Signelil hinein.

8. „Gegrüßt seid mir, stolz Signelil,
Ihr Mädchen und Frauen hold,
Hawbor hat mich zu Euch entsandt,
ob Ihr sticken mich lehren wollt."

9. „Alle Stickereien, die ich kann,
die lehre ich Euch mit Freud';
mit mir aus der Schüssel Ihr essen sollt
und schlafen bei meiner Maid."

10. „Mit Königskindern hab ich gespeist
und geschlafen in ihrem Arm;
wenn bei Eurer Maid ich schlafen soll,
da sterbe ich vor Harm."

11. „So hört denn, meine schöne Jungfrau:
nicht will ich Euch Kummer bereiten;
mit mir aus der Schüssel Ihr essen sollt
und schlafen an meiner Seiten." —

12. Ein kleines Messer zog er heraus,
er ritzte Hirsch und Hinde;
er ritzte, so gut er es verstand,
wie sie liefen im Walde geschwinde.

13. Er ritzte Hirsch sowie auch Hind',
wie sie liefen am Waldesrand;
danach stickte stolz Signelil,
so gut, als sie's verstand.

14. So gut sie's konnten, stickten all
die Jungfraun in der Runde,
außer Hawbor, dem Königssohn,
er spielt' mit der Nadel im Munde.

---

7. Es war Sitte, daß der Ankömmling mit dem Mantel angetan in die fremde Halle eintrat.

15. Dies sprach da die dienende Maid,
sie führte gar böse Red':
„Ich sah nie noch eine schöne Jungfrau,
die minder das Sticken versteht.

16. Sie näht auch nicht den kleinsten Saum,
sie hält ja die Nadel im Munde;
doch ist ein Becher auch noch so groß,
sie leert ihn bis zum Grunde.

17. Nie noch bekam ich bei schöner Jungfrau
zwei Hände wie Stahl zu schauen,
und nie noch sah ich so kühne Augen
unter schöner Jungfrau Brauen."

18. „Schweige nur still, du arge Maid,
und achte nicht auf mich!
ob die Augen ich wende nach rechts oder links,
ich wende sie nimmer auf dich!" —

19. Und als der Abend naht' heran,
man sollte gehen zu Bett;
auf stand da stolz Signelil,
Herrn Hawbor sie folgen tät.

20. Sie legte die Hand auf Hawbors Brust,
die da glänzte von Gold und Geschmeid:
„Weshalb ist Euch nicht die Brust gewachsen
als wie einer andern Maid?"

21. „Es ist Sitte in meines Vaters Land,
daß die Jungfraun reiten zum Thinge:
drum ist nicht die Brust gewachsen mir,
welche deckten der Brünne Ringe. —

22. Nun sagt mir, stolze Signelil,
solang ich allein mit Euch bin:
gibt es jemand in der weiten Welt,
nach dem begehrt Eu'r Sinn?"

---

21. Zum Thinge reiten, d. i. zur Versammlung reiten (hier von einer kriegerischen Zusammenkunft). Der Vers enthält eine Erinnerung daran, daß die Frauen der alten Zeit zuweilen als Schildmädchen am Kampfleben teilnahmen.

23. „Es gibt niemand in der weiten Welt,
nach dem mein Sinn begehrt,
als Hawbor nur, den Königssohn,
er wird mir nimmer beschert.“

24. „Wenn es Hawbor ist, der Königssohn,
dem im Herzen hold Ihr seid,
wendet hierher Euch, Allerliebste mein,
er ruht an Eurer Seit.“

25. „Wenn Ihr Hawbor seid, der Königssohn,
weshalb bringt Ihr mich in Schand'?
weshalb rittet Ihr nicht in meines Vaters Hof,
den Habicht auf der Hand?“

26. „Wie sollt ich reiten in Eures Vaters Hof,
den Habicht auf der Hand?
Euer Vater droht mit dem Galgen mir,
wenn ich reite in sein Land!“

27. „Schweigt stille, Hawbor Königssohn,
und sprecht nicht solcherlei!
wach liegt meine falsche Maid
und horchet auf uns zwei.“

28. „Wenn wach liegt Eure falsche Maid
und horchet auf uns zwei,
— so liegt auch unter dem Kissen mein
mein Schwert und die Brünne dabei.

29. Hier liegt unter dem Kissen mein
mein Schwert und die Brünne bereit;
und wären hier hundert schnelle Mannen,
ich fürchtete nicht den Streit.“

30. Zusammen lagen die Königskinder,
sie wähnten, sie wären allein;
draußen stand die falsche Maid
und horchte auf die zwei.

31. Draußen stand die falsche Maid
und horchte auf die zwei;
sie entwendete ihm sein gutes Schwert
und die blaue Brünne dabei.

32. Sie entwendete ihm sein gutes Schwert
und die blaue Brünne danach;
dann ging sie zu der Kammer hinauf,
in der König Siword lag.

33. „Schlaft Ihr? erwacht, mein edler Herr!
Ihr schlummert allzu lange!
nun ist Hawbor, der Königssohn,
mit Signe zu Bett gegangen.“

34. „Schweige nur stille, du arge Maid,
such' sie nicht durch Lug zu verderben!
morgen, ehe die Sonne sinkt,
sollst auf dem Holzstoß du sterben.“

35. „Hört mich, Siword, König mein,
Ihr dürft meinem Wort wohl trauen:
hier hab ich Hawbors gutes Schwert,
samt seiner Brünne, der blauen.“

36. König Siword sprang aus dem Bett und rief,
daß im ganzen Gehöft man's vernahm:
„Erhebt Euch, alle meine Mannen!
und legt Eure Brünnen an!

37. Erhebt Euch, alle meine Mannen!
legt Eure Panzer an!
hier ist Hawbor, der Königssohn,
er ist ein trutziger Mann.“

38. Sie stießen mit Spieß und Lanze
wohl gegen die Kammertür:
„Steh auf, Hawbor, du Königssohn,
tritt ins Gehöft herfür!“

39. Auf sprang Hawbor, der Königssohn,
er suchte unter dem Kissen;
fort war da seine Brünne blau,
sein gutes Schwert ihm entrissen.

40. „Nun ist mir die Brünne entwendet
und mein gutes Schwert so breit;
wahrlich, du stolze Signelil,
das wird ein böser Streit!“

41. Gelobt sei Hawbor, der Königssohn,
er wehrt' wie ein Held sich lang:
er wehrte sich, bis die Planke des Betts,
seine Waffe, in Stücke zersprang.

42. Die einen er mit der Hand erschlug,
die andern er stieß mit den Füßen;
ihr Leben dreißig Königsmannen
vor Signes Kammer da ließen.

43. Sie fingen Hawbor, den Königssohn,
legten ihn in Eisenband';
doch fielen die alle wieder ab
wie Stroh von Fuß und Hand.

44. Schmach möge treffen die falsche Maid,
sie gab den bösen Rat:
„Ihr bindet Hawbor mit keinem Band
als nur mit stolz Signes Haar.

45. Nehmet ein Haar von Signes Haupt
und schlingt es um Hawbors Hand:
eher springt ihm das Herz entzwei,
als er zerreißt dies Band.“

46. Sie nahmen ein Haar von Signes Haupt
und schlangen's um Hawbors Hand,
er hatte sie so von Herzen lieb,
daß er nicht wollt' zerreißen dies Band. —

47. „Höret nun, stolz Signelil,
laßt Eure Liebe erkennen:
seht Ihr mich hangen am hohen Ast,
so laßt Euer Haus verbrennen!“

48. „Was ein jeder in meines Vaters Hof
beitrug zum Tode dein,
dafür üb' heute Rache ich
an der Verlobten sein.“

49. Das sprach Hawbor, der Königssohn,
als er kam in des Galgens Näh':
„Zuerst knüpft meinen Mantel auf,
daß das Hängen mit Augen ich seh!

50. Zuerst knüpft meinen Mantel auf,
er ist von Scharlach rot;
alle die Frauen, die ihn sehn,
sie beklagen meinen Tod."

51. Stolz Signe steht im Frauenhaus,
sie sieht den Mantel hängen;
da legte sie Feuer an den Bau,
sich selbst drin zu verbrennen.

52. Das war die stolze Signelil,
sie entzündet von Rohr das Dach:
so verbrannte sie sich und die Maide all
in ihrem Frauengemach.

53. Lang stand Hawbor, der Königssohn,
wollt' ein Weilchen die Welt noch sehen:
da sah er Signes Frauenhaus
in lichten Flammen stehen.

54. „Nun nehmt herab meinen Mantel rot!
er mag liegen auf der Erd':
und wenn ich jetzt tausend Leben hätt',
ich keins davon mehr begehrt'."

55. Das sprach der König Siword da,
er hielt wohl in der Näh':
„Was soll der brennende Holzstoß dort,
von dem Rauch ich steigen seh?"

56. Antwort gab der Diener klein,
seine Augen von Tränen fließen:
„Das ist die stolze Signelil,
sie hat ihre Liebe bewiesen."

57. „Eilt Ihr zum Frauenhause hin,
laßt Signe nicht verbrennen!
Ihr andern lauft zum Galgen,
verbietet, Hawbor zu hängen!'

58. Und als sie kamen zum Jungfraunhaus,
lag Signe in Flammen rot;
und als sie kamen zum Galgen,
hing Hawbor droben tot.

59. „Hätt' ich das zuvor gewußt,
daß die Liebe war so stark,
ich hätte nicht diese Tat getan
um die ganze Dänenmark."

60. Hawbor war gehängt und Signe verbrannt,
ein Mord war's, der Klage wert;
sie fingen die falsche Dienerin,
gruben lebend sie in die Erd'.

Mädchens Morgenträume.

1. Riseli geht zum Kämmerlein,
— über die welschen Meilen —
sie weckt die Jungfraun zart und fein.
Wo die Wenden schreiten zu den Burgen.

2. Sie weckt die Jungfraun mit Ehre und Preis,
stolz Wesselil weckt sie mit scharfem Reis.

3. „Schläfst du so lang in den Morgen hinein,
so wird dich kein junger Ritter frei'n."

4. „Mir bringt soviel Glück mein Morgentraum,
wie andern Jungfraun ihr Seidensaum.

5. Mir träumt', ich war eine Ente klein,
ich schwamm in Wendenkönigs Land hinein.

6. Mir träumt', meine Flügel waren so breit,
sie deckten weithin Feld und Heid'.

7. Ich setzte mich nieder an der Linde Fuß,
die Zweige sich beugten mir zum Gruß."

8. „Hör mich, liebe Schwestertochter mein,
du gib mir doch den Morgentraum dein!

9. Willst du mir geben deinen Morgentraum,
da geb ich dir meinen langen Sommersaum."

---

1. Der Refrain (Z. 2 und 4): die Wenden sind auf dem Wege zur Burg auf meilenweiten Wegen. — Der Wendenkönig erscheint in der Wise nicht als Landesfeind, sondern als ein märchenhafter Königssohn.

10. „Behalte du selbst deinen Sommersaum,
viel lieber hab ich meinen Morgentraum."

11. Kaum noch das Wort gesprochen war,
der Wendenkönig kam geritten dar.

12. Der Wendenkönig zum Hofe ritt,
Riseli ihm entgegen schritt.

13. „Willkommen, Wendenkönig, Herre mein!
was willst du lieber, Met oder Wein?"

14. „Ich will weder Met noch Wein,
doch sehn will ich Wesselil, die Schwestertochter dein."

15. „Wesselil ist erst fünf Jahre alt,
kam nicht aus der Pflegemutter Gewalt."

16. „Und wäre sie auch nur drei Jahr, traun,
noch heut will ich sie mit Augen schaun."

17. „Meine andern Jungfraun säumen mit Gold,
doch sie nur immer schlafen wollt'."

18. Man führte den Herrn in die Halle hinein,
sie selbst ging zur Schwestertochter klein.

19. Sie zupfte ihr Haar, sie schlug ihre Wang':
„Eh' das Glück du empfängst, noch Schande empfang!

20. Hör du, Wesselil, kleid dich schnell,
du sollst hinein vor den König zur Stell'."

21. Wesselil trat zur Tür hinein,
da war's wie heller Sonnenschein.

22. „Nie schaute so große Maid ich fürwahr,
die erst war in ihrem fünften Jahr."

23. Er klopfte sie auf die Wange fein,
er nannte sie die Allerliebste sein.

24. „Nun will ich Vollmacht erteilen dazu:
du schlaf, so lange du willst, in Ruh."

25. Sie hüllten Wesselil in Seide mit Fleiß,
sie hoben sie auf einen Zelter weiß.

26. Sie setzten ihr aufs Haar von Gold eine Kron,
so ritt sie mit dem König davon.

Waldemar und Towe.

1. Es hebt sich ein Tanz in König Waldemars Halle,
— mit Bedacht —
die Königin tanzt und ihre Jungfraun alle.
Er sie beide zu lieben gedacht'.

2. Die Königin tanzt mit der Jungfraun Schar,
auch Towe tanzt mit gelöstem Haar.

3. „Höre du, Towe, Gespielin mein:
heb auf die Seidenschleppe dein!"

4. „Gar wenig würd' ich den König lieben,
wollt' nicht rauschende Seide ich nach mir ziehen."

5. „Sage mir, Towe, Gespielin mein:
wie errang der König die Liebe dein?"

6. „Drum errang der König die Liebe mein,
weil seine Macht größer war als die mein'.

7. Ich war ein kleines Mägdlein noch,
als ich stand in meines Vaters Hof.

8. Ich stand in dem Hofe schön und klein,
der Dänenkönig und die Mannen ritten herein.

9. Er sandte nach mir der Ritter zehn,
doch nicht so wollte ich mit ihnen gehn.

10. Der König kam selbst und alle seine Mannen,
da mußte klein Towe mit ihnen von dannen."

11. „Sage mir, Towe, Gespielin mein:
was war wohl die Morgengabe dein?"

12. „Er gab mir einen so reichen Goldschrein,
wie nie noch kam einer nach Dän'mark hinein.

13. Neun goldene Ringe er mir gab,
die Schwedens Königin einst besaß.

14. Er gab mir aus Seide und Scharlach ein Kleid,
wie Ihr's nicht trugt, Königin, noch alle Eure Maid'!"

15. Voll Harms sprach Königin Soffi geschwind:
„Das war reichlich für eines Bauern Kind!

---

1. Der Refrain (Z. 2 und 4): Er (im Original: König Waldemar) gedachte mit reiflicher Überlegung, sie beide zu lieben.

16. Wenn der Herrgott vergönnt, daß ich mag leben,
dann wird er hinfort dir Geringeres geben!"

17. Die Kön'gin hüllt ihr Haupt in Pelzwerk fein,
so tritt in des Königs Gemach sie ein.

18. „Hör', Waldemar, was ich frage dich:
weshalb hast du klein Towe lieber als mich?"

19. „Drum muß klein Towe so sehr ich lieben:
sie hat zwei Söhn', die so treu mir dienen.

20. Wenn ich reite durch Flensburgs Tor,
Trägt Kristof hoch das Banner mir vor.

21. Und wenn ich reite durch's Holstenland,
klein Knud mein Banner trägt in der Hand."

22. Zwei Winter waren dahingegangen,
nicht konnte die Königin stolz Towelil fangen.

23. Der heilige Weihnachtstag erschien,
klein Towe wollte zur Kirche hin.

24. Klein Towe trat auf die Straße gemach,
Seide und Goldschmuck wogten ihr nach.

25. Die Königin tät aus dem Fenster sehn,
da sah sie draußen stolz Towelil gehn.

26. Die Königin sprach zu der Jungfraun zwein:
„Heißt stolz Towelil gehn vor mich herein!"

27. In den Scharlachmantel hüllt Towe sich ein,
so geht in der Königin Gemach sie hinein.

28. Towe trat vor des Tisches Rand:
„Weshalb habt ihr, Königin, nach mir gesandt?"

29. Die Königin klopft auf das Polster blau:
„Komm nur, stolz Towelil, und ruhe hierauf!

30. Stolz Towelil, hör', was ich sage dir:
heut abend geh in das Bad mit mir!"

31. „Ein Bad will ich wahrlich nicht verschmäh'n,
gern will ich mit dir zur Badstube gehn."

32. Die Königin spricht zu der Knechte drein:
„Heizt tüchtig mir die Badstube ein!

33. Heizt die Badstube mir mit Glut so rot:
klein Towe soll drinnen finden den Tod."

34. Klein Towe in die Badstube trat,
die Königin schloß selber die Türe ab.

35. „Hier ist kein Wasser, keine Lauge hier!
bei Gottes Ehre, o öffnet mir!“

36. Kristof ritt die Straße entlang,
drinnen hörte die Mutter er weinen bang.

37. Mit dem Beine stieß er gegen die Tür,
alle die Nägel sprangen herfür.

38. Mit dem Fuße stieß er die Türe ein,
er befreit' aus der Badstub' die Mutter sein.

39. In den Garten er trug sie, doch war's zu spät:
sie war tot, noch ehe der Hahn gekräht.

Ritter Stigs Runen.

1. Ritter Stig und Findal, die waren Brüder,
bessre Ritter findet man nicht wieder.
Ihr Frauen, gebet uns Urlaub!

2. Findal fiel durch Frauenwort',
Ritter Stig, er dient an des Königs Hof.

3. Ritter Stig am Königshof Dienste tat,
Frauen und Jungfraun kräuseln sein Haar.

4. Ritter Stig vor des Königs Tisch trat hin,
klein Kirstin lag ihm so schwer im Sinn.

5. „Die Runen ich lernt' vor der Jahre sieben,
heut erprob' ich, ob sie mir dienen.“

---

35. Das warme Dampfbad in einem stark erhitzten Raum war alte nordische Sitte. Zum Bade gehörte Wasser, das man über sich schüttete und auf den Ofen goß, um den Dampf zu erzeugen, und Lauge, mit der man sich wusch und das Haar heller färbte.

1. Der Refrain ist vielleicht ein Teil einer ursprünglichen Einleitungsstrophe, die so gelautet haben kann:

Ihr Frauen, gebet uns Urlaub,
bis wir endigen unserer Wise Sang,
wie der junge Herr Stig
seinen Kummer bezwang,

2. Durch Frauenworte, d. i. durch die Reden von Frauen.

6. Mit der Rechten schenkt er Met und Wein,
mit der Linken wirft er die Runen sein.

7. Er entsandte die Runen zu klein Kirstin,
doch sie rollten unter Régises Mantel hin.

8. Ritter Stig, er wurde schwarz wie die Erd',
wie Blut wurde rot Jungfrau Regis wert.

9. Ritter Stig hüllt sein Haupt in Pelzwerk ein,
so geht er hinauf zu der Pflegemutter sein.

10. „Pflegemutter, Pflegemutter, ersinnt einen Rat,
mein Leben steht jetzt in großer Gefahr.

11. Wie komm ich lebendig aus des Königs Schloß,
ich warf Runen in Jungfrau Regises Schoß.

12. Ich entsandte die Runen zu klein Kirstin,
doch sie rollten unter Regises Mantel hin."

13. „Und ob du würdest durch ganz Welschland reiten,
Jungfrau Regise würde heut nacht dich ereilen.

14. Und rittest du auch zu der weiten Welt Ende,
Jungfrau Regise würde heut nacht dich finden.

15. Leg dich in dein Bett, schließ zu das Tor,
und tue, wie du tatest zuvor.

16. Und streichelt sie auch deine Wange weiß,
du liege so stille, als wärst du 'ne Leich'.

17. Und küßt sie auch deinen Mund so rot,
da liege so stille, als wärest du tot."

18. Spät am Abend — es fiel der Tau —
Jungfrau Regis legt an den Mantel blau.

19. Im blauen Mantel sie tritt herfür,
so geht sie vor Ritter Stigs Kammertür.

20. Sie klopft an die Tür mit dem Mantel fein:
„Steh auf, Ritter Stig, und laß mich ein!"

21. Gar zierlich sah'n ihre Finger aus,
doch zog aus der Tür sie die Nägel heraus.

22. Sie setzte sich auf des Bettes Rand,
mit den gelben Locken spielt' ihre Hand.

---

7. Régis, Régise = Richiza.

23. Sie streichelt' ihm seine Wange so weiß,
da lag Ritter Stig, als wär' er 'ne Leich'.

24. Sie küßte ihn auf seinen Mund so rot,
noch lag Ritter Stig, als wär' er tot.

25. Sie nahm ihn in ihren Arm geschwind,
da hielt er so stille, als wär' er ein Kind.

26. Früh am Morgen, als es wurde Tag,
da ward es dem Könige angesagt.

27. Der König spricht zu der Knechte zween:
„Heißt meine Schwester vor mich gehn!"

28. Regise trat vor des Tisches Rand:
„Weshalb habt Ihr, lieber Bruder, nach mir gesandt?"

29. „Höre, Regise, Schwester mein, sprich:
warst du heut nacht bei Ritter Stig?"

30. „Wohl ist es wahr, ich zu ihm ging,
doch kein gutes Wort ich von ihm empfing."

31. Der König spricht zu dem Diener klein:
„Nun hole mir Ritter Stig herein!"

32. Ritter Stig kam und trat vor des Tisches Rand:
„Weshalb habt Ihr, Dänenkönig, nach mir gesandt?"

33. „Höre, Ritter Stig, antworte und sag':
war meine Schwester bei dir heut nacht?"

34. „Das ist sicherlich wahr, sie zu mir kam,
doch kein gutes Wort sie von mir vernahm."

35. Der Dänenkönig stand lange und sann:
„Ich kann sie vermählen keinem besseren Mann".

36. Da war eitel Lust und noch mehr Freude,
der Dänenkönig gab sie zusammen beide.

37. Da war eitel Lust und Zufriedenheit,
Ritter Stig nahm Regis mit Ehren zum Weib. —

38. Ritter Stig läßt brauen und mischen Wein,
er ladet den Dänenkönig zu sich ein.

39. Er ladet den König und alle seine Mannen,
die Königin soll reiten mit ihnen von dannen.

40. Die Dänenkönigin sprach auf dem Ritte:
„Es folgt groß' Ehre auf Zucht und Sitte.

41. Vor 'nem Jahr ritt Stig seines Herren Pferd,
heut freit er seine Schwester wert.

42. Vor 'nem Jahr meinem Herrn er dienen tät,
heut führt er seine Schwester zu Bett."

43. Die Königin fragte — über die Heide sie ritt —:
„Ist nicht das dort der Hof des Ritter Stig?"

44. Da gab Antwort der dienende Knabe klein:
„Ritter Stigs Hof mag leicht zu erkennen sein.

45. Draußen ist silbern das Türgehäng',
drinnen das rote Gold erglänzt."

46. Und als sie kamen vor Ritter Stigs Hof,
ein laubgrüner Wald wohl stand davor.

47. Drin blühten hinten Lilie und Linde,
und vorne spielten Hirsch und Hinde.

48. Und als sie kamen vor Ritter Stigs Tor,
zwei gefesselte Eisbären standen davor.

49. In Angeln von Silber die Pforten hingen,
als Türschloß sich zwei Rosen umfingen.

50. Als sie traten in Ritter Stigs Halle ein,
da strahlte sie wie einer Flamme Schein.

51. Die Decke von glänzendem Bernstein blitzt',
in die Balken war'n vergoldete Lettern geschnitzt.

52. Die Wände waren von Marmelstein,
die Pfosten aus weißem Elfenbein.

53. Die Tischdecke war aus Wollgras gewoben,
die Schüsseln waren aus Gold, dem roten.

54. Auf der Mitte des Estrichs ein Springbrunn' stand,
mit blinkendem Gold war besetzt sein Rand.

55. Fünf schöne Schalen standen daneben,
seidne Handtücher waren ihnen beigegeben.

56. Der Boden war mit Steinklee bestreut,
drauf tanzt manche Frau und höfische Maid.

57. Drauf tanzt Ritter Stig wie 'ne Gerte so schlank,
ein Goldgefäß trägt er in der weißen Hand.

58. Ritter Stig seiner jungen Braut zutrinkt,
daß Wälder und Felder erblühen geschwind.

59. Wälder und Felder erblühen geschwind;
„Es wird noch gut, wenn der Herrgott will."

60. Die Wise von Ritter Stig ist zu Ende,
Gott sei uns gnädig und Glück er uns sende!

Die Jungfrau auf dem Thinge.

1. Noch klein war stolz Inge,
-- im grünen Wald —
sie reitet allein zum Thinge.
Zum Hause der Jungfrau zu reiten.

2. Der König spricht zu den Rittern sein:
„Eine Jungfrau reitet zum Thinge herein".

3. Da sagte der dienende Knabe: „Traun,
sie ritt wohl aus, Eure Mannen zu schaun.

4. Doch scheint mir, es ist zu lang ihr Kleid,
und auch ihr Mantel, der ist zu weit."

5. Da hielt schon die Jungfrau an dem Ort,
sie hörte des dienenden Knaben Wort.

6. „Und hätte ich nicht eine Klag' zu betreiben,
da hätte ich können zu Hause bleiben.

7. Wüßt' ich nicht meine Sache zu richten aus,
da wäre ich wohl geblieben zu Haus.

8. Doch ist mit nichten zu lang mein Kleid,
mein Mantel, der ist mit Maßen weit.

9. Vernehmt, Dänenkönig; wollt Ihr mich hören?
ich habe Klage vor Euch zu führen.

10. Ich war ein Mägdlein noch gar klein,
da verlor ich früh die Mutter mein.

11. Mein Vater setzte mich auf sein Knie,
er bestimmte zum Erbe mir Gold wie Vieh.

12. Er lebte mit mir nur der Jahre zwei,
da gebot ich über den Hof allein.

13. Es leben mir noch der Mutterbrüder drei,
sie vergeuden mein Gut mir ohne Reu'.

14. Sie mäh'n meine Wiese, mein Korn sie schneiden,
sie locken von mir Knechte und Maide.

15. Sie nehmen mir beides, Ochsen und Rind,
sie locken vom Tisch mir mein Ingesind.

16. Doch ehe das sollte so länger gehn,
will ich nehmen mein Erbe von Euch zum Leh'n."

17. „Habt Dank, o Jungfrau, für Eure Gabe:
welchen meiner Ritter wollt Ihr da haben?"

18. „Hätt' die Wahl ich frei, wenn ich wählen sollte,
Herrn Owe Stigsön ich haben wollte."

19. „Steh auf, Herr Owe, antworte für dich!
hier ist eine Jungfrau, die wirbt um dich."

20. Auf stand Herr Owe, antwortet für sich:
„Schöne Jungfrau, nimmer bekommt Ihr mich!

21. Ich weiß besser zu schnüren die Ärmel mein,
als auf dem Lande ein Bauer zu sein.

22. Ich weiß besser zu jagen mit Habicht und Hund,
als im grünen Hain zu pflügen den Grund."

23. „Setz dich in den Wagen neben mich:
gute Bauernsitte lehre ich dich.

24. Nimm den Pflug zur Hand, pflüge tief das Feld,
dann nimm Korn in die Hand, und die Saat bestellt!

25. Dann führe die Egge drüber hin:
das Erbe der Jungfrau wird so dein Gewinn.

26. Sei nicht karg deinen Leuten mit Trank und mit Speise;
dann wirst hinfort du ein Biedermann heißen."

27. Da gab es Vergnügen und Freude nur:
Herr Owe der Jungfrau Treue schwur.

28. Als zum Thinge sie ritt, war sie ganz allein,
der König und die Mannen führten sie heim.

29. Da war eitel Lust und noch mehr Freude:
Herrn Owe und stolz Inge gab zusammen man beide.

---

16. Die Jungfrau schenkt ihr Erbe dem Könige, um es von ihm als Lehen zu empfangen; der König ist dann verpflichtet, das Besitztum zu schützen.

Anmerkungen.[1]

Von Arbeiten über die ganze im Buche behandelte Zeit sind zu nennen: Rosenberg, Nordboernes Aandsliv, Bd. I: Hedenold, Bd. II: Den katolske Tid (1878—1880). Alex. Bugge, Vikingerne I—II (1904 bis 1906), der erste Band auch deutsch von Hungerland, Die Wikinger (1906). Finnur Jonsson, Den oldnorske og oldislandske Literaturs Historie I—III (1894—1902). Keyser, Samlede Afhandlinger (1873) und Efterladte Skrifter I—II (1866—1867). Gedrängte wissenschaftliche Darstellungen der einzelnen Gebiete von Fachleuten, mit Literaturnachweisen, findet man in Paul, Grundriß der germanischen Philologie I—III (2. Aufl. 1898ff.); die für das Nordische wichtigsten Teile davon werden unten erwähnt. Danmarks Riges Historie I und II. Munch, Det Norske Folks Historie I—II (1852—1855). Sars, Udsigt over den norske Historie I—II (1873—1877). Hildebrand, Sveriges Historia I, darin Montelius, Forntiden (1903). Schück (und Warburg), Illustrerad Svensk Literaturhistoria I (1897).

1. Die Bevölkerung.

Noreen, De nordiska Språken (2. Aufl. 1903). Bremer, Ethnographie der germanischen Stämme in Pauls Grundriß, 2. Aufl. (nicht gut für das Nordische). Much, Deutsche Stammeskunde

---

[1] Die Eddalieder werden zitiert nach der Ausgabe von S. Bugge, deren Strophenzahlen sich auch in den Ausgaben von Symons und Detter-Heinzel finden, Lieder eddischer Art nach Heusler-Ranisch, Eddica minora [abgekürzt EM.]. Die Snorra Edda wird zitiert nach F. Jonssons Ausgabe, in der Klammer wird die Seite von Gerings Übersetzung der Edda angegeben [abgekürzt SnE.]. Die Heimskringla und Landnama werden zitiert nach F. Jonssons Ausgaben [abgekürzt Hkr. Landn.], die Wikingersagas z. T. nach Rafns Fornaldar sögur Nordrlanda [abgekürzt Fas.], Saxo Grammaticus nach der Ausgabe von Müller-Velschow (in Klammer die Seitenzahl von Holders Ausgabe), die Folkewiser nach Grundtvig, Danmarks gamle Folkeviser [abgekürzt DgF.] und Olriks Danske Folkeviser i Udvalg [abgekürzt Udvalg]. Dazu merke die Abkürzungen: J. Grimm RA = Deutsche Rechtsaltertümer; Müllenhoff DA. = Deutsche Altertumskunde; Olrik DaH. = Danmarks Heltedigtning; Flat. = Flateyjarbok; Aarb. = Aarbøger for nordisk Oldkyndighed og Historie; Ark. = Arkiv för nordisk Filologi; DSt. = Danske Studier.

(Sammlung Göschen, 2. Aufl. 1905). — Die Namen von Einzelstämmen (S. 1): Leffler, De nordiska Folknamnen hos Jordanes in Svenska Landsmålen XIII. — Die älteste Geschichte der Dänen (S. 2): Olrik, DaH. I. Fahlbeck, Beovulfsqvädet såsom källa för nordisk fornhistoria in Antiqv. tidskrift för Sverige VIII. — Der norwegische Großkönig (S. 3): Harald Harfagri. — Die Jüten in einem Punkte sich der angelsächsisch-friesischen Sprachgruppe nähernd (S. 4): vorgesetzter Artikel in Westjütland und Schleswig. — Auswanderung der Angeln und Sachsen und ihre Folgen: Bremer, Ethnographie der germ. Stämme, S. 860. G. Schütte, Var Anglerne Tyskere? in Sønderjydske Aarbøger 1900. — Heldenlieder nach dem Norden gebracht (S. 6): etwa durch die Heruler; über noch frühere gotische Wanderungen nach dem Norden: Salin, Die altgermanische Tierornamentik (1904). — Der älteste christliche Schilderer des Nordens (S. 7): Adam von Bremen. — Die Volkstypen der Nordleute: Arbo, Bidrag til Norges Anthropologi I—VI (1891—1904), Indvandringer i Norden in Ymer 1900, Den blonde Brachycephal in Forhandl. i Vidensk. Selsk. i Christiania 1906. Andr. Hansen, Landnåm i Norge (1904), Norsk Folkepsykologi (1899). H. A. Nielsen, Bidrag til Danmarks forhistoriske Befolknings Anthropologi in Aarb. 1906. Steensby, Betragtninger over Danmarks Raceantropologi in Danmarks antr. Undersøgelse I (1907). — „Hört mich, ihr Krieger im Goldschmuck, . .“ (S. 12): Lobgedicht des Skalden Thorbjorn Hornklofi auf Harald Harfagri in Fagrskinna (ed. F. Jonsson) S. 6. — Einführung des unehelichen Sohnes ins Geschlecht (S. 15): J. Grimm, RA.[4] 1, 213. — Neuere nordische Bauernsitten (S. 16): Ivar Mortensson, Bondeskipnad i Noreg i ældre Tid (1904); vgl. P. Lauridsen, Den gamle danske Landsby in Aarbog for dansk Kulturhistorie 1899. — Die Toten im Berge Helgafell (S. 17): Eyrbyggjasaga K. 4 und 11. — Wiedergeburt der Verstorbenen in den Nachkommen: G. Storm in Ark. 9, 199. — Ortsnamen: Rygh, Norske Gaardnavne, Einl. J. Steenstrup, De danske Stednavne (1908). Olrik in Dania 5, 235. Hellquist, Svenska Ortnamn på -inge in Göteborgs Högskolas Årskrift 1905, 1. Andr. Hansen, Landnåm i Norge. — Jällinge: der alte Königssitz im südöstlichen Jütland. — Hrafnunga-Toki: Wimmer, Danske Runemindesmærker 2, 36. — Utterslev (S. 18): ein Dorf auf Seeland, jetzt eine Vorstadt Kopenhagens. — Lehre in den Hawamal (S. 19): Haw. 50.

2. 3. Mythendichtung und Götterglauben.

J. Grimm, Deutsche Mythologie (4. Aufl. 1875—1878). Mogk, Germanische Mythologie in Pauls Grundriß I. De la Saussaye, The Religion of the Teutons (1902). Henry Petersen, Nordboernes Gudedyrkelse (1876). Sophus Bugge, Studier over de nordiske Gude- og Heltesagns Oprindelse I (1880—1889), auch deutsch von Brenner (1889). Olrik, Artikel in Salmonsens Konversationslexikon. v. d. Leyen, Das Märchen in den Göttersagen der Edda (1899). — Der Mythus vom Skaldenmet (S. 21): Hawamal 104—110, SnE. S. 72 (356). v. d. Leyen, Odinn und Odrerir in Germanistische Abh. für Paul (1902). — Loki (S. 22. 28. 36): Olrik in DSt. 1908—1909. — Der Weltbaum Yggdrasil (S. 23): Grimnismal 31—35, SnE. S. 20 (309). Mannhardt, Baumkultus der Germanen (1875). Bugge, Studier I. — Ragnarok (S. 24): Olrik, Om Ragnarok in Aarb. 1902. — Thor und Hrungnir (S. 25): SnE. S. 85 (357). — Thor beim Thursenkönig: Thrymskviða. — Thor und die Midgardsschlange: Hymiskviða, Woluspa. — Thor und Odin im Volksglauben (S. 26): Olrik, Tordenguden og hans Dreng in DSt. 1905 S. 129, Odinsjægeren in Dania VIII. — Balder (S. 27): Bugge, Studier I. Olrik, Kilderne til Sakses Oldhistorie 2, 13. — Odin bei Suttung (S. 30): Hawamal 104ff.

Heiligtum in Upsala (S. 31): Adam von Bremen 4, 27. — Julschmaus beim Jarl auf Hlade (S. 32): Hkr. 1, 186. — Von unserer römischen Eisenalterszeit ab (S. 33): also seit den ersten Jahrhunderten nach Christi Geburt. — Loswurf unter freiem Himmel (S. 34): Vita Ansgarii K. 26. 27. — Butteropfer: DSt. 1905 S. 115. — Anrufung der göttlichen Mächte: Sigrdrifumal 3. 4. — Waffeneid (S. 35): Sv. Grundtvig, De gotiske folks våbened in Vid. selskabs oversigter 1870. Olrik, DaH. 1, 129. — Weibliche Fachgottheiten (S. 36): SnE. S. 35 (326). — Frey (S. 37): Lokasenna 37. — Odin Gott der Saaten (S. 38): Dania 8, 161. — Odins Gaben (S. 39): Hyndluliođ 3, Egils Sonatorrek 24. — Odins Zauberlieder und Runen: Hawamal 146—164; 142—145, Sigrdrifumal 15—18. — Geirröd (S. 40): Grimnismal. — Heidrek: Hervararsaga in S. Bugges Norröne Skrifter af Sagnhistorisk Indhold (1864ff.). — Iwar Widfadmir: Sogubrot af nokkurum fornkonungum i Dana ok Svia veldi K. 2. 3 in Fas. I. — Ragnar Lodbrok: Krakumal, s. zu S. 125. — Lied von Hakon dem Guten: Eywind Skaldaspillirs Hakonarmal in Hkr. 1, 212. 219. — Schlacht bei Fyriswellir (S. 41): Flat. 2, 72. — Dialoggedicht in der Älteren Edda: Harbarđsliođ.

4. Heldendichtung.

Sv. Grundtvig, Udsigt over den nordiske Oldtids heroiske Digtning (1867). A. Olrik, Danmarks Heltedigtning I (1903), II (wird 1909 erscheinen), Danske Heltesagn (2. Aufl. 1901; populäre Nacherzählung), Danske Oldkvad i Sakses Historie (1898; eine dänische Nachdichtung der von Saxo in lateinischen Versen wiedergegebenen altdänischen Heldenlieder, z. T. ins Deutsche übertragen in den Beigaben des vorliegenden Buches, S. 178 bis 198). A. Heusler, Urväterhort, die Heldensagen der Germanen (1904; populär). F. Jonsson, Den oldnorske og oldislandske Literaturs

Historie I. Symons, Heldensage in Pauls Grundriß II. Jiriczek, Deutsche Heldensagen I (1898). V. Vedel, Helteliv (1903). — Hildebrandsmotiv (S. 45): Altdeutsches Hildebrandslied, Saxo S. 358 (244), Asmundarsaga in Fas. II. — Hagbard und Signe (S. 47): Widsið 28. Saxo S. 338 (230); dänische Nachdichtung der Bruchstücke des Liedes bei Saxo in Olrik, Danske Oldkvad, danach deutsch in den Beigaben S. 178. Olrik, Tilskueren 1907 S. 57. Die aus Liebesmotiven aufgebauten Geschlechtssagen: Saxo Buch VII. Olrik, Kilderne 2, 230. Hawbor (sprich: Haubor) und Signild: DgF. Nr. 20, Olriks Udvalg Nr. 1, deutsch bei Rosa Warrens und in den Beigaben S. 198. Benediktslied: DgF. Nr. 474. Der adlige Nachklang des Hawborliedes: DgF. Nr. 430—432. — Helgi Hundingsbani (S. 49): Helgakviða Hundingsbana II, gibt der Helgakviða Hiorvarðssonar und dem — verlorenen — Liede von Helgi Haddingjaskati die Farbe. S. Bugge, Helge-Digtene (1896). — Skjoldungensagen (S. 49): Widsið 45—49. Beowulf. Saxo Buch I. II. Skjoldungasaga des Arngrim Jonsson, ed. Olrik Aarb. 1894. Hrolfssaga Kraka, ed. F. Jonsson (1904), deutsch von P. Herrmann (1905). Frodis Mühle: Grottasongr. Bjarkamal: dänische Nachdichtung in Olrik, Danske Oldkvad und DaH. I, deutsch in den Beigaben S. 181. Über den ganzen Sagenkreis s. Olrik DaH. I. — Jüngerer Skjoldungenkreis (S. 51): Saxo Buch I. V. VI. DaH. II. — Statt Friedens-Frodi lies: Frodi dem Friedlichen. — Amled: Saxo Buch III. IV. Olrik, Kilderne 2, 158. — Uffi: Saxo Buch IV. Swen Aggesön K. 1. 2. Kilderne 2, 182. — Sagen norwegischer Kleinkönige (S. 52): Halfssaga in S. Bugge, Norröne Skrifter; EM. Nr. IV. VI. — Sagen von den Königen des Ynglingengeschlechts: Ynglingasaga in Hkr. I. — Der Kampf Hjalmars und der Berserker: Hervararsaga und Orvaroddssaga. EM. Nr. VII. Saxo S. 250 (166). Kilderne 2, 59. — Hunnenschlacht: Hervararsaga. EM. Nr. I. — Wielandslied: Volundarkviða. Jiriczek, Deutsche Heldensagen I. Neuere Dichtungen (S. 54): Öhlenschläger, Waulundurs saga (1805); Drachmann, Wølund Smed (1894). — Sigmund und Sinfjotli: Volsungasaga (ed. M. Olsen 1906ff., deutsch von Edzardi 1880) K. 3—8. — Sigurds Drachenkampf (S. 55): Reginsmal und Fafnismal. Schück, Sigurdsristningar in Studier i nordisk Literatur- och Religionshistoria I (1904). — Sigurd und Brynhild (S. 58): die älteste Form der Sage zu entnehmen aus Volsungasaga K. 29—31 (Olsen; früher K. 27 bis 29) plus Brot af Sigurðarkviðu; vgl. Heusler, Die Lieder der Lücke im Codex Regius in Germanistische Abh. für Paul (danach die Stücke des ältesten Sigurdsliedes zusammengestellt bei Ranisch, Eddalieder in Sammlung Göschen). — Ein jüngeres Lied von Sigurd und Brynhild (S. 60): Sigurðarkviða en skamma. — Behandlung des einzelnen Dichters, der den Gedanken weiterführt und seelisch vertieft (S. 61): diese jüngste Dichtung von Sigurd und Brynhild nur aus der Volsungasaga zu erschliessen; s. Heusler, Lieder der Lücke. — Brynhild auf dem Weg nach dem Totenreiche: Helreið Brynhildar. — Sigurd bei Gripir (S. 62): Gripisspa. — Letzte Gruppe des Wolsungenkreises (S. 63): Atlakviða. — Gudrun trauernd (S. 64): Guðrunarkviða I. — Swanhilds Tod, die Rache der Brüder: Volsungasaga, Guðrunarhvot, Hamðismal.

5. Wikingerzeit.

Alex. Bugge, Vesterlandenes Indflydelse paa Nordboernes og særlig Nordmændenes ydre Kultur, Levesæt og Samfundsforhold i Vikingetiden (1903), Vikingerne I—II (1904—1906). J. Steenstrup, Normannerne I—IV (1876—1882). F. Jonsson in Nordisk Tidsskrift for Filologi 1906. — Der Eid des Swein Gabelbart (S. 69): Jomsvikingasaga (ed. C. af Petersens 1882) K. 27. — Unentschlossener König und heldenhafter Königssohn (S. 70): Edelred und Edmund Eisenseite. — Der arglistige Jarl: Edric Streona, der Mörder Edmunds. — Der Geistliche mit seinem Märtyrertode: der Erzbischof Elfheah von Canterbury. — Wikingerstaat im Osten (S. 71): Vilh. Thomsen, Ryska Rikets Grundläggning genom Skandinaverna (1882). Alex. Bugge, Novgorod som varjagisk By in Nordisk Tidsskrift 1906. — „Wir sind alle gleich" (S. 73): Steenstrup, Normannerne I, 277. — Jomsburg: Jomsvikingasaga. — Irische Sendboten (S. 74): A. Bugge, Vikingerne I (bei Hungerland, S. 117). — Sittliche Forderungen: Olrik, Kilderne 2, 196. — Wächter auf Olafs des Heiligen Schiff: Hkr. 2, 374. — Die Stellung der Frau (S. 75): A. Bugge, Vikingerne 1, 39—87 (bei Hungerland S. 40 bis 89). — Aud (Unn): Laxdœlasaga K. 4—7. — Thyra Danebod: Swen Aggesön K. 3; Saxo S. 469 (319). — „Glücklich derjenige, der in der Jugend pflügte und säte": Wimmer, Danske Runemindesmærker 2, 233. — Leif und Ingolf (S. 76): Landn. S. 6. — Magnus (S. 77): Magnus Olafsson góði (gest. 1047). — Ökonomische Änderungen (S. 78): mündliche Mitteilungen des Reichsarchivars E. Hertzberg in Christiania. — „Jeder will Gold haben . .": Fafnismal 10. — „Schwer ist es, einen zu finden . .": Egil Skallagrimsson, Sonatorrek 15. — Der ererbte Boden für Gold verkauft: Hkr. 2, 214. — Irland (S. 79): A. Bugge, Keltisk Kultur in Friis, Verdenskulturen III; vgl. Vikingerne 1, 114—169 (bei Hungerland S. 94—142). — Rigsthula (S. 83): A. Bugge, Vikingerne 1, 278 (245). — Jüngstes Gedicht von Helgi Hundingsbani (S. 87): Helgakviða Hundingsbana I. S. Bugge, Helge-Digtene S. 190. — Reisen nach dem Odainsakr (S. 88): Saxo S. 51 (31), 421 (286); Eireks saga víðforla in Fas. III. — Starkad der Alte (S. 89): Beowulf 2042. Helgakviða Hundingsbana II, 27. Saxo Buch VI. VIII. Gautrekssaga, ed. Ranisch (1900). Müllenhoff DA. 5, 301. Olrik, Kilderne 2, 76. 222 und in Mindeskrift over Prof. Sophus

Bugge S. 268 (hier etwas abweichend von der Darstellung oben im Text); demnächst DaH. II. — Ingjaldslied: Saxo 303 (204); dänische Nachdichtung in Olrik, Danske Oldkvad, deutsch in den Beigaben S. 190. — Starkad gegen Helga und den Schmied (S. 92): Saxo S. 284 (190). — Starkad und die Berserker: Saxo S. 290 (194). — Starkad tötet den eignen Herrn (S. 93): Saxo S. 392 (265); 274 (183); 276 (184). EM. Nr. V. Vgl. Hervararsaga K. 1.

6. Heidentum und Christentum.

K. Maurer, Bekehrung des norwegischen Stammes I—II (1855 bis 1856). A. D. Jørgensen, Den nordiske Kirkes Grundlæggelse (1874—1878). A. C. Bang, Den norske Kirkes Historie under Katholicismen (1887). — Der isländische Althing des Jahres 1000 (S. 96): Aris Islendingabok K. 7. Kristnisaga K. 12. — Wassertaufe: K. Maurer, Über die Wasserweihe des germanischen Heidentums in den Münchener Akademie-Abh. 1880. — „In diesem Lichte und in dem andern": Atlamal 87. Fritzners Ordbog over det gamle norske Sprog unter „ljos". — Gisli Sursson: Gisla saga Surssonar, ed. F. Jonsson (1903), deutsch von Ranke (1907). — Thrands Kredo (S. 97): Flat. 2, 400; the little creed: Folklore Record 1, 153. E. H. Meyer, Deutsche Volkskunde S. 121. — Woluspa (S. 98): Olrik, Om Ragnarok. — Nachklänge der Woluspa in christlichen Gedichten (S. 102): Olrik, Om Ragn. S. 176. — Bildsteine mit Mischung des alten und neuen Glaubens: Olrik, Om Ragn. S. 161. A. Bugge, Vikingerne 1, 191 (bei Hungerland 169). — Christus am Brunnen der Urd (S. 105): SnE. S. 121. — Asa, die Schwester Odinkars: Adam von Bremen, Schol. 46. — Die Meineidigen in Walhall Knechte (S. 106): Helgakviða Hundingsbana II, 39, vgl. S. Bugge, Helge-Digtene S. 169. — Steinunn: Nialssaga K. 102. — Anskar (S. 107): Vita Ansgarii K. 26. 27. — Schwedisches Wikingerheer in Kurland: Vita Ansgarii K. 30. — Botair von Akubekk: Guta Lag og Guta Saga (ed. Pipping 1907) S. 65. — „Hilf, Christus und heiliger Geist!" „Es besänftige dich Gott und der Heilige Geist!" (S. 108): in Folkewisern; zu der zweiten Formel (Anrede an ein Schwert) vgl. DSt. 1906 S. 190. — Thorkel Mani (S. 109): Landn. S. 9. — „Knut beschirmt die Erde . .": Hkr. 2, 397. — „Es scheint den Männern . .": Flat. 3, 322. — Hallfred Wandrædaskald (S. 110): Hallfreðarsaga in den Fornsögur, ed. Vigfusson und Möbius (1860). — Krieg der Kronprätendenten (S. 111): in der ersten Hälfte des 13. Jahrh., s. Hakonar saga Hakonarsonar in Flat. III und Ibsens Kronprätendenten. — Sturlungenfehde: die blutigen Streitigkeiten auf Island nach Snorri Sturlusons Ermordung (1241). — Bildliche Darstellungen des Drachenkampfs: Schück, Sigurdsristningar. — Sighwats Olafsdrapa (S. 112): Flat. 2, 394.

7. Die Skaldenkunst.

F. Jonsson, Den oldnorske og oldislandske Literaturs Historie I. Ausgabe: F. Jonsson, Den norsk-islandske Skjaldedigtning (1908ff.). Symons, Lieder der Edda (1906), Einleitung. — Stil des nordischen Heldenliedes im Gegensatz zu der Dichtung der südlicheren Stämme (S. 114): DaH. 1, 107. Heusler, Der Dialog in der altgermanischen erzählenden Dichtung in Zeitschr. f. deutsches Altertum 46, 189, Lied und Epos (1905). — Das reine Redegedicht: gewöhnlich im Lioðahattr. — Mythisches Wissen u. ä. in der Form von Frage und Antwort aufbewahrt: Müllenhoff DA. 5, 247. — Wissenskampf Odins mit dem Riesen (S. 115): Vafthruðnismal. — Männervergleich mit Thor: Harbarðslioð. — Odin läßt den vergebens gewarnten Quäler den Tod finden: Grimnismal. — Die Schwerter als Schlangen (S. 116): Snorris Hattatal (SnE. S. 148) 6; die Schiffe als Seetiere: Hattatal 83. — Die Haustlong: des Thjoðolfr enn Hvinverski in SnE. S. 182. 186. — Die zwei Kenninge Eywinds (S. 117): Hkr. 1, 254. — Geschnitzte Bilder als Vorwurf der Skalden (S. 118): die Bilder in der Gaststube des Olaf paï, welche der Skalde Ulf Uggason in der Husdrapa (Strophen davon in der Snorra Edda) besang; vgl. Laxdœlasaga K. 29. — Verse eines Mädchens des Sätersdals: J. Moe, Skrifter II. R. Steffen, Enstrofig nordisk Folklyrik (1898) in Svenska Landsmålen XVI. — Egil Skallagrimsson: Egils saga Skallagrimssonar. — „Die Rache des Hersen ist an dem Herrscher geübt" (S. 122): Egilssaga K. 27. — „Die Klippen werden leicht wie Korn . .": Kormakssaga K. 19, Str. 61. — Thormod Kolbrunarskald (S. 123): Fostbrœðrasaga in Flat. II.

8. Wikinger- und Märchensagas.

A. Olrik, Kilderne til Sakses Oldhistorie I—II (1892—1894). Moltke Moe, Eventyrlige Sagn i den ældste Historie in Helland, Finmarken II. S. Bugge, Norsk Sagafortælling og Sagaskrivning i Irland (1901—1903). — Ragnar Lodbrok (S. 125): Storm, Kritiske Bidrag til Vikingetidens Historie (1878). Ragnar stirbt singend im Schlangenhof: Krakumal, ed. F. Jonsson in Oversigt over det Kgl. Danske Videnskabernes Selskabs Forhandl. 1905 Nr. 2. Die norwegische Sagenform bei Saxo Buch IX, die isländische in der Ragnarssaga (ed. M. Olsen mit der Volsungasaga 1906ff.), dem Thattr af Ragnarssonum (Fas. I und Hauksbok), bei Arngrim Jonsson in Aarb. 1894. S. 132. — Siward der Dicke: Olrik Ark. 19, 199. — Hadding (S. 126): Saxo Buch I. — Orwarodd: Orvaroddssaga, ed. Boer (1888 u. 1892). — Sagenkreis einer Familie in Helgeland: Ketilssaga und Grimssaga in Fas. II. — Ramund der Junge (S. 127): Hromundar saga Gripssonar in Fas. II und DgF. Nr. 27. 28. — Die Schwäne mit dem mystischen Bande: Saxo S. 266 (178). — Harald und der Riese: Moltke Moe, Eventyrlige

Sagn; vgl. Ark. 15, 262; 16, 1. — Illugi: Illuga saga Griđarfostra in Fas. III. DgF. Nr. 44.

9. Island und seine Sagas; 10. Die gelehrten Isländer.

F. Jonsson, Den oldnorske og oldislandske Literaturs Historie II. Mogk, Norwegisch-isländische Literatur in Pauls Grundriß. Meißner, Die Strengleikar (1902), Einl. A. Heusler, Die Geschichte vom Hühnerthorir (1900), Einl. A. Bonus, Isländerbuch (1907). Maurer, Island (1874). Rosenberg, Livet paa Island (2. Aufl. 1894, populär). Kaalund und V. Guđmundsson, Skandinavische Sitte in Pauls Grundriß. Kaalund, Familielivet paa Island in Aarb. 1870. — Isländischer Spielplatz (S. 131): die Abbildung stammt allerdings aus dem Anfang des 18. Jahrh., wo die Pferdekämpfe nicht mehr vorkamen; sie hörten gegen Mitte des 17. Jahrh. auf. — Der Skalde Thormod (S. 131): Flat. 2, 209. — Schriftliche Ausarbeitung (S. 134): Bååth, Studier öfver Kompositionen i några isländska Ättsagor (1885). — Egils saga Skallagrimssonar (S. 135): ed. F. Jonsson (1886—1888 und 1894). — Laxdœlasaga (S. 138): ed. Kaalund (1889—1891 und 1896). — Eyrbyggjasaga (S. 139): ed. Gering (1897). — Nialssaga: udg. af det Kgl. nordiske Oldskrift-Selskab I—II (1875. 1889), auch von F. Jonsson (1908). — Gunnlaugssaga (S. 140): ed. Mogk (2. Aufl. 1908), deutsch von Kölbing (1878). — Schlaf voll unruhiger Träume (S. 142): Anspielung auf die Märchen- und Volkssagenliteratur Islands; Jon Arnason, Islenzkar Thjođsögur og Æfintyri I. II (1862—1864).

Ari Frodi, Islendingabok (S. 144): ed. Golther (1892); vgl. Heusler, Ark. 23, 319. — Landnamabok (S. 145): ed. F. Jonsson (1900). — Heimskringla (S. 147): ed. F. Jonsson (1893—1901). — Halldors Urteil über Olaf den Heiligen und Harald den Harten: Hkr. 3, 221. — Traum Halfdans des Schwarzen (S. 148): Hkr. 1, 93. — Ältere Edda (S. 149): ed. S. Bugge (1867), F. Jonsson (1888. 1890), Detter-Heinzel (1903), Gering (1904), B. Symons (1906); deutsch von Gering (1892). — Jüngere Edda: ed. F. Jonsson (1900); in Auswahl übersetzt von Gering in seiner Übertragung der Älteren Edda. — Grammatische Abhandlung (S. 150): die erste der 4 Abh., die dem Codex Wormianus der Snorra Edda angehängt sind, ed. Dahlerup und F. Jonsson (1886). — Der Korndieb (S. 151): J. Grimm, RA.[4] 2, 198. 261. — Bussen: Gulathings log in Norges gamle Love 1, 185. — Gesetzgebung Islands (S. 152): Aris Islendingabok K. 2. 3. — Swerrir: Flat. 2, 636.

11. Die Zeit der Folkewiser.

A. D. Jørgensen, Bidrag til Danmarks Historie i Middelalderen (1871), Samlede Afhandlinger I (1898). Rosenberg, Aandsliv II. K. Erslev, Valdemarernes Storhedstid (1898), Danmarks Riges Historie II. — „Wenn er nicht meinen krummen Schuhschnabel . ." (S. 156): H. Olrik, Danske Helgeners Levned (1893). S. 353. — Sächsische Sänger: Saxo S. 638 (427); 722 (490). — Die Roskildebrüder (S. 157): Saxo S. 687 (463). — Esbern Snare (S. 158): Saxo S. 854 (585). — Versammlung in Odense: De profectione Danorum in terram sanctam (herg. in Scriptores rerum Danicarum V) K. 5; Jørgen Olrik, Krøniker fra Valdemarstiden oversatte (1900—1901) S. 131. — Chronik von den Lejrekönigen (S. 159): Scriptores rerum Danicarum 1, 223. J. Olrik, Krøniker S. 9. — Swen Aggesöns dänische Geschichte: Scriptores rerum Danicarum 1, 43. J. Olrik, Krøniker S. 35. — Saxo Grammaticus (S. 160): ed. Müller-Velschow (1839—1858), Holder (1886); deutsch von P. Herrmann, Erläuterungen zu den ersten 9 Büchern der dänischen Geschichte des S. Gr., I: Übersetzung (1901). A. Olrik, Kilderne til Sakses Oldhistorie (1892 u. 1894). — Abt Wilhelm (S. 163): H. Olrik, Danske Helgeners Levned S. 167. — Andreas, Erzbischof von Lund: Andreae Sunonis Hexaëmeron, ed. Gertz (1892). — Bischof Gunner in Viborg: Vita Gunneri in Scriptores rerum Danicarum V, ins Dänische übersetzt von H. Olrik (1892). — Skalden spotten über die Spielleute (S. 165): A. Olrik, Middelalderens vandrende Spillemænd i Norden, in Opuscula philologica af det filol. samfund Kbh. 1887. — Folkewiser (S. 166): Sv. Grundtvig, Danmarks gamle Folkeviser I—VIII (von der zweiten Hälfte des V. Bandes an fortgesetzt durch A. Olrik; 1853 ff.). A. Olrik, Danske Folkeviser i Udvalg I (2. Aufl. 1908), II (1908). W. Grimm, Altdänische Heldenlieder (1811). Rosa Warrens, Dänische Volkslieder der Vorzeit (1858). W. P. Ker, On the Danish Ballads in The Scottish Historical Review 1904. 1907, DSt. 1907, S. 1. Schück, Våra äldsta historiska Folkvisor in Svensk Hist. Tidskrift 1891. — Mimering (S. 167): DgF. Nr. 13. — Mädchens Morgenträume: DgF. Nr. 239. Olriks Udvalg Nr. 38, deutsch in den Beigaben S. 205. — Herr Oluf und das Elfenmädchen (S. 168): DgF. Nr. 47. Udvalg Nr. 7. — Riber-Ulf (S. 169): DgF. Nr. 119. — Ritter Stigs Tod: DgF. Nr. 117. Udvalg Nr. 19. — Waldemar und Towe: DgF. Nr. 121. Udvalg Nr. 17. 18, das zweite der Gedichte deutsch in den Beigaben S. 207. — Königin Dagmar: DgF. Nr. 133—135. Udvalg Nr. 22. 23. — Königin Bengerd: DgF. Nr. 139. Udvalg Nr. 24. — Ritter Stigs Runen: DgF. Nr. 76. Udvalg II, deutsch von Rosa Warrens und in den Beigaben S. 209. — Tideman und Jungfrau Mettelil (S. 170): DgF. Nr. 74. — Asmund Fregdegewar (S. 171): Landstad, Norske Folkeviser (1853) Nr. 1. — Heming: Landstad Nr. 15. — Sigurds erster Ausritt: DgF. Nr. 2. Landstad Nr. 9. — Hjalmar und Angantyr: DgF. Nr. 19. Udvalg Nr. 2. — Ermordung des Erik Klipping: DgF. Nr. 145. Udvalg Nr. 25. — Wiser vom Marschall Stig: DgF. Nr. 145. Udvalg Nr. 26. 27. 28. — Ebbe Skammelsön (S. 173):

DgF. Nr. 354. Udvalg Nr. 44. — Die Jungfrau auf dem Thinge (S. 174): DgF. Nr. 222. Udvalg Nr. 40, deutsch in den Beigaben S. 213. — Rannweig (S. 175): Biskupa sögur 1, 451. — Draumakvæði: ed. Moltke Moe (1900). Landstad Nr. 7. — Maria forscht nach dem Schicksal des Christuskindes (S. 176): DgF. Nr. 97. — Maria Magdalena: DgF. Nr. 98. — Die drei dahingegangenen Töchter am Bett der Mutter: Grundtvig, Danmarks Folkeviser i Udvalg (1882). S. 374; demnächst DgF. IX. — Gesang der Mädchen von Maria und Jesus: DgF. Nr. 97. — Festsitten in Ritvala (S. 177): F. Orth, Ritvala Helg in Sorø Indbydelsesskrift 1906. — Die Jungfrauenquellen in Skatelöv: DgF. Nr. 338.

Die Übertragung der Beigaben rührt vom Übersetzer des Buches her, diejenige von „Mädchens Morgenträume" zum größeren Teil von A. Heusler. In „Hawbor und klein Signe" wurde in wenigen Fällen ein Reim der Übertragung von Rosa Warrens entlehnt.

Register.

Oben: Abb. 41. Wikinger segeln über das Meer. Frei nach der Bayeux-Tapete.

Lightning Source UK Ltd.
Milton Keynes UK
UKOW010037171212

203748UK00005B/330/P

9 781141 649990